Mag. Sabine Standenat

So werde ich eine glückliche Frau

Sei ganz Frau

*Weich und hart zugleich,
Wild und sanft,
Tag und Nacht.*

*Spüre die innere Kraft,
sieh die Quelle der Weisheit,
denn die Wahrheit ist in dir.*

*Heile dich. Mutig und lustvoll.
Das ist dein Weg.*

*Tanze!
Dreh dich zum Klang der ewigen Melodie.
Denn dieses Wiegen macht dich frei.*

*Lass dein Licht leuchten
im schimmernden Glanz der Sterne,
Denn das ist es, was du bist.*

ISBN 10	3-7088-0393-0
ISBN 13	978-3-7088-0393-7

© Firmensitz:	Kneipp-Verlag GmbH, Kunigundenweg 10, A-8700 Leoben
Autorin:	Mag. Sabine Standenat
Lektorat:	Martina Schäffer, Alexandra Ebner, Kneipp-Verlag
Layout, technische Bearbeitung:	Martin Jurkowitsch, Kneipp-Verlag
Druck:	Theiss GmbH, A-9431 St. Stefan
1. Auflage	Leoben, Oktober 2006

Mag. Sabine Standenat

So werde ich eine glückliche Frau

INHALT

Vorwort 6

Mein „Standpunkt" 9

Meine Geschichte 11

Wer ist eine glückliche Frau? 15

Die „Frauen-Fallen" 21
   „Ich bin zu nett" 22
   „Ich bin für alles zuständig" 24
   „Ich fühle mich schuldig" 25
   „Ein Mädchen (eine Frau)
   tut so etwas nicht" 25
   „Ich kann nicht alleine sein" 26
   „Wenn du mich liebst,
   dann tu ich alles" 28
   „Ich bin nichts,
   ein Mann ist alles" 29

„Der Mann" – das Wesen
vom anderen Stern 33
   Partnerwahl 35
   Der Partner als Spiegel 38
   Das verschlossene Herz 40
   „Oh jaaa"! –
   Orgasmusgedanken 45
   Lust oder Frust? – Penis in Not... 52
   „Ich bin so eifersüchtig" 57
   „Gib mir Liebe!" 64

Der Traumprinz
aus dem Internet? 66
„Soll ich gehen
oder bleiben?" 72
Getrennt von Tisch und
Bett – was nun? 83
Nicht ohne diese „Basics" 87
Grundlegende Wahrheiten
zur Partnerschaft 90

Ein liebender Gott,
der gerne lacht 95
   „Der Erleuchtung ist es egal,
   wie du sie erlangst" (T. Golas) 98
   „Sag nein zum Leid – liebe!" 105

Die Botschaft des Körpers 111
   Psyche und Immunsystem 118
   Die sanfte Medizin 121
   Frauenleiden 125
      „Der böse Pilz" –
      Ich fühle mich krank und
      weiß nicht warum 125
      Die Reizblase 126
      Die Scheidentrockenheit 128
   Krebs 131
   Schwangerschaft 136
   Wechseljahre 139
   „Der Blick in die Seele" –
   das Dunkelfeldmikroskop 141

„Du bist doch nur
ein Hypochonder".................. 143

„Ich kann nicht schlafen".......... 147

Unerklärliche Heilungen
bei Krebs................................ 150

Kann Glaube heilen?................ 154

„Meine Mutter macht
mich krank"............................ 157

„Oh – mein Papa".................... 167

Mutter und Vater
verzeihen................................ 175

Kinder – ja oder nein?.............. 179

„Misserfolg" –
die große Chance.................... 185

Ewig gekränkt?
Nein danke!............................ 191

Der strenge Richter.................. 195

„Du nimmst mir
meine Kraft" – Umgang
mit Energievampiren................ 197

„Pieps" – die Sprache
der Frauen.............................. 205

„Weil ich es mir wert bin" –
Frauen und Geld...................... 209

„Ich pflege einen Angehörigen"
– Frauensache?........................ 217

Wie frau Freunde,
Freundinnen gewinnt................ 221

„Ich will schön
sein und dünn!"...................... 229

„Gebote" für
glückliche Frauen.................... 235

„So wurde ich eine
glückliche Frau" –
Erfahrungsberichte.................. 241

„Wohin im Fall der Fälle" –
persönliche Tipps.................... 264

Buchtipps................................ 270

Nachwort................................ 272

VORWORT

Ich lag im Bett und starrte aus dem Fenster. Eine Sommergrippe hatte mich „lahm gelegt" und obwohl die schlimmsten Symptome überwunden waren, fühlte ich mich schwach und hilflos. Und wie immer, wenn ich krank war, kamen auch die alten Ängste verstärkt hoch: „Warum ist mein Leben durch die Panikattacken, Depressionen und ständigen körperlichen Beschwerden so unglaublich schwierig? Wieso bin ich nicht imstande einfach Spaß zu haben? Wo sind Freude und Leichtigkeit?" Und vor allem: *„Warum kann ich nicht glücklich sein?"*

Diese Fragen waren für mich seit meiner Jugend Lebensthemen. Mir schien, als sei ich durch die vielen Behinderungen ab einem bestimmten Tag X immer am Rand gestanden und hätte den anderen zugesehen – zumindest bei dem Teil, der mit Spiel und Lachen zu tun hatte.

Später fragte ich mich, was Glück eigentlich bedeutet. War es für alle zugänglich oder gab es welche, die das nötige Passwort hatten? Und wenn dieses Passwort unerlässlich war um Glückshausen zu betreten – wie kam *ich* dazu? Konnte ich nur glücklich sein (was auch immer das war!), wenn ich meine Zustände besiegt hatte, meine alten Schmerzen „aufgearbeitet" waren und kein Wölkchen den Himmel über mir trübte? Und hieß glücklich sein, dass ich nun *immer* glücklich bin?

Am Beginn meiner Tätigkeit als Psychologin und auch als Schriftstellerin habe ich mich bang gefragt, ob ich angesichts meiner Lebensgeschichte anderen überhaupt etwas vermitteln könnte. Aber dann wurde mir klar, dass ich leidende Menschen deswegen so gut verstehe, weil ich selbst durch dieses Leid gegangen bin. Ich *weiß*, wie es sich anfühlt von Panik überschwemmt zu werden oder vor lauter Angst den Alltag nicht bewältigen zu können. Ich *weiß*, was es bedeutet in der Depression dem schwarzen Nichts in die Augen zu blicken. Ich wurde angesichts von nicht enden wollenden körperlichen Schmerzen halb wahnsinnig und *weiß*, wie unmöglich es dadurch wird, eine „positive" Einstellung zu entwickeln. Ich habe am eigenen Leib unglaublichen Mangel an Selbstliebe erfahren und *weiß*, wie völlig ausgeschlossen es zu sein scheint, sich jemals aus diesem Sumpf von Minderwertigkeit zu befreien.

Ich habe nie wirklich aufgegeben und – irgendwie – weiter gemacht. Anfangs völlig verzweifelt, manchmal trotzig verbissen und dann wieder aufgelöst in Angst und Schmerz. Aber zwischen diesen Phasen gab es nun Augenblicke, in denen ich seltsamerweise das Gefühl hatte, dass alles gut war, so wie es ist. Dann durchströmten mich ohne aktuellen Grund Hoffnung, Vertrauen und eine wunderbare Zuversicht. Interessant war, dass dieses Aufblitzen von „alles ist in Ordnung" völlig unabhängig von den äußeren Ereignissen geschah. Ich erinnere mich an solch einen Augenblick, als mein herzkranker Vater nach schrecklichen Tagen ins Koma fiel. Es stand zu befürchten, dass er in Kürze sterben würde und ich war vor Entsetzen einem Zusammenbruch nahe. Aber plötzlich spürte ich hinter der Angst und den schlimmen Begleitumständen dieser Situation einen seltsamen Frieden, der von den äußeren Turbulenzen überhaupt nicht berührt wurde. Ich hatte das noch niemals zuvor gefühlt und dachte, dass ich nun vielleicht verrückt würde. Aber es war in köstlicher Art beruhigend und ich fühlte mich zutiefst getröstet. Damals bekam ich eine Ahnung davon, was „Glück" bedeuten könnte – jenseits der gängigen Klischeevorstellungen.

Natürlich habe ich nach wie vor jede Menge Wünsche an die Fee mit dem goldenen Haar: Ich möchte meine Wohnung renovieren, den Garten total romantisch gestalten und die Möglichkeit haben, meiner Shopping-Leidenschaft intensiv nachzugehen. Ich wünsche mir Anerkennung, romantische Liebe und Erfolg. Außerdem hätte ich gerne einen süßen kleinen Smart, um auch die kleinste Parklücke nutzen zu können. Und so wie nahezu jede Frau, die ehrlich ist, möchte ich schön und dünn sein.

Aber hinter all dem gibt es mehr. Ich habe einmal und danach noch einige Male von jenem unglaublichen Gefühl gekostet, von dem ich weiß, dass es immer für jede von uns zugänglich ist: einem tiefen Frieden, der sich süß und warm ums Herz legt, einem Hauch jener unendlichen Glückseligkeit, die angeblich unseren wahren Zustand ausmacht. Seither habe ich Glück für mich neu definiert.

Ich weiß heute, dass die Möglichkeit mich glücklich zu fühlen immer nur einen Wimpernschlag entfernt ist. Das klingt unendlich banal, ist aber das ganze Geheimnis. Sie können glücklich sein, *obwohl* Sie sehr schwere Startbedingungen hatten, *obwohl* keineswegs alle alten Wunden verheilt sind und sogar *obwohl* Sie eine Krankheit bewältigen müssen. Sie können glücklich sein, *obwohl* Sie auf dem Weg der Selbstliebe wieder einmal gestolpert sind, oder zum 1.001. Mal ein altes Muster wiederholen. Sie können glücklich sein, *obwohl* Sie keinesfalls alle Ihre Schatten erlöst haben, „ihn" immer noch nicht loslassen können oder es bisher unmöglich für Sie war, Ihre Wohnung zu entrümpeln. *Denn Glück ist ein inneres Land, das Sie jederzeit betreten können.*

Wahrscheinlich gehen auch Sie einen schwierigen Weg. Möglicherweise ist Ihr Leben – so wie meines für lange Zeit – eine Dauerkrise oder ein ständiger Notfall. Darum möchte ich Ihnen sozusagen von der „Härtefront" eine Nachricht bringen: Es *gibt* Licht am Ende dieses Tunnels! Und Sie *können* Glück erfahren, auch wenn Sie völlig erschöpft nicht mehr weiter wissen.

Ich habe keineswegs alle meine Schwierigkeiten überwunden und ich gehe auch nicht nur mit einem verzückten Gesichtsausdruck durch den Tag. Aber ich habe entdeckt, wie ich *trotz* mancher Behinderung glücklich sein kann. Und diese Erkenntnisse möchte ich gerne mit Ihnen teilen.

Ich freue mich, dass Sie hier sind!

Ihre

Sabine Standenat

MEIN „STANDPUNKT"

Für den Fall, dass Sie mein erstes Buch „So lerne ich mich selbst zu lieben" nicht kennen, möchte ich Ihnen kurz erzählen, worum es ging:

- Die Selbstliebe ist das Fundament, auf dem Sie das Haus Ihres Lebens bauen. Sich selbst zu lieben ist nicht übertrieben egoistisch, sondern bedeutet zu erkennen:

  - Mein Schmerz wird nicht durch jemand anderen beendet, sondern nur durch mich selbst.

  - Egal, wie es bisher war: Ich bin kein Opfer.

  - Ich *habe* die Macht mein Leben zum Besseren zu verändern, auch wenn ich mich im Moment schwach, hilflos und ausgeliefert fühle. Es muss nicht immer weiter gelitten werden.

  - Ich nehme meine Bedürfnisse ernst und verdränge weder Gefühle noch Probleme.

  - Ich setze vernünftige Grenzen, nutze die Kraft der Gedanken und muss andere nicht zwanghaft kontrollieren.

  - Ich höre auf, mich selbst zu boykottieren und weiß ab jetzt: „Was ich denke, fühle und mache, zählt. *Ich bin wichtig.*

  - Ihr Wert befindet sich jenseits von etwas, das diskutiert werden kann – er *ist!*

▶ Die Spiritualität war und ist eine große Hilfe für mich. Auf diesem Weg gibt es kein „richtig" und „falsch". Aber das, was Sie glauben, sollte Sie ermutigen, trösten, stützen und Ihnen Kraft geben. So „glaube" ich, dass die Seele unser wahres Wesen ist – ein göttlicher Liebesfunke, ewig und unzerstörbar. Die Seele als Teil von Gott ist vollkommen und hat auch nichts zu „lernen". Sie wählt alle ihre Erfahrungen selbst, nur haben wir das vergessen. Der Weg zu uns selbst ist also ein „Erinnerungsweg".

Der Tod ist das Ende dieses Lebens, aber nicht das Ende unserer Existenz. Wir leben viele „Leben" auf der Erde und auch anderswo. Dabei begegnen wir immer wieder alten Bekannten, mit denen wir erneut ein Stück gemeinsam gehen. Das sind Familienmitglieder, Freunde, Feinde, Nachbarn, Chefs oder Kollegen, mit denen wir damals – gemeinsam(!) – auf Wolke sieben die jeweiligen Rollen verteilt haben.

Gott ist kein strenger Vater, Rächer, Kleingeist, Moralist oder Richter. Er ist nichts als Liebe und Güte und er ist mein Freund. Ich muss nicht auf den Knien zu ihm hin rutschen und er will auch nicht, dass ich leide. Interessanterweise versteht er sogar, wenn ich wütend auf ihn bin. Er reagiert dann überhaupt nicht sauer, sondern wartet in Ruhe ab, bis ich mich beruhigt habe. So ist das mit mir und Gott.

▶ *Den* Weg zur Selbstliebe gibt es nicht. Es gibt nur *Ihren* ganz besonderen Weg. Dabei können manche „Werkzeuge" hilfreich sein: Eine Bestandsaufnahme über den Grad der „Nicht-Liebe", das Nutzen von Gedankenkraft, Akzeptieren, Vertrauen, Loslassen, das Spiegelgesetz als königlicher Weg zur Selbsterkenntnis, die Entdeckung der eigenen „Schatten", das Ablegen der Sucht gebraucht zu werden. Auch Astrologie und Tarot bieten – richtig verstanden – Orientierungshilfe.

▶ Jede Beziehung sagt etwas über das Ausmaß Ihrer Selbstliebe. Daher hat es einen guten Grund, wenn Sie immer wieder an den „falschen" Partner geraten, an Näheangst leiden oder niemanden finden.

▶ Der Körper ist Vollzugsorgan der Seele. Er „spricht" und es ist klug ihm zuzuhören.

MEINE GESCHICHTE

Meine Kindheit war gekennzeichnet von sehr großer seelischer und körperlicher Sensibilität. Ich galt als „nervös" und war sehr rasch von allen möglichen Dingen überfordert – durchaus auch von an sich angenehmen Aktivitäten wie Geburtstagsfeiern oder Ausflügen. Ich vertrug das Autofahren nicht, aber auch sonst war mir häufig schlecht. Wenn ich Hunger hatte, konnte es passieren, dass ich blass wurde und umfiel. Meine restliche Familie war von solchen Empfindlichkeiten nicht beeinträchtigt und ich wurde mit großer Skepsis betrachtet. Als junges Mädchen stabilisierte sich die Lage etwas und ich lebte eine Zeit lang das lustige Leben eines Teenagers.

Ich war sechzehn, als das Motorrad, auf dem ich als Beifahrerin saß, frontal gegen ein Auto stieß. Mit dem Kopf voran wurde ich durch die Luft geschleudert und schlug mehrmals auf dem Boden auf. Ich weiß noch, dass ich bei jedem Mal dachte: „Nicht mehr, bitte nicht mehr." Nach einem längeren Spitalsaufenthalt wollte ich mein normales Leben wieder aufnehmen, stellte aber zutiefst geschockt fest, dass das nicht möglich war. Ich erlitt häufig Ohnmachtsanfälle, hatte entsetzliche Kopfschmerzen und fühlte mich schwindlig und schwach. Mit der Zeit begann ich mich davor zu fürchten, dass diese Zustände eintreten könnten und so entstand zusätzlich zu den Unfallfolgen die Panikstörung. Mein Zustand war so schlimm, dass ich die Schule nicht besuchen konnte und die Matura auf externem Weg absolvieren musste.

Von diesem Zeitpunkt an gab es den Alltag in der gewohnten Form nicht mehr. Die körperlichen Unfallwunden verheilten, die psychischen bluteten noch für Jahrzehnte. Damals war es noch nicht so klar wie heute, dass ein Unfall meist auch einen schweren Schockzustand auslöst. So wurde diesem „Teil" bei der Behandlung keine Beachtung geschenkt. Rückblickend ist mir klar, dass ein traumatisches Ereignis mich völlig aus der Bahn werfen „musste". Ganz offensichtlich standen bei meinen „Lektionen" die Themen „Angst und Panik" zur Bearbeitung an – und damit eng verknüpft der unpopuläre Lehrstoff „Loslassen und Vertrauen". Welches Geschehnis wäre dafür wohl besser geeignet gewesen, als ein gewaltsames „Boden-unter-den-Füßen-Verlieren"?

Lange Zeit sorgte mein belasteter psychischer und körperlicher Zustand dafür, dass ich dem „normalen" Leben der anderen nur von ferne zusehen konnte. Es ging mir furchtbar schlecht und das über lange Zeit nahezu täglich.

Durch die heftigen Panikattacken mit ihren vielfältigen körperlichen Begleiterscheinungen hatte der Begriff „Sicherheit" für mich aufgehört zu existieren. Es gab keine Aktivität, bei der ich nicht bereits vorher fieberhaft überlegte, ob ich sie ohne gröberes Missempfinden durchstehen würde. Dadurch waren auch Freizeitunternehmungen wie Kino, Restaurant oder ein Stadtbummel oft unüberwindbare Hindernisse. So ging es viele Jahre. „Daneben" lebte ich mein Leben, aber es war manchmal so schwer, dass ich vollkommen verzweifelt war. Und es nahm einfach kein Ende.

Von Ärzten und Therapeuten wurde ich irgendwann als „austherapiert" entlassen, und die komplementäre Medizin zuckte genauso mit den Schultern wie die Schulmedizin. Ich war wie ein exotisches Insekt, das entweder mit einem gewissen Interesse oder mit hilfloser Ablehnung betrachtet wurde.

Schließlich konsultierte ich auch Geistheiler, Schamanen und Gurus. Und immer hoffte ich auf diese eine Person, die nicht nur die Ursache für mein Leiden finden, sondern mich auch davon befreien würde. Diese Person kam jedoch nie und nach jedem „Versuch" fühlte ich mich noch verlassener. Meine Einsamkeit war auch deswegen schlimm, weil die „Zustände" in dieser Häufigkeit und Intensität für andere nicht nachvollziehbar waren. Ich litt extrem, aber die Umwelt verstand einfach nicht, was da vor sich ging. Ich konnte das begreifen, denn ich verstand es ja selber nicht. Aber manchmal wünschte ich mir fast eine „echte" Krankheit, damit ich zumindest nicht abgewertet oder belächelt wurde.

Heute ist mir klar, dass auch diese Isoliertheit ihren Sinn hatte. Denn ohne wirkliche Hilfe von außen und das Unverständnis der anderen wurde ich immer wieder auf mich selbst zurückgeworfen.

Eines Tages saß ich wieder einmal zitternd auf dem Boden und hatte keine Ahnung, was der nächste Augenblick bringen würde. Und ganz plötzlich war da die innere Gewissheit, dass es einen Weg aus diesem Elend gab. Ich hatte ihn noch nicht gefunden, aber das bedeutete nicht, dass er nicht existierte.

Und auch wenn ich keine Ahnung hatte, wie ich das anstellen sollte, *wusste* ich, dass ich ihn finden würde. Ich blieb in meiner Ecke liegen und stand dann schwankend auf. Obwohl ich danach noch sehr häufig „auf den Boden" zurückkehrte und mich auch heute manchmal dort wieder finde, hat mich diese innere Gewissheit nie mehr verlassen.

WER IST EINE GLÜCKLICHE FRAU?

Tja wer? Die Gattin eines Managers, die den Tag damit verbringt Ihre Schönheit zu pflegen und einkaufen zu gehen? Catherine Zeta Jones, weil sie berühmt, reich und schön *und* mit einem der Oberzampanos von Hollywood verheiratet ist? Angelina Jolie, nicht nur weil sie zur „sexiest woman alive" gewählt wurde und Jennifer Aniston den Typen ausgespannt hat, sondern weil sie um die Welt jettet, Kinder adoptiert und dann auch noch im fernen Namibia selbst eines bekommt? Mutter Theresa, weil sie Krankenhäuser für die Armen organisiert hat? Oder Carina, weil sie den Job bekam, den Sie wollten? Ist eine Frau glücklich, die ein Haus im Grünen und zwei kleine Kinder hat? Eine, die happy geschieden ist? Jede, die gesund ist? Oder alle Fotomodels, weil die so eine tolle Figuren haben?

Wie Sie sehen, ist es offenbar gar nicht so leicht „Glück" zu definieren. Aber im Prinzip ist das auch völlig uninteressant, denn die wichtige Frage lautet: Was bedeutet Glück für *Sie?*

Es ist nicht einfach darauf eine Antwort zu finden, aber es lohnt, diesbezüglich einmal in sich zu gehen.

Ich biete Ihnen jetzt das an, was mir dazu eingefallen ist:

Eine glückliche Frau ist sich ihrer Kraft bewusst, auch wenn sie diese erst wieder entdecken muss. Sie kann selbst stehen, gehen und bei Bedarf auch andere halten, ohne dabei Schaden zu nehmen. Sie sieht ihren Ängsten ins Gesicht und erlaubt sich „schwach" zu sein. Für eine glückliche Frau hat die Opferrolle keine wie immer geartete Attraktivität. Sie weiß, dass sie für alles verantwortlich ist, was sie tut, nicht tut oder andere mit sich machen lässt. Sie schreibt das Drehbuch ihres Lebens selbst und führt kreativ Regie – frech, frei, anders. Sie umgibt sich mit Menschen, die sie ermutigen, unterstützen und bei Bedarf trösten. Im Umgang mit Männern beherzigt sie den bewährten Grundsatz: „Wenn du nicht mein Freund, mein Chef oder mein Liebhaber bist, will ich dich in meinem Leben nicht haben." Sie sagt ein klares „Nein" zu Zerstörung in jeder Form und meint damit auch ihre eigenen Mechanismen. Eine glückliche Frau hat manchmal „Misserfolge", aber sie verbittert nicht, sondern lernt daraus. Sie hat erkannt, dass manchmal andere innere und äußere Wege eingeschlagen werden müssen, ehe sich „Erfolg" einstellt.

Obwohl sich in ihrer Lebensgeschichte durchaus Erklärungen für manche ihrer Schwierigkeiten finden, hat sie es ein für allemal aufgegeben, Schuld zu verteilen. Denn ihr ist klar, dass das die sicherste Methode ist, ein Problem zu behalten. Sie vergeudet keine Zeit mit Jammern und Selbstmitleid. Und wenn doch, dann nur eine halbe Stunde. Ihr ist klar, dass sie nicht ertrinkt, weil sie ins Wasser gefallen ist, sondern nur, wenn sie drinnen bleibt.

Und obwohl sie sich über materielle Dinge freut, lobt sie sich auch für seelische Entwicklungen. Sie setzt sich nicht unter Druck und verlangt Perfektion weder von sich noch von anderen. Ihrem inneren Richter lacht sie ins Gesicht und entwickelt eigene Vorstellungen davon, was „geht" und was nicht „geht". Sie erkennt (zumindest relativ bald), ob eine bestimmte Situation von ihr verlangt zu akzeptieren, aktiv zu werden, loszulassen oder einfach zu lächeln.

Sie liebt die Harmonie, ist aber bei Bedarf in der Lage, Grenzen zu ziehen und sie auch zu verteidigen. Dabei ist sie durchaus kompromissfähig. Aber von einer Position der inneren Stärke und nicht aus Angst vor Liebesverlust oder Streit. Sie hat gelernt auf sich aufzupassen, ohne sich hinter meterhohen Mauern zu Tode zu schützen.

Und so haben die Geschichten ihres Lebens sie nicht verbittert, sondern sie hat aus ihren Erlebnissen die „richtigen" Schlüsse gezogen. Darum ist ihr Herz nicht verschlossen, sondern verströmt Fröhlichkeit, Wärme und Lebensfreude.

Das Herz einer glücklichen Frau verströmt Fröhlichkeit, Wärme und Lebensfreude.

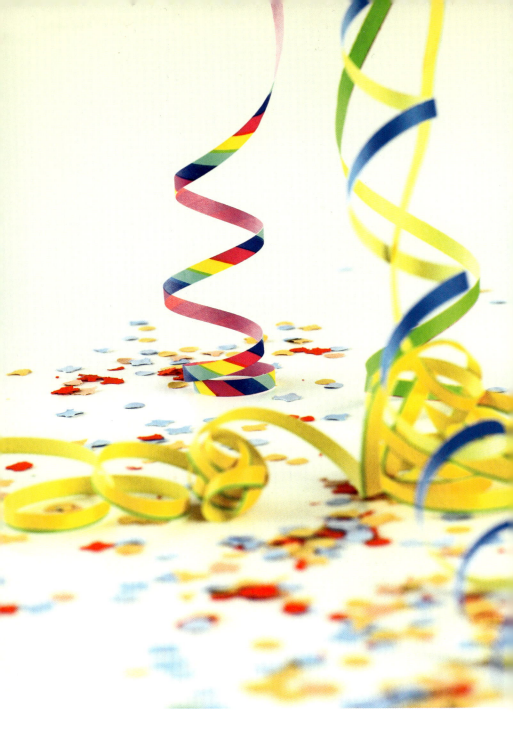

Humor ist ein unverzichtbarer Wegbegleiter.

Sie denkt immer wieder daran, dass das Leben im Hier und Jetzt stattfindet. Sie gibt daher weder der Vergangenheit noch der Zukunft große Macht, sondern nutzt den Augenblick – für Aktivität, Ruhe, Lachen, Weinen oder wofür auch immer. Sie ist authentisch und will nicht mehr ständig eine Rolle spielen. Und so lebt sie ihre Facetten: verspieltes Kind, unabhängige Frau, Abenteurerin, anschmiegsame Geliebte, Einzelgängerin, Vamp, kleines Mädchen. Sie hat akzeptiert, dass *alle* Seiten ihres Wesens nebeneinander existieren können und lässt dem natürlichen Rhythmus seinen Lauf. Und sie weiß, dass es nicht notwendig ist, sich für eine Seite zu Ungunsten der andern zu entscheiden. Sie ist zärtlich, wild, in sich gekehrt, ausgelassen, besinnlich oder wie ihr eben gerade ist. So oft wie möglich verlässt sie ausgefahrene Bahnen. So findet sie es lustig nachts auf einer Schaukel zu sitzen, unter der Woche auf einer Wiese zu picknicken oder von einer Decke aus die Unendlichkeit des Sternehimmels zu bestaunen. Sie geht keine unnötigen Risiken ein, setzt aber Sicherheit um jeden Preis nicht ganz oben auf die Prioritätenliste. Denn sie weiß, dass sie das Leben nicht kontrollieren kann. So vertraut sie lieber darauf, dass sie im Fall der Fälle jede Herausforderung bewältigen wird. Eine glückliche Frau gibt Dingen, die ihre Seele nähren, großes Gewicht und sie hat herausgefunden, wie sie Entspannung und Freude gewinnt. Und wenn nicht, dann ist sie gerade dabei sich diesbezügliche Kenntnisse anzueignen. Termine mit sich selbst nimmt sie ernst und würde sie nicht einfach so absagen. Humor ist ein unverzichtbarer Wegbegleiter und sie wird nicht zulassen, dass er ihr abhanden kommt. Und wenn doch, dann nur kurz.

Es kann sein, dass eine glückliche Frau all das zeitweise vergisst. Aber nach einiger Zeit erinnert sie sich wieder daran und macht dort weiter, wo sie aufgehört hat. Zu jeder Zeit behandelt sie sich mit Güte, Respekt und Hochachtung, weil sie weiß, welch tapferen Weg sie geht. Ihr bestes „Werkzeug" ist die Liebe: zu sich selbst und dadurch ganz harmonisch auch für ihre Umwelt. Sie ist überzeugt davon, dass es in Ordnung ist glücklich zu sein und vergönnt das sich und anderen.

Sie ist aus tiefstem Herzen bereit, das Leben nicht nur zu träumen, sondern ihren Traum möglich zu machen. Dabei ist sie in tiefer Verbindung mit ihren spirituellen Wurzeln. Sie weiß daher um die Kraft von

Akzeptieren, Geduld, Loslassen und dem „Warten können" auf den richtigen Zeitpunkt.

Ihre Haltung dem Leben gegenüber ist erfüllt von tiefem Vertrauen, weil sie weiß, dass sie nie tiefer fallen kann als in „Gottes Hand". Oder die der Göttin.

Eine glückliche Frau zu sein heißt *nicht* automatisch:

- Immer glucksen vor Wohlbehagen
- Immer zufrieden sein
- Immer alles verstehen
- Immer „gut" sein
- Immer sofort Lösungen wissen
- Immer „spirituell" sein
- Immer Selbstliebe praktizieren
- Immer sofort vergeben
- Nie wieder Probleme haben
- Nie wieder krank werden
- Nie mehr eine Enttäuschung erleben
- Nie mehr verlassen werden
- Nie mehr Aggressionen haben
- Nie wieder irren
- Nie wieder beleidigt sein
- Nie wieder zutiefst verzweifelt sein
- Nie wieder Angst zu haben
- Nie mehr depressiv zu sein

Aber es bedeutet:

1. Nicht mehr ewig in einem „negativen" Zustand zu bleiben, sondern mit neuem „Werkzeug" anders damit umzugehen als bisher.
2. Hie und da zwar das Gleichgewicht zu verlieren, aber schneller wieder in Balance zu kommen. Und wenn nicht, sich selbst mit Verständnis und Mitgefühl zu behandeln.

Eine glückliche Frau ist kein dauergrinsendes Kunstmonster, sondern aus Fleisch und Blut. Sie geht, steht, liegt, läuft und fällt. Von Zeit zu Zeit bleibt sie auch liegen.

Aber nicht für immer. Das ist ihr zu langweilig. Denn von draußen hört sie den verlockenden Ruf des Lebens.

DIE „FRAUEN-FALLEN"

Ich weiß nicht, ob es Ihnen schon aufgefallen ist, aber es existieren eine Menge von Vorstellungen darüber, wie Frauen sein sollten – in der Gesellschaft, im Kopf der Eltern, des Partners, der Kinder. Und am Allerwichtigsten: in unserem eigenen! Wir lernen, was gut, schlecht und natürlich optimal ist, und was auf *keinen Fall* geht. Bis in die kleinste Windung unseres Gehirns haben wir gespeichert: „Sei so, sei so nicht. Dann sind alle zufrieden, dann bist du eine wirkliche Frau, dann *wirst du geliebt.*"

Oh ja, das ist es, was wir wollen. Wenn wir einen Schrei in unserem Leben tun dürften, dann würde er lauten: „Habt mich lieb, bitte, bitte habt mich lieb!" Und dann denken, fühlen und handeln wir nur noch nach den Regeln, die diesen ersehnten Zustand verheißen. Wir wollen geliebt werden – immer, ewig, ohne Unterbrechung und von allen. Damit das auch sicher gelingt, haben wir eine Reihe von Einstellungen und Verhaltensweisen entwickelt, die das Wohlbefinden unserer Mitmenschen verursachen sollen. Wir biegen und strecken uns, wirbeln um die eigene Achse, springen in die Luft und halten den Atem an. Wir wackeln mit den Ohren, lächeln uns in die Erschöpfung und geben bis zum Umfallen. Natürlich kann es sein, dass andere das von uns fordern, aber am stärksten motivieren wir uns selbst zu dieser Akrobatik. Bitte verstehen Sie mich richtig: Natürlich ist es völlig in Ordnung zu lächeln, wenn es einen inneren und äußeren Anlass dazu gibt oder einfach nur so, jemandem zu helfen oder einfach freundlich zu sein. Aber *nur* zu lächeln, *immer* für andere da zu sein oder sich bis zum Bandscheibenvorfall zu beugen, bekommt weder Seele noch Körper. Und die interessanteste Botschaft lautet: *Sie werden nicht geliebt, wenn Sie es allen Recht machen wollen.* Die Rechnung geht nicht auf. Was auch immer Sie tun oder nicht tun – *irgendjemandem* wird es nicht gefallen. *Irgendwer* wird es nicht gut finden, nicht bemerken oder als selbstverständlich nehmen.

Und indem Sie damit beschäftigt sind angenehm zu sein, niemandem Schwierigkeiten zu machen und sich selbst hinten anzustellen, werden Sie immer unlebendiger, trauriger und unzufriedener. Es kann auch sein, dass unterdrückter Groll nicht nur Ihre Stimmung auf dunkel schaltet, sondern den Körper krank macht.

Viele Frauen spüren diese Zusammenhänge und fühlen sich trotzdem ihren inneren Glaubenssätzen oder den äußeren Ansprüchen hilflos ausgeliefert. Und viel zu viele glauben immer noch, dass sie sich nur so oder so verhalten müssten, um anerkannt, wertgeschätzt und geliebt zu werden.

Die größten „Frauenfallen" sind folgende:

„Ich bin zu nett"

Also ich war lange Zeit so was von nett, dass es schon unheimlich war. Durch meine Hochsensibilität erfühlte ich schon nach Bruchteilen von Sekunden, was andere von mir wollten und beeilte mich in vorauseilendem Gehorsam es zu erfüllen. Wenn ich spürte, was eine Person von mir erwartete und es *nicht* erfüllte, erzeugte das gewaltiges Unwohlsein.

Ich war meiner Umwelt gegenüber immer sehr aufmerksam und hörte selbst Zufallsbekanntschaften beim Berichten ihrer Lebensgeschichte genau zu. Niemals getraute ich mich einen endlosen Monolog zu unterbrechen oder ihn gleich zu Beginn zu stoppen. Ich war *das* Opfer für Energieräuber jeder Art.

Das hatte natürlich auch Auswirkungen in der Partnerschaft. In dem Moment, wo ich „zu zweit" war, konnte ich meine Grenzen gar nicht mehr schützen. So übernahm ich häufig einen Lebensrhythmus, der für mich zu anstrengend war, schlief mit ihm, wenn ich überhaupt nicht wollte oder leistete wesentlich mehr als 50 % der Beziehungsarbeit. Vordergründig war ich zwar nicht der unterwürfige Typ, aber die tiefen Ängste vor dem Abgelehntwerden waren da und führten zu mehr „Wohlverhalten" als gut für mich war.

Wenn Sie das betrifft, gestehen Sie es sich zu allererst einmal ein. Nettsein ist eine gute Eigenschaft. Aber nicht, wenn ein anderer immer wieder Ihr Territorium verletzt, Ihre Bedürfnisse missachtet, Sie ausnutzt, demütigt, terrorisiert oder vernachlässigt. Es ist nicht das Mittel der Wahl, sich davor zu drücken, eine zerstörerische Beziehung zu beenden oder jedem Konflikt aus dem Weg zu gehen. Seien Sie nett, aber eignen Sie sich (langsam und gütig!) auch folgende Eigenschaften an: Selbstliebe, Durchsetzungsfähigkeit, Eigenwillen. Dabei können Sie trotzdem freundlich bleiben, aber in der Sache klar und deutlich. Ich habe allerdings festgestellt, dass es sehr hilfreich ist, wenn es grundsätzlich auch gelingt, die Stimme bei Bedarf zu heben, sie eisig werden zu lassen oder mit der Tonlage hinunter zu gehen. Manchmal erfordert es die Situation auch richtig laut zu werden. Wenn Ihre sanfte Temperamentslage das gar nicht zulässt, üben Sie die Geschichte mit dem Eis.

Auf jeden Fall sollte folgende Botschaft unmissverständlich transportiert werden: „Pass auf guter Mann (gute Frau)! Ich habe hier eine Grenze und ich bin bereit und in der Lage, sie zu schützen. Ich führe keine Angriffskriege, aber ich verteidige meinen Bereich. Also Achtung und Vorsicht! Und wenn du nach zwei Abmahnungen nicht entsprechend reagierst, gehe ich zwar nicht über Leichen, aber durchaus über Leichtverletzte. Ist das glasklar?" Auch wenn Sie kein Wort davon aussprechen, spürt der andere, dass mit Ihnen zu rechnen ist und wird Sie mit mehr Respekt behandeln.

Ich weiß aus eigener Erfahrung, dass es für eine Frau mit dem „Nettigkeitssyndrom" anfangs fast unmöglich erscheint zu dieser inneren Haltung zu gelangen. Setzen Sie sich auch nicht unter Druck, wenn es nicht sofort klappt, sondern sammeln Sie in der Zwischenzeit einfach Informationen: „Aha, das wäre wieder so eine Situation gewesen, wo ich mich eigentlich hätte wehren müssen. Stattdessen habe ich sofort ja gesagt und war extrem entgegenkommend. Gut. Wie hätte ich auch anders reagieren können, damit ich nicht wieder auf der Strecke bleibe?" Üben Sie zu Hause im stillen Kämmerlein und eines Tages werden Sie mit großem Erstaunen registrieren, dass Sie bei einer ähnlichen Gelegenheit nicht sooo nett waren. Und die Welt ist nicht aus den Fugen geraten, sondern Sie haben das bekommen, was Sie in der Situation wirklich wollten.

„Ich bin für alles zuständig"

Bei dieser weit verbreiteten Falle gibt es drei Möglichkeiten:

▶ Sie sind zuständig für Erledigungen aller Arten, müssen zwanghaft jedem einen Gefallen tun, und wenn drei Straßen weiter ein Blatt auf die Erde fällt, sollten Sie Ihrem inneren Auftrag nach etwas unternehmen.

▶ Sie sind zuständig für das gefühlsmäßige Wohlbefinden Ihrer Umgebung. Wenn eine Minispannung in der Luft liegt, fühlen Sie sich gedrängt etwas zum Ausgleich zu unternehmen, selbst wenn Sie damit eigentlich überhaupt nichts zu tun haben.

Wichtig: Wenn Sie eine „Zuständige" sind, übernehmen Sie auch Leid, das nicht Ihres ist. Ich habe lange, lange Zeit die emotionale Last meiner Eltern getragen, die für meine durchaus nicht schmalen Schultern trotzdem viel zu schwer war.

▶ Sie sind zuständig für beides, Sie armes Geschöpf.

Bei dieser Fallenart ist es ganz wichtig sich mit Selbstliebe auseinander zu setzen (das ist es im Übrigen *immer!!*) und mit dem Gedanken, dass Sie es verdienen, dass es Ihnen gut geht. Außerdem machen Sie im Fall der Fälle den Check mit den drei Angelegenheiten. Nämlich:

Deine, meine und Gottes. Und es entsteht ein Haufen Kuddelmuddel, wenn Sie diese Zuständigkeitsbereiche durcheinander bringen. Wenn Sie wieder einmal als Managerin des Universums unterwegs sind oder sich dazu berufen fühlen, halten Sie kurz inne. Forschen Sie dann genau nach, ob Sie wirklich das Unkraut in *Ihrem* Garten jäten (da gibt es genug zu tun!) oder ob Sie im Park Ihres Nachbarn oder gar in dem von Gott Hälmchen zupfen.

„Ich fühle mich schuldig"

Wer in diese Falle getappt ist, holt sich mittels Riesenleiter jedes Schuldgefühl, selbst wenn es in 17 Meter Höhe herumschwebt. Die Liste der Dinge, für die man sich schuldig fühlen kann, ist beliebig lang: Dafür, dass die Mutter Herzprobleme hat, der Sohn ein Nichtgenügend in Mathematik produziert und der Partner kein Essen vorfindet, wenn er nach Mitternacht heimkommt. Viele Frauen fühlen sich schuldig, dass Ihre Eltern sich scheiden ließen, oder sogar wenn der Vater trank oder sie sexuell missbrauchte. Sie fühlen sich schuldig, weil Sie Spaß haben oder wenn Sie leiden. Sie fühlen sich schuldig, schuldig, schuldig ...

Mich begleitete dieses rätselhafte Gefühl nahezu ständig und sorgte dafür, dass ich mich eigentlich niemals so richtig unbeschwert fühlte. Erst die tiefe Erfahrung mit der Selbstliebe, das Beachten der drei Angelegenheiten und die Weigerung den „Rucksack" der Eltern weiter zu tragen, brachten Erleichterung.

Natürlich legen auch Sie unter Umständen Verhaltensweisen an den Tag, die vermeidbar gewesen wären und anderen Leid zugefügt haben. Wenn also in dieser Richtung etwas schief gelaufen ist, entschuldigen Sie sich dafür.

„Ein Mädchen (eine Frau) tut so etwas nicht"

Es ist egal, wie weit die Emanzipation fortgeschritten ist – es gibt immer noch Regeln aus der Kindheit, die zu dieser Fallenkategorie gehören. Vielleicht hat niemand sie je ausgesprochen. Aber die Inhalte wurden so vermittelt, dass sie aus dem Unterbewusstsein heraus noch immer unser Leben bestimmen. Kleine Auswahl von Verhaltensweisen, die „unweiblich" sind:

Laut werden, eine Meinung haben und dazu stehen, sich durchsetzen, die Beine auf den Tisch legen, sich beschweren, einen Mann deutlich zurückweisen, dem Partner klar machen, dass Hausarbeit nicht mit der Gebärmutter durchgeführt wird, und ...

„Ich kann nicht alleine sein"

Willkommen in der größten Frauenfalle der Welt! Wenn Sie sich darin befinden, wissen Sie unter Umständen ganz genau, dass eine Beziehung eigentlich nur mehr das Ende verdient, sind aber außerstande, es herbeizuführen. Sie ertragen ganz unglaubliche Dinge, nur um diesem gefürchteten Zustand zu entgehen – Vernachlässigung, Ignoranz, Betrug, Lügen und sogar körperlichen Missbrauch in jeder Form. Sie bleiben an der Seite eines Alkoholikers, Spielsüchtigen, Einengers, Sexverweigerers, Gefühlskrüppels oder eines Mannes, der Sie nur benutzt. Sie leiden, weinen und sind völlig verzweifelt. Aber nichts, was „er" tut oder nicht tut, ist im Endeffekt schlimm genug, dass Sie ihn verlassen.

Katharina lebte seit 25 Jahren mit einem Mann, der sie bald nach der Hochzeit betrog und auch in der Folge keinen Seitensprung ausließ. Er ging dabei nicht einmal besonders diskret vor, so dass sie die meisten Damen auch hautnah mitbekam. Zuhause war er launisch, unterstützte sie weder bei den Kindern noch im Haushalt und trank mehr als ihm gut tat. Seit über zehn Jahren schlief er auch nicht mehr mit ihr, weil sie ihm zu dick war. Auf die Frage, warum sie diese Beziehung nicht beenden könne, schluchzte sie: „Ich kann nicht allein sein, ich kann es einfach nicht."

Machen Sie sich einmal klar, was „alleine sein" heißt. Sind Sie in diesem Zustand dazu verdammt in Zukunft hungrig, mit fiebrigen Augen und vollkommen verlassen durch die Welt zu irren? Oder heißt es eigentlich „ohne Partner" sein?

Die meisten Frauen antworten auf diese Frage spontan mit Variante 2. Sie sind nämlich durchaus nicht ohne Bezugsperson, sondern haben Freundinnen, Verwandte oder nette Kollegen. Und meist sind das auch Frauen, die schon seit Jahren ihre Angelegenheiten und die der Familie vollkommen auf sich gestellt managen, weil der „Partner" dafür ohnedies nicht zur Verfügung steht. Sie versorgen ihn, die Kinder, den Haushalt und falls vorhanden auch den Garten. Sie gehen selbst einer Arbeit nach, holen die Ältere von der Klavierstunde und bringen den Kleinen zum Fußball. Dazwischen fahren sie zur Reinigung, bringen seinen Wagen in die Werkstätte und stricken drei Pullover. Für sie selbst bleibt nach diesem Zeitplan naturgemäß kein Platz. Dafür werden sie lieblos behandelt, benutzt oder übersehen. Oder alles zusammen. Aber selbst wenn (noch!) kein unterstützendes Umfeld da ist – wovor hat eine Frau bei dem Gedanken ohne „ihn" zu sein solche Angst? Nüchtern betrachtet, hätte sie um ein Stück weniger zu tun und müsste ihre Energie nicht darauf verschwenden, täglich erneut darunter zu leiden, dass er so ist, wie er nun einmal ist. Aber wenn sie in dieser Falle gefangen sitzt, ist „nüchtern" eben die letzte Art und Weise wie sie die Sache betrachten kann.

Für viele von uns ist auch nur der Gedanke an eine Trennung wie ein Todeserlebnis. Ich selbst habe das schon so empfunden und Freundinnen und Klientinnen schildern die Vorstellung so: „Es ist, als würde ich aufhören zu atmen." Dieses Gefühl, dass viele von uns angesichts eines möglichen „Alleineseins" empfinden, kommt aus der Kindheit. In der Zeit hätte der Zustand wirklich unseren Tod bedeutet. Ein Kind ist alleine nicht überlebensfähig.

Die tiefen Ängste von damals begleiten uns dann ein Leben lang. Und immer, wenn das Thema auch nur im Raum schwebt, reagieren wir wie damals vor langer Zeit: „Alles, alles nur das nicht. Sonst ist es aus mit mir." So übersehen liebenswerte, gescheite, tüchtige Frauen, dass sie heute ohne ihn nicht nur überleben würden, sondern viel besser dran wären.

Ich weiß aus eigener Erfahrung, *wie* schlimm diese Verlassenheitsängste sind. Aber gerade darin liegt in dem Fall die Herausforderung. Auch wenn Sie es nicht glauben können – Sie benötigen ihn *nicht* zum Weiterleben. Ihre Existenz endet *nicht,* wenn es ihn nicht mehr gibt, selbst wenn sie finanziell von ihm abhängig waren. Ich habe immer wieder beobachtet, wie Frauen, die wirklich entschlossen sind eine zerstörerische Beziehung aufzugeben, plötzlich Wege fanden, die vorher nicht zu existieren schienen. Das betraf ihr Selbstwertgefühl, aber auch Job und Geld.

Auch wenn Sie im Moment nicht wissen, wie Sie diese Falle verlassen können – halten Sie einfach für möglich, dass Sie „allein", das heißt ohne ihn, durchaus nicht unter der Brücke landen. Weder emotional, noch materiell. Die Situation mag schwierig werden, aber Sie *werden sie bewältigen.*

„Wenn du mich liebst, dann tu ich alles"

Wenn Sie durch eine wärmeleere Kindheit oder spätere Erfahrungen ein Defizit an Liebe, Geborgenheit und Zärtlichkeit haben, sind Sie bereit so ziemlich alles zu tun, um die magischen Worte „Ich liebe dich" zu hören. So verrenken Sie sich nicht nur Hals, Hüfte und Nabel, um den Mann an ihrer Seite dazu zu bringen diese Worte zu sagen, sondern erdulden auch alles, um sie gegebenenfalls immer wieder oder endlich einmal zu hören.

Wenn Sie das betrifft, fragen Sie sich: „Mit wie wenig bin ich zufrieden?" Das ist eine magische Frage, weil es oft nur ganz winzige Brotkrumen sind, die Sie in solchen Beziehungssystemen von seinem Tisch erhalten. Eine Frau, die dieser Falle nach langen Jahren entschlüpft war, sagte einmal: „Er trank nicht, er schlug mich nicht und ging einer Arbeit nach. Aber, das war alles, was ich von ihm bekam." Ich weiß, dass es viele Frauen gibt, die guten Gewissens nicht einmal das sagen können und trotzdem bleiben, weil sie wider besseres Wissen immer noch hoffen, einem Mann „Liebe" abzuringen. Meine Klientin Sigrid erzählte mir, dass Ihr Partner immer dann „Ich liebe dich" sagte, wenn Sie wieder einmal so weit war, sich von ihm zu trennen. Es änderte sich in der Folge gar nichts, aber sie zehrte monatelang davon, *dass* er es gesagt hatte.

Wichtig:

1. Es zählt nicht, was jemand sagt, sondern was er *tut*.
2. Liebe ist ein freiwilliges Geschenk. Es macht also wenig Sinn, sie jemandem abzupressen.
3. Sie bekommen so niemals, was Sie eigentlich wollen.
4. Eine Entscheidung für sich selbst kann bedeuten, dass Sie einem anderen auf die Zehen steigen. Es kann sein, dass dieser Jemand Sie dann im Moment oder auch auf Dauer *nicht* liebt, weil Ihre Entscheidung für ihn einen Nachteil bedeutet. Seien Sie also nicht zu Tode getroffen, wenn Sie endlich einmal „Nein" gesagt haben und er sie *nicht* dafür beklatscht.

„Ich bin nichts, ein Mann ist alles"

In meiner Familie wurde klar transportiert, dass ein Mann wichtiger und interessanter ist als eine Frau. Auf jeden Fall irgendwie besser. Ich glaubte das zwar nicht, aber das alte Muster saß dennoch tief. Es war dafür verantwortlich, dass ich mich lange Zeit jedem männlichen Wesen unterlegen fühlte und auch jede Form von Kompetenz nur bei diesem Geschlecht annahm. Bei dem Eingeständnis krümme ich mich zwar noch heute, aber es ist die Wahrheit.

Die Einstellung, dass „er" das beste Stück Fleisch bekommt, bei jeder Entscheidung das letzte Wort hat und unumstrittener Familienkaiser ist, gehört sicher einer vergangenen Zeit an. Aber die „Ausläufer" dieses Gedankengutes finden sich in der Tiefe auch noch bei modernen Frauen. Forschen Sie einmal ganz ehrlich nach, ob Sie völlig frei davon sind.

Wichtig: Ein Mann ist *nicht* mehr wert als eine Frau. Die Frage stellt sich schon deshalb nicht, weil „Wert" nicht geschlechtsspezifisch verteilt wurde. Für diese Tatsache lege ich meine Hand ins Feuer. Begegnen Sie den Burschen also Auge in Auge und nicht von schräg unten.

> **Wie können Sie nun vorgehen, wenn Sie erkannt haben, dass Sie in einer dieser Falle gefangen sind?**
>
> 1. Machen Sie zunächst eine Bestandsaufnahme, für welchen „Typ" Falle Sie anfällig sind.
>
> 2. Wenn Sie noch nicht anders handeln können, sammeln Sie Informationen: „Aha, er hat wieder ein Versprechen nicht gehalten", „Bei der Gelegenheit habe ich mich schon wieder selbst zur Managerin des Universums ernannt", „Eigentlich wollte ich Spaß haben, bis mir eingefallen ist, dass das doch so nicht geht, ich mich schuldig fühle, noch nicht alle Pflichten erfüllt sind, das Leben nicht lustig ist, ..."
>
> 3. Setzen Sie sich mit Selbstliebe auseinander und beteuern Sie voll Begeisterung: „Ich verdiene es, dass es mir gut geht."

4. Spüren Sie beglückt, wie in der einen oder anderen Situation die Flamme der Revolution in Ihnen zu lodern beginnt. Und wenn es zunächst nur das Glosen der Glut ist, macht das auch nichts. Es wird schon!
5. Wann immer es möglich ist – denken, fühlen und handeln Sie, als ob Sie bereits eine glückliche Frau wären.
6. Benutzen Sie die Tatsache, dass Sie in Fallen gegangen sind, nicht dazu, sich selbst fertig zu machen, sondern zeigen Sie Mitgefühl und Verständnis.

Den eigenen Wünschen treu zu bleiben und dann Ablehnung zu erleben ist einer der schwierigsten Teile des Weges. Das auszuhalten kann einer Frau fast unmöglich vorkommen, die immer alles, wirklich alles getan hat, damit sie geliebt wird. Aber es gibt keine Alternative. Denn zu irgendeinem Zeitpunkt ist Ihnen etwas so wichtig (hoffentlich!), dass es heißt: „Du und deine Bedürfnisse" oder „Ich und meine Bedürfnisse". Und Sie wählen Ihre! Denn das nicht zu tun würde in diesem Falle X einen Nachteil für Sie bedeuten, den Sie nicht (mehr!) gewillt sind in Kauf zu nehmen. Das muss nicht immer etwas Dramatisches sein. Es kann zum Beispiel bedeuten, dass Sie eine Verabredung absagen, weil Sie müde sind, lieber in der Badewanne liegen oder an diesem Tag nicht mehr weggehen möchten. Der andere kann das nun verstehen, aber er muss nicht und ist dann vielleicht verärgert.

Es auszuhalten einen anderen „enttäuscht" zu haben, ist eine der größten Herausforderungen auf dem Weg zur glücklichen Frau. Nicht weil es Spaß macht jemandem weh zu tun, sondern weil es eine Notwendigkeit sein kann, um nicht sich selbst immer weiter weh zu tun.

Eine glückliche Frau kennt natürlich die eine oder andere Falle, weil sie genauso hineingetappt ist, wie viele andere auch. Aber sie hat zu einem bestimmten Zeitpunkt beschlossen, dass nun genug gelitten wurde. Von da an hat sie einen neuen Weg eingeschlagen. Auf diesem Weg ist sie wahrscheinlich gestolpert und sogar kräftig hingefallen. Manchmal wollte sie auch das ganze Stück wieder zurückgehen, weil sie dachte, dass diese neue

Straße viel zu gefährlich ist. Und hie und da hat sie das auch getan. Aber dann hat sie sich immer wieder aufgemacht, weil sie die Zerstörung in ihrem Leben endlich beenden wollte. Und dazu hat sie am Horizont vor ihr mehr Chancen gesehen, als im Dunkel hinter ihr. Und irgendwann – Schritt für Schritt hat sie festgestellt, dass sie wieder mehr (ehrlich!) lächelt als weint. Und seither hat der Weg zurück seinen Reiz für immer verloren.

„DER MANN" – DAS WESEN VOM ANDEREN STERN

Wenn wir ganz ehrlich sind, dann spielen die Marsbewohner in unserem Leben eine Rolle. Und zwar tun sie das, wenn sie vorhanden sind, aber auch dann, wenn das nicht der Fall ist.

Es gibt natürlich jene heiß beneideten Frauen, die beim Thema „Probleme mit Männern" nur irritiert das Gesicht verziehen und keine Ahnung haben, wovon frau spricht. Sie lieben, werden geliebt und alles ist happy around. Irgendwie scheinen sie bei der Verteilung von Beziehungsglück zur richtigen Zeit am richtigen Platz gewesen zu sein und haben kräftig „Hier" geschrieen. Das ist ganz toll und ich freue mich für sie! Ich gehörte leider nie zu diesem Club.

Offenbar habe ich es irgendwie verbummelt, als der liebe Gott die diesbezüglichen Bonbons unter die Leute gebracht hat. Bei mir war es häufig „schwierig". Entweder er passte nicht, es passte nicht und laut dem unpopulären Spiegelgesetz passte demnach wohl auch ich nicht.

Warum gibt es rund um Partnerschaften so viele Probleme, dass diese nach gescheiten Studien im therapeutischen Alltag sogar an *erster* Stelle stehen? Warum findet nicht jede Maria ihren Franz und jede Hanni einen Moritz? Und warum können die vier es mit ihren jeweiligen Partnern nicht nur einfach super haben und ihr Leben genießen??

Die meisten von uns wünschen sich eine Beziehung, in der in der Regel folgende Vokabel von Bedeutung sind: Unterstützung, Freude, Harmonie, Offenheit, Ehrlichkeit, Treue, Akzeptanz, guter Sex, Zärtlichkeit, Aufeinander-eingehen, Teilen von Erlebnissen und Gefühlen, Wertschätzung, Humor und noch so einige andere schöne Dinge mehr.

Genau das bekommen wir aber häufig nicht, sondern: Disharmonie, Aggression, Unverständnis, Lügen, Betrug, seelische und/oder körperliche Gewalt, Abwertung, mehr Gegen- und Nebeneinander als Miteinander und noch andere Unerfreulichkeiten. Was um alles in der Welt ist nur los mit uns? Halten Sie sich vor diesem Hintergrund auch ruhig noch die unbestreitbare Tatsache vor Augen, dass Sie einen Partner *auswählen* (!!). In unseren Breiten und Zeiten wird niemand mehr gezwungen mit einem bestimmten Menschen fortan Bett, Tisch und alte Muster zu teilen. Warum suchen wir also nicht einen Kerl aus, der im weitesten Sinne angenehm ist? Was veranlasst uns ganz im Gegenteil dazu, mit traumwandlerischer Sicherheit einen Mann zu „erhören", der uns in vielerlei Hinsicht nicht gut tut? Und warum bleiben wir hundert Jahre und drei Tage in Beziehungen, die im besten Falle schlecht und im schlimmsten Falle absolut zerstörerisch sind??

Keine von uns bekommt den „Traummann" an der nächsten Straßenecke. Wenn doch, ist das die berühmte Ausnahme von der Regel. Er klingelt auch nur in äußerst seltenen Fällen an der Eingangstür und teilt Ihnen mit verführerischem Lächeln mit, dass er nun da ist, um Sie abzuholen. Und als gelernte Frau wissen Sie auch, dass das mit dem König auf dem Pferd meist nicht so wirklich klappt. Der blaublütige Bursche treibt sich reitenderweise eher in einer anderen Gegend herum und so können Sie sich nicht darauf verlassen, dass er seine starken Arme dazu benutzt, Sie für immer auf selbigen ins Glück zu tragen. Ganz zu schweigen von dem armen Pferd, das dann trotz ihrer möglicherweise vorhandenen Modelfigur zwei Gewichte tragen müsste. So funktioniert es offenbar nicht. (Wenn doch, wiederum herzlichen Glückwunsch – Sie sind schon wieder eine Ausnahme!)

Aber gibt es etwas, was jede einzelne von uns tun kann, damit das ersehnte Liebesglück zumindest wahrscheinlicher wird als bisher? Die berühmte Garantie für das Erblühen einer Pflanze gibt es natürlich nicht. *Aber:* Sie können einen nährenden Boden umstechen, den Samen einsetzen, gießen, *nicht* darauf herumtrampeln, für Licht sorgen und dem Pflänzchen in spe gut zureden. Es wird wenig nutzen, vor Ungeduld am Samen anzuziehen, die Zeit zu beklagen, die das kleine Ding braucht, um den Boden zu durchstoßen oder deprimiert zu sein, weil immer noch nichts kommt. Aber Sie können eine Menge dafür tun, dass *eines Tages* eine wunderschöne Blüte Ihr Herz erfreut. Für ein solches partnerschaftliches „Blühen" ist es ratsam, dass Sie sich mit folgenden Themen auseinander setzen.

Partnerwahl

Unter der Voraussetzung, dass niemand Ihnen vorgeschrieben hat, wen Sie „nehmen" sollen, haben Sie aus freien Stücken den jeweiligen Mann an Ihrer Seite ausgesucht. Dazu ist es gut zu wissen, dass die meisten von uns Partner wählen, mit denen sie ein Elternthema wiederholen – entweder die Problemsituation mit der Mutter oder dem Vater. Oder sie „reproduzieren" genau das gleiche Klima, das in der Familie vorherrschte. Manchmal sind die Partner sogar vom gleichen Sternzeichen wie ein Elternteil (kein Spaß!). Wenn daheim soweit alles paletti war, sind solche Wiederholungen ja in Ordnung und stören keinen. Aber oft geht es dabei natürlich um klimatische Bedingungen, die uns früher nicht unbedingt wohl getan haben und es auch jetzt nicht tun. Interessant ist, dass dieser so genannte „rote Faden" offenbar sehr strapazierfähig ist. Das heißt: Wenn Ihre Liebesgeschichte mit dem verheirateten Hans, dem Alkoholiker Gustav, dem abwertenden Heinrich, dem gewalttätigen Peter oder dem Workaholic Ernst endlich vorbei ist, atmen Sie unter Umständen nur kurz durch, bis Sie dem nächsten Ehemann, Trinker, Schläger, Kleinmacher oder Arbeitswütigen begegnen. Auch das mit dem Durchatmen ist nicht so selbstverständlich. Denn viel wahrscheinlicher ist, dass Sie ganz extrem leiden, wenn Sie genau diesen Mann „verlieren", der Ihnen unter dem Strich mehr Leid als Freude verursacht hat. Es scheint also wie verhext zu sein – aber Sie kommen immer wieder an den gleichen Männertyp. Das funktioniert auch mit dem Eifersüchtigen, einem Mann, der sich aus irgendeinem Grund nicht wirklich auf Sie einlässt, dem Choleriker, großen Schweiger oder Seitenspringer. Die Liste ist beliebig verlängerbar.

Wenn Sie das betrifft, heißt Ihr altes Muster: „Ich bin es nicht wert, dass man(n) mich gut behandelt." Entweder wurde Ihnen das zu Hause vorgelebt, vermittelt oder direkt gesagt. Die Botschaften in solchen Familien lauten dann: „Du bist nicht wichtig", „Du bist unfähig und dumm", „Du musst froh sein, wenn du überhaupt einen bekommst", „Frauen sind die Dienerinnen des Mannes und der Familie", „Was du fühlst, interessiert keinen", „Deine Bedürfnisse sind vollkommen egal". Vielleicht hat Ihr Vater die Mutter so behandelt und sie hatte nicht die Kraft sich dagegen zu wehren, oder sie selbst hat solche Weisheiten von sich gegeben. Frauen wurden früher in diesem Geist erzogen und manchmal geschieht das auch heute noch. Sie wachsen also auf und suchen instinktiv einen Mann, der sie in der einen oder anderen Art wieder schlecht behandelt. Das ist vertraut, damit kennen Sie sich sozusagen aus. Aber unbewusst existiert auch der Wunsch, den Mann *diesmal* dazu zu bringen, dass er Sie liebt. Sie müssen nur immer wieder tun, was er verlangt oder lange genug durchhalten – dann wird er erkennen, was er an Ihnen hat und Ihnen endlich die Liebe geben, die Sie sich schon so lange wünschen – wenn Sie ehrlich sind seit den Tagen von Mami und Papi. Aber diese Rechung geht nie auf.

Wenn Sie Ihr Muster nicht durchschauen und „anders" damit umgehen, werden Sie sich immer wieder in derselben unbefriedigenden Partnerschaftssituation wieder finden.

Es ist daher sehr wichtig, dass Sie eine ganz persönliche Checkliste machen, was Sie in einer Beziehung wirklich brauchen. Vermeiden Sie dabei allgemeine Formulierungen wie „Geborgenheit", „Verständnis" oder „Zuwendung". Werden Sie sich stattdessen klar, was *Sie* benötigen, damit Sie sich geborgen, verstanden oder umkümmert fühlen. Das ist sehr individuell. Ich *liebe* es zum Beispiel, wenn der Mann an meiner Seite mich auch untertags spontan „einfach so" anruft und nur meine Stimme hören möchte. Das gibt mir ein warmes, schönes Gefühl. Eine Bekannte von mir verdreht bei dieser Vorstellung die Augen: „Wir sehen uns ohnedies am Abend. Zu viel telefonieren geht mir auf die Nerven."

Es gibt also keine allgemeinen Regeln. Je besser Sie sich kennen lernen, umso klarer wird Ihnen bewusst, was Sie wirklich benötigen, um sich mit einem anderen wohl zu fühlen. Die Frage für die Partnerwahl lautet also:

„Was brauche ich – und zwar zum jetzigen Zeitpunkt meines Lebens?" Wenn Sie Antwort auf diese Frage finden, werden Sie bei möglichen Kandidaten von Anfang an auf diese Dinge achten.

Wichtig: Eigenschaften, die sich später als störend oder trennend herausstellen, sind meist bereits zu einem sehr frühen Zeitpunkt ersichtlich. Sie wollten sie nur nicht wahrhaben, dachten, dass er sich schon ändern wird oder dass es doch nicht so wichtig ist. Das passiert besonders dann, wenn Sie vorher lange Zeit einsam waren, sehr bedürftig sind oder „nicht alleine sein können".

Achten Sie von Beginn an, ob der Mann zuhören kann, auf Sie eingeht, Rücksicht nimmt und auch auf ein „*Wir*" bedacht ist. Das ist sehr schnell spürbar! Wer diesbezüglich Defizite hat, ändert sich nicht von allein. Und schon gar nicht, weil Sie sooo lieb zu ihm sind und immer wieder zurückstecken.

Finden Sie auch eine ehrliche Antwort auf die Frage, welchen männlichen Platz in Ihrem Leben Sie zurzeit gerne besetzt sehen würden. Sind Sie wirklich bereit für eine innige Beziehung, wollen Sie eher einen Freund oder unter Umständen auch „nur" einen Liebhaber? Wenn Sie da etwas vermischen, sind Schwierigkeiten vorprogrammiert. Wie immer gibt es kein Richtig oder Falsch, sondern nur Bedingungen, die für *Sie* stimmig sind.

Grundsätzlich empfiehlt es sich, die Dinge entspannt anzugehen – auch wenn Sie schon lange Zeit „darben" oder gar nicht mehr wissen, wie sich eine Umarmung oder ein kuscheliges Zusammensein anfühlt. Lange andauerndes Alleinsein multipliziert mit großer Sehnsucht nach Zweisamkeit hoch der inneren Einstellung, dass eine Frau ohne Mann „nichts" ist, erzeugt einen Gefühlscocktail, der nicht dafür geeignet ist, einen kühlen Blick zu bewahren. Ganz im Gegenteil. Sie werden dann viel zu schnell in die Arme eines Mannes sinken, der eben einfach „da" ist. Das *kann* der Richtige sein, aber die Chancen dafür sind nicht wirklich gut. Signalisieren Sie also Ihrer Umgebung, dass Sie grundsätzlich „am Markt" sind und daher Interesse an Begegnungen haben.

Aber nicht um *jeden* Preis.

Wenn Sie schon vor längerer Zeit „gewählt" haben und ganz und gar nicht zufrieden sind, machen Sie trotzdem Ihre persönliche Wunschliste. Sie wissen dann zumindest viel besser, was Sie wollen oder vermissen und können das Ihren Partner wissen lassen. Es gibt immer die Möglichkeit eine bestehende Beziehung zu verbessern und diese Chance können Sie nutzen. Aber für immer in einem dumpfen Zustand von Unerfülltheit zu bleiben, ist keine Lösung für eine Frau, die glücklich werden möchte. Und das sollten Sie wollen – egal, von wo aus Sie starten!

Der Partner als Spiegel

Wenn ich in den Kursen „Die Kunst sich selbst zu lieben" oder in der Praxis das erste Mal vom Spiegelgesetz spreche, blicke ich zumeist in entsetzte Gesichter. Dieses Gesetz besagt, dass alles was Ihnen in der Umwelt begegnet als *Thema* auch in Ihnen vorhanden ist. So wird niemand „zufällig" mit Eigenschaften eines anderen konfrontiert, sondern „gesetzmäßig".

Ein Beispiel: Sie regen sich immer wieder darüber auf, dass eine Person Sie respektlos behandelt, abwertet oder ignoriert. Als Kennerin der Spiegelmethode registrieren Sie zwar diese Aufregung, stellen sich aber als nächsten Schritt sofort die Frage: „Warum bin ich mit diesen Verhaltensweisen konfrontiert? Gibt es Bereiche, in denen *ich* mich so benehme?" Wenn Sie da nicht fündig werden, dann prüfen Sie, ob Sie sich möglicherweise selbst gegenüber so verhalten. Denn auch dann ist das Thema „respektloser Umgang" *Ihr* eigenes.

Der andere Mensch ist wie ein Spiegel, der genau das Bild zurückgibt, das er aufnimmt. Wenn ein Thema für Sie überhaupt keine Bedeutung hat, werden Sie entweder gar nicht damit konfrontiert und wenn doch, regt es Sie nicht auf. Wer nun an der Existenz des Spiegelgesetzes nicht verzweifelt oder es rigoros ablehnt, hat die Supermöglichkeit auf seinem Heilungsweg ein riesiges Stück voranzukommen. Wenn Sie die *richtigen* Schlüsse aus Ihren Spiegeln ziehen, befinden Sie sich nämlich auf dem „königlichen Weg zur Selbsterkenntnis".

Es ist natürlich gar nicht so einfach in Persönlichkeitsmerkmalen, die wir heftig an anderen kritisieren, unsere eigenen zu erkennen. So sah ich mich immer wieder mit Männern konfrontiert, die zerstörerische Züge aufweisen. Das war zunächst nicht so deutlich, weil die Mechanismen sehr subtil waren. Ich merkte aber nach einiger Zeit, dass ich immer mehr Energie verlor und konnte mir das nicht wirklich erklären. Im Laufe der Zeit erkannte ich das Netz von Machtspielen, das zwar vordergründig nicht sofort sichtbar, aber nichtsdestotrotz vorhanden war. Da ging es um Freude verderben, klein halten, besitzen, Luft zum Atmen nehmen, abwerten oder „einsperren". Es wurde mir vermittelt, was ich tun oder unterlassen musste, damit es „gut" war. Tat ich das nicht, drohte „Bestrafung" in Form von Liebesentzug oder Psychoterror.

Es dauerte eine ganze Weile, ehe ich begriff, dass Manipulation und Machtspiele durchaus auch in meinen Verhaltensweisen zu finden waren. Auch ich versuchte Schuldgefühle zu erzeugen, wollte den anderen besitzen und „arbeitete" mit Liebesentzug in Form von Rückzug und Verweigerung. Ich wurde also deswegen von außen mit zerstörerischen Mechanismen konfrontiert, weil sie sehr wohl auch *in* mir vorhanden waren – sowohl im Umgang mit anderen als auch mit mir selbst!

Wichtig: Wenn Sie in irgendeiner Form mit Zerstörung zu tun haben, findet sich so sicher wie das Amen im Gebet auch das Thema „Selbstzerstörung" auf Ihrer Liste. Und es empfiehlt sich, *dort* das „wahre" Problem zu lösen! Sonst wird nur ein Missbraucher den anderen ablösen.

Der Ausweg heißt: Liebe dich mehr, dann bist du der Meinung, dass du es verdienst gut behandelt zu werden.

Das Ergebnis dieser „Arbeit" werden Sie in den Spiegeln sehen.

Jeder, der in Ihrem Leben auf die eine oder andere Art eine Rolle spielt, spiegelt Ihnen eigene Anteile. Das kann die Nachbarin sein, der Chef, eine Freundin oder die Schwiegermutter. Aber besonders stark „spiegelt" Ihr Partner. Das ist mit dem unbeliebten Ausspruch gemeint, dass jeder den Partner bekommt, den er verdient. Und deswegen ist *jede* Partnerschaft eine Gelegenheit, verborgene Schatten, lange vergrabene Schmerzen oder verdrängte Konflikte durch das Spiegelgesetz sichtbar werden zu lassen. Gerade eine enge Beziehung bietet immer wieder die Möglichkeit alte Wunden zu heilen. Das kann natürlich auch dadurch geschehen, dass wir (endlich!) zu missbräuchlichen Situationen „Nein" sagen.

Häufige Spiegelthemen in Beziehungen sind: mangelnde Wertschätzung, Dominanz, Rücksichtslosigkeit, Respektlosigkeit, Egozentrik, Kommunikationsunfähigkeit, Aggressivität, Ignoranz. Wenn Ihnen all das immer wieder im Außen begegnet, *gibt es eine Entsprechung in Ihrem Inneren.*

Wichtig: Es ist menschlich verständlich, den Partner als „schuldig" an Problemen zu bezeichnen. Aber wer das Spiegelgesetz anwendet, weiß, dass der Spiegel nichts dafür kann, wenn ein mürrisches Gesicht herausblickt.

Sie müssen etwas verändern, dann zieht das zurückgeworfene Bild automatisch mit. Das heißt in aller Deutlichkeit: Wenn Sie Ihren „roten Männerfaden" ein für alle Mal ändern wollen, dann müssen *Sie* ihn durchzwicken. Und noch deutlicher: Wenn Sie einen Mann mit tollen Eigenschaften möchten, dann sorgen Sie dafür, dass genau diese Züge sich in *Ihrem* Charakter finden. Sonst werden Sie niemals *sein* Spiegel sein …

Eine glückliche Frau nimmt jede Möglichkeit wahr, sich selber besser kennen zu lernen. Daher nutzt sie die Chance der Spiegel, auch wenn Ihr die Reflexionen nicht gefallen. Denn das Gesetz stimmt *immer.*

Das verschlossene Herz

Auf Ihrem Weg zur glücklichen Frau werden Sie nicht umhin kommen den Zustand Ihres Herzens zu betrachten. Sehr wahrscheinlich ist es nicht so offen, wie das für eine erfüllende Liebesbeziehung – und auch sonst – gut wäre. Ein Herz, das sich einmal verschlossen hat, blockiert den Fluss von Lebensfreude, Wärme, Güte und Liebe. Damit können Sie natürlich existieren. Sie atmen, essen, trinken, arbeiten, gehen ins Kino oder richten eine Wohnung ein. Sie fahren auf Urlaub, treffen Bekannte, trainieren im Fitnessstudio oder graben Ihren Garten um. Sie haben unter Umständen auch eine Partnerschaft, Kinder und regelmäßig Sex. Aber bei allem, was Sie tun, ist es so, als ob nur ein Stück von Ihnen daran teilnimmt. Etwas in Ihnen ist „tot". Sie fühlen vielleicht, dass es da irgendwo einen Bereich gibt, in dem das Leben sprudelt, aber Sie haben keinen Zugang dahin. Nur ein fernes Ahnen sagt Ihnen, dass dort Begeisterung, Leidenschaft und Ihr volles Potential liegen. Aber dann ist es auch schon wieder vorbei. Und das, was weiterhin den Alltag „bewältigt", ist eine traurig reduzierte Fassung Ihrer selbst.

Am stärksten kommt dieser Zustand des verschlossenen Herzens in Beziehungen zum Tragen. Entweder sorgt er dafür, dass keine zustande kommen oder dass sie nicht in die Tiefe gehen, die möglich wäre. Denn Liebe kann nicht fließen – nicht für sich selbst und nicht für andere (in dieser Reihenfolge!). Und nach dem Spiegelgesetz wird das entweder Menschen anziehen, deren Herz auch verschlossen ist oder die tiefe Blockade signalisiert den anderen: „Du brauchst gar nicht näher kommen, denn hier gibt es ohnedies nichts für dich zu holen." Menschen fühlen mit feinen Antennen, wie es um Ihr Herz bestellt ist. Wenn es durch zu viel „Schutz" in jeder Hinsicht unterkühlt ist, will niemand hin. Oder das eigene kalte Herz findet eine Entsprechung ...

Wichtig: Wenn Sie mit „warmherzigen" Personen zu tun haben wollen, müssen Sie dieses verletzte Areal vom Eis der Vergangenheit befreien. Vorher werden Sie keine Beziehung führen, die Sie wirklich befriedigt. Nicht zu sich selbst und nicht zu dem Mann, den Sie sich wünschen.

Es ist wichtig zu verstehen, dass sich Ihr Herz aus gutem Grund verschlossen hat. Der Schmerz war so unermesslich, dass Sie zu der Zeit keine andere Möglichkeit sahen, als die „Türe" zu schließen. Bei vielen von uns geht dieses Erlebnis auf die Kindheit zurück, in der wir viel zu oft und stark verletzt wurden. Instinktiv wollten wir uns schützen und brachten an der Türe noch drei Sicherheitsschlösser an. Später baute jede weitere Enttäuschung an der Mauer mit, die – fast unbemerkt – immer höher wurde. Und irgendwann schlangen wir dann dicken Stacheldraht um diese Steine.

Ganz wichtig!: Das Herz hinter all diesem vermeintlichen Schutz ist zwar verletzt, aber immer noch voll Liebe und Sehnsucht. Diese beiden werden nicht müde, Ihnen immer wieder Botschaften zu schicken, dass sie noch da sind. Geduldig warten sie darauf, dass Sie Ihnen das Tor zur Freiheit öffnen – egal, wie lange das dauert.

Als glückliche Frau spüren Sie, dass die Schmerzen der Vergangenheit zwar vorhanden sind, aber heute anders bewältigt werden können. Sie werden also den Wunsch haben, sich dem verschlossenen Bereich zu nähern und Mauer, Schlösser und Stacheldraht behutsam zu entfernen. Denn Sie wissen, dass Ihre wirkliche Lebendigkeit nur darauf wartet, dass sie wieder hervorsprudeln kann. Und mit diesem Sprudeln wird Ihr Leben täglich heller und die allgemeine „Temperatur" steigt an. Plötzlich ist grün grüner, lustig noch viel lustiger und Sie sehen Schönheit dort, wo bis jetzt nichts war, was Ihnen aufgefallen wäre. Sie freuen sich einfach „nur so" und es kann vorkommen, dass Sie ein Liedchen summen, obwohl Ihnen der Text längst entfallen ist.

Jede Ihrer Beziehungen gewinnt an Intensität, wenn Sie Ihr Herz wieder öffnen. Und andere Menschen fühlen sich magnetisch angezogen, weil nichts attraktiver ist als das offene Herz einer Frau nach tausendjähriger Gefangenschaft.

Denn wenn sie lacht, freuen sich sogar die Vögel auf den Bäumen und wenn sie weint, eilen alle Engel zu ihrem Trost. Auch dieses Herz wird möglicherweise einmal verletzt. Aber die Gefühle entstehen, ziehen hindurch und wandern weiter. Nichts wird gestaut und es entsteht keine Verbitterung oder krankmachender Groll. Eine Frau mit offenem Herzen leugnet ein Gewitter nicht, aber sie weiß, dass hinter all dem Stürmen und Tosen *immer* die Sonne scheint. Trotzdem sucht sie während eines Orkans Schutz oder reagiert sensibel auf Vorzeichen, die ihn ankündigen. Sie hat gelernt auf sich aufzupassen und wird sich nicht völlig naiv in Gefahr begeben. Aber, auch wenn sie bis auf die Haut durchnässt ist oder die Blitze sie umzucken, vertraut sie auf ihre Fähigkeit, mit dieser Situation umzugehen. Schließlich gibt es auf ihrem Weg „nach Hause" auch Gaststätten oder Taxis, die einstweilen Sicherheit bieten.

Wenn sie es endlich bis zu ihrer Wohnung geschafft hat, ist sie vielleicht erschöpft und braucht Ruhe. Aber am nächsten Tag (oder am übernächsten!) sind die klimatischen Bedingungen wieder ruhiger und sie räkelt sich genießerisch in den wärmenden Strahlen der Sonne. Sie ist auf das Unwetter nicht „böse", hat aber daraus zweierlei gelernt:

▶ Sie wird das nächste Mal noch aufmerksamer den Himmel beobachten, um besser vorbereitet zu sein bzw. wird bei Verdacht auf Regen zur Sicherheit einen großen Schirm mitnehmen *und*

▶ sie lebt in der Gewissheit, dass es keine Katastrophe ist, wenn das Unwetter sie trotz allem erwischt. Dann geht sie heim, nimmt ein warmes Bad, frottiert sich die Haare und kuschelt sich ins Bett.

Wie können Sie Ihr verschlossenes Herz wieder öffnen?

1. Erkennen Sie, dass es nicht offen ist – auch wenn Sie gerade kein akutes Leid erleben. Merkmale dafür sind: die Unfähigkeit sich „von Herzen" zu freuen, auch wenn der Anlass gegeben ist und die Überzeugung, das Leben schuldet Ihnen etwas.

2. Machen Sie sich „die Geschichte" bewusst, die mit der Schließung zusammenhängt. Entweder liegen die Zusammenhänge ohnedies auf der Hand oder Sie müssen die Dinge erst ordnen, damit Sie sie verstehen. Natürlich können Sie Ihr Herz auch öffnen, *ohne* Recherchearbeit zu betreiben. Aber ich habe festgestellt, dass es hilfreich ist zu begreifen, was passiert ist. Meist ist das kein einzelnes Ereignis (obwohl auch das vorkommen kann), sondern eine Fülle von „Bausteinen".

3. Der sicherste Weg zum offenen Herzen ist die Selbstliebe. Mit steigender Wertschätzung Ihrer Person werden Sie nämlich nicht einsehen, warum Sie nicht das Beste tun sollten, um Ihrem Leben mehr Qualität zu geben. Und nur das geöffnete Herz ist dafür die größte Chance!

4. Halten Sie sich für fähig, sowohl mit dem Schmerz der Vergangenheit als auch mit jedem anderen umzugehen. Ihnen steht ein großes Repertoire an „Hilfsmöglichkeiten" zur Verfügung: Veränderung von Einstellungen in Richtung Akzeptieren und Loslassen, Verstehen der Botschaft einer Krise, das Zulassen *aller* Gefühle (auch Zorn!), Inanspruchnahme von therapeutischer Unterstützung, Aussprache mit Vertrauenspersonen.

5. Verzeihen Sie – aber „richtig"!
   Wichtig: Verzeihen bedeutet nicht Verhalten zu entschuldigen. Es bedeutet, dass Sie Seele und Körper vom Ballast jahrelanger „negativer" Energie befreien. Vergeben ist ein Akt der Selbstliebe, nicht das Erfüllen des Anspruches ein „guter" Mensch zu sein. Sie können mit dem Auslöser Ihres Schmerzes reden, aber nötig ist das nicht. Manchmal ist das gar nicht sinnvoll oder unmöglich. Aber das spielt keine Rolle, weil es Ihre Entscheidung ist, dem Schmerz nicht mehr die Macht zu geben. Es war schlimm, aber es *war.* Und wenn es heute noch *ist,* können Sie etwas dagegen tun.

6. Haben Sie so viel Spaß wie möglich. Treffen Sie sich mit Leuten, mit denen Sie lachen können und machen Sie Dinge, die Freude vermehren – auch wenn Sie diese Freude noch nicht so ursprünglich spüren. Trotzdem ist es ein wichtiger Schritt in die richtige Richtung.

7. Bringen Sie generell mehr Leichtigkeit in Ihr Leben. Es gibt ein schweres Schicksal oder schlimme Zeiten. Ich weiß von mir selbst, dass diese Zeiten auch sehr, sehr lange dauern können. Aber Ihr Herz freut sich über jede Minute oder Sekunde, in der Sie *trotz allem* eine bezaubernde Leichtigkeit zulassen können. Das kann natürlich auch bedeuten, dass Sie Ihre Beziehungen, die Wohnung, das Auto, den Garten oder am besten das ganze Leben „entrümpeln".

8. Beschäftigen Sie sich mit spirituellen Themen wie dem „Sinn" des Lebens oder der „Lernaufgabe" hinter Leid. Und dann definieren Sie beides ganz persönlich für sich.

9. Nutzen Sie die Möglichkeiten der Astrologie. Eine seriöse(!) Beratung kann Ihnen völlig neue Erkenntnisse über sich selbst vermitteln und Perspektiven öffnen. Meine Freundin Angela Mese (Leser/-innen von „So lerne ich mich selbst zu lieben" kennen sie bereits) hat bei mir da mehrmals wahre Wunder bewirkt. Kein Astrologe kann Ihre Probleme lösen oder die Zukunft voraussagen. Gott sei dank ist das so! Aber die Auseinandersetzung mit der Persönlichkeit, die Sie in dieses Leben „mitgebracht" haben, wird Ihnen helfen, sich und andere besser zu verstehen. Das wird Ihr Herz lieben und sich mit mehr Begeisterung öffnen.

10. Beachten Sie das Spiegelgesetz.
Sie ziehen einen Partner an (oder eben keinen!), dessen „Herzzustand" dem Ihren entspricht. Wollen Sie das *wirklich?* Soll er noch immer in die unbewältigten Geschichten seiner Vergangenheit verstrickt sein und dem Leben verbittert, verhärtet und unversöhnlich gegenüber stehen? Oder möchten Sie einen Mann an Ihrer Seite, der lustig, mitfühlend, verständnisvoll und *offen* ist, obwohl er vielleicht auch einmal durch die Hölle ging?

Als glückliche Frau treffen Sie in „Herzensangelegenheiten" eine Entscheidung, die Ihnen den Weg für mehr Wärme öffnet – zu sich und jedem anderen Menschen, mit dem Sie eine Beziehung eingehen. Und jeder kleiner Spalt, der sich in der Folge zeigt, ist ein riesiger Erfolg!

„Oh Jaaa!" – Orgasmusgedanken

Ich hatte lange Zeit sexuelle Begegnungen, bei denen ich keinen Orgasmus hatte. Dafür gab es mehrere Gründe:

1. Ich war aufgrund von Glaubenssätzen, die mir von den Eltern vermittelt wurden, gelinde gesagt „nicht offen". Es hieß nämlich zum Beispiel: „Ein Mann will nur das eine von dir, aber wenn er es hat, verachtet er dich." Na ja, so richtig motivierend war das nicht.

2. Ich hielt Sexualität auch sonst für etwas, das „gute" Frauen nicht machen. Das führte in der Folge dazu, dass ich es aus „Ich will dazugehören"-Gründen zwar doch tat, aber ehrlich gesagt froh war, wenn das Ganze vorüber war.

3. Ich traf auf Männer, die sich aus heutiger Sicht betrachtet, entweder nicht wirklich um mich bemühten oder das zwar taten, aber an den falschen Stellen und in der falschen Art und Weise. Ich getraute mich auch nichts zu sagen, weil ich es ohnedies nicht besser wusste oder die „Schuld" bei mir suchte. Oft wurde ich auch „interviewt", ob ich etwa frigide sei. Diese Frage hat schon viele Frauen sehr getroffen. Denn selbst wenn es stimmt, stehen dahinter immer tiefe Verletzungen, die

mit diesem dämlichen Satz nur noch verschlimmert werden. „Frigide" bedeutet keinen Zugang zum eigenen Körper und zur eigenen Lust zu haben. Das kann natürlich die Folge sein, wenn seelischer, körperlicher oder sexueller Missbrauch stattgefunden hat.

4. Ich hatte schlicht falsche Vorstellungen davon, wie ein Orgasmus bei mir ausgelöst werden sollte – nämlich ausschließlich durch die Stoßbewegungen des Penis. Also ließ ich meine Klitoris völlig außer Acht. Das taten die Männer auch und das Ergebnis war, dass ich brav mitstöhnte, wenn er sich auf mir abmühte, aber immer noch nicht verstand, was an diesem ganzen Sex so toll sein sollte.

Mit der Zeit lernte ich „Orgasmus bekommen" über die Selbstbefriedigung und habe in der Folge den Mann an meiner Seite an den so erworbenen Kenntnissen teilhaben lassen. Das hat manchmal sehr gut funktioniert und manchmal gar nicht. Aber heute ist mir klar, wie ich einen Orgasmus bekommen kann und wie es *nicht* funktionieren wird. Und ich stöhne auch nicht mehr, wenn es dazu keine Veranlassung gibt.

Ich weiß aus vielen therapeutischen Situationen, aber auch aus meinem privaten Umfeld, dass eine große Zahl von Frauen noch nie einen Orgasmus erlebt hat. Sie sprechen nicht darüber, weil sie sich schämen oder ihnen gar nicht bewusst ist, dass „etwas" fehlt. Eine Klientin sagte einmal: „Ich kannte es ja nicht anders, also ging mir auch nichts ab. Ich fühlte mich nur nachher immer angespannt und traurig. Das konnte ich nicht verstehen, weil es doch überall heißt, dass Sex das beste Entspannungsmittel ist." Sex ist entspannend, wenn auf eine vorangegangene Erregung eine „Entladung" erfolgt. Wird nur Erregung aufgebaut (oder nicht einmal das!) und es kommt nicht dazu, dann bleibt diese Energie in Körper und Seele. Das erzeugt nicht wohlige Ermattung, sondern verspannte Muskeln und verkrampfte Gefäße. Und frau fühlt sich zornig, traurig oder einfach schlecht.

Ist der sexuelle Höhepunkt für Sie ein selbstverständliches Erlebnis oder haben Sie persönlich keine Ahnung, wovon da eigentlich geschwärmt wird? Glücklich erlebt, sehnlich angestrebt oder schmerzlich vermisst – für jede Frau ist *das große O* in der einen oder anderen Art ein Thema.

Was ist eigentlich ein Orgasmus? Einfach formuliert: Ein sexuelles Erlebnis, das äußerst gut tut. Wenn Sie „Harry und Sally" gesehen haben, wissen Sie genau, was gemeint ist.Nüchtern medizinisch betrachtet laufen dabei folgende Reaktionen ab: Bei Erregung fließt Blut in den Genitalbereich und sorgt dafür, dass Klitoris, Vagina und Anus anschwellen. Der Scheideneingang wird enger, das Scheideninnere größer, die kleinen Schamlippen verdicken sich, die Brustwarzen werden hart, die Brüste schwellen an. Aber interessiert das in diesem Zusammenhang wirklich jemanden? Netter klingt da schon die Definition der beiden amerikanischen Sexspezialistinnen Emma Taylor und Loreley Sharkey in ihrem Buch „Sex for winners": „Ein paar herrliche Sekunden von Muskelkontraktionen, in denen die ganze aufstaute sexuelle Energie wieder ins Universum entlassen wird, wie Dampf aus einem pfeifenden Teekessel." Allerdings ist es eine bedauerliche Tatsache, dass besagter Dampf keineswegs aus jedem Kessel entweicht. Manche Frauen plagen sich bis zum echten Stress oder wissen überhaupt nicht, wie „er" sich anfühlt. Gründe dafür können in der persönlichen Geschichte liegen, mit der Partnerschaft zu tun haben oder auf tiefe Ängste hinweisen. Möglicherweise ist auch einer der vielen „Orgasmusmythen" mitverantwortlich dafür, dass Frauen so unter Druck geraten, dass gar nichts geht. Welche teils falschen oder überholten Vorstellungen über den Orgasmus können nun verhindern, dass jede einzelne von uns die Geschehnisse einfach nur genießt?

Mythos 1: Nur wenn beide Partner gleichzeitig kommen, ist ein Orgasmus schön

Erstens: Glauben Sie das bloß nicht. Zweitens: Klingt das sehr ekstatisch und geschieht äußerst selten. Als Emma Taylor und Loreley Sharkey gefragt wurden, wie man es denn anstellen könne, dass der Orgasmus gleichzeitig stattfindet, antworteten sie: „Wir haben keine Ahnung." Machen Sie sich also diesbezüglich keinen Stress, sondern finden Sie nur heraus, wie *Sie* zum Höhepunkt kommen können. Auch ein Nacheinander ist völlig in Ordnung, wobei sich „ladys first" meist als die bessere Variante erweist.

Mythos 2: „Reife" Frauen haben einen vaginalen, „unreife" nur einen klitoralen Orgasmus

Dieser Ausspruch stammt von dem guten alten Sigmund Freud und beherrschte viele Jahrzehnte die Meinungsbildung rund um den weiblichen Orgasmus. Freuds Verdienst war zweifellos, dass er das Thema Sexualität aus einem Dornröschenschlaf geholt hat. So war es nach Jahrhunderten der Tabuisierung möglich, offener darüber zu sprechen. Aber seine Lehre hat viele Frauen (auch mich!) sehr verstört. Tatsache ist, dass Orgasmen bei den allermeisten Frauen immer über die Klitoris ausgelöst werden – entweder durch direkte Stimulation vor oder während des Verkehrs oder aufgrund anatomischer Gegebenheiten, durch die der Penis bei seinen Bewegungen auch die Klitoris reizt. Für alle, die auch heute noch nicht über dieses eigentliche Lustzentrum der Frau Bescheid wissen: Die Klitoris ist das einzige Organ des menschlichen Körpers, das ausschließlich für sexuelle Empfindungen dient. Sie besteht aus Nervengewebe, das sich über den ganzen Genitalbereich erstreckt. Für den Höhepunkt ist in erster Linie das kleine Knöpfchen am oberen Ende der Scheide zuständig. In ihm befinden sich bis zu achttausend Nervenenden, die bei geeignetem (!) Umgang dafür sorgen, dass die lustvolle Post abgehen kann. Welche Behandlung die arme Klitoris offenbar manchmal aushalten muss, wird im Ausspruch von Bernhard Ludwig in seinem Seminarkabarett „Anleitung zur sexuellen Unzufriedenheit" deutlich: „Es gab und gibt zwei schreckliche Zeiten für die Frauen: Als die Männer die Klitoris noch nicht entdeckt hatten und danach". Kleiner Einschub für alle, die es interessiert: sanft, keine derb gekrümmten Finger, Geschwindigkeit und Druck sensibel anpassen!

Mythos 3: Der beste Orgasmus ist der über dem G-Punkt

Was ist dieser geheimnisvolle Punkt, der angeblich alle eventuell vorher empfundenen Wonnen in den Schatten stellen soll? Darunter versteht man einen Bereich, der etwa zwei Zentimeter groß ist und sich in der Tiefe von ca. 2/3 des Mittelfingers im Scheideneingang an der vorderen Bauchwand befindet. Bei manchen Frauen führt die Reizung dieser Stelle zu einem starken Orgasmus, andere empfinden die Berührung als äußerst unangenehm.

Sex? – Oh, jaaa!

Entspannen Sie sich!

Außerdem ist bis heute nicht geklärt, ob wirklich jede Frau einen G-Punkt hat. Aber der weibliche Orgasmus *während* eines Geschlechtsverkehrs wird oft mit dem magischen G-Punkt in Zusammenhang gebracht.

Mythos 4: „Sexualität ist auch ohne Orgasmus schön."

Natürlich ist auch der Weg das Ziel. Und wer Berührungen in jeder Form genießen kann, hat auf jeden Fall etwas davon. Aber meist wird dieser Ausspruch als „Trost" von Männern verwendet. Oder – noch trauriger – Frauen geben aus Unwissenheit oder, um zu entsprechen, diese Meinung selbst von sich. Achtung, Mädels: Das ist einfach nicht wahr! Wenn sexuelle Spannung aufgebaut wird, ist der Orgasmus ein entspannendes, wohltuendes Gefühl. Und wenn er immer wieder nicht stattfindet, erzeugt das Frustration, Unmut und Groll. Stellen Sie sich einmal vor, wir würden von den Männern verlangen Sex mit uns zu haben, ohne dass sie zum Höhepunkt kommen. Machen Sie den Test und achten Sie auf die Reaktion ...

Mythos 5: Wer keine multiplen Orgasmen hat, ist frigide

Multipler Orgasmus bedeutet, dass frau nach dem ersten Höhepunkt noch weitere haben kann, ohne dass die Erregung wesentlich abnimmt. Die Sexualforscher Masters und Johnson berichten auch vom „ausgedehnten Megaorgasmus" – „einem mythischen Monster, das sein brüllendes Haupt von „nur" zehn Minuten bis zu einer vollen Stunde erheben kann" (Emma und Loreley). Skeptiker zweifeln allerdings die tatsächliche Existenz dieses Ungeheuers sicher nicht ganz zu Unrecht an. Auf jeden Fall sind solche Beschreibungen sehr gut dazu geeignet, bei Frauen Unsicherheit und Minderwertigkeitsgefühle auszulösen. Es gibt multiple Orgasmen, aber sie sind keinesfalls die Norm.

Wie kann frau nun ihren persönlichen Weg zum Orgasmus finden?

1. Entspannen Sie sich!

Was auch immer die Ursache für Ihre bisherigen Schwierigkeiten ist – Druck und Anspannung machen alles noch komplizierter und führen nicht selten zur totalen Lustlosigkeit.

2. Spüren Sie seelische Blockaden auf

Hemmnisse können sein:
- Nicht verarbeitete Traumata wie sexueller Missbrauch, andere Gewalterfahrungen, lieblose Kindheit
- wenig Selbstliebe
- Groll gegen den Partner oder „die Männer"
- tief sitzende Ängste … Scheuen Sie sich in solchen Fällen nicht, auch therapeutische Hilfe zu suchen.

3. Vermitteln Sie *ihm*, was Sie „wollen"

Manchmal kommen Frauen nicht zum Orgasmus, weil sie einfach nicht so stimuliert werden wie es nötig wäre. Es ist eine Tatsache, dass viele Männer immer noch nicht genug über den weiblichen Körper Bescheid wissen bzw. davon ausgehen, dass alle Frauen gleich „funktionieren". Trauen Sie sich, Ihrem Partner zu sagen oder zu zeigen, was er tun soll. Interessiert er sich dafür überhaupt nicht, ist das ein deutliches Signal, die ganze Beziehung zu hinterfragen.

4. „Ich verdiene es, in der Sexualität glücklich zu sein"

Auch wenn es vielleicht zunächst ungewohnt ist – verlassen Sie die Opferrolle und übernehmen Sie für Ihr Wohlbefinden die Verantwortung. Beginnen Sie ab sofort damit, sich selbst in jeder nur möglichen Form zu lieben. Dann wollen Sie automatisch, dass es Seele *und* Körper gut geht.

5. Streicheln Sie sich selbst

Sie können so am ehesten herausfinden, wie Ihnen was gut tut und es schaut auch zunächst keiner zu.

Einmal kam eine ältere Dame nach der Kursstunde über Sexualität zu mir und fragte ganz verschämt, wie denn das mit der Selbstbefriedigung sei. Sie wusste nicht, wie „es geht", wollte aber Details darüber in Erfahrung bringen. Wenn Sie diesbezüglich eine alte Häsin sind, ist ja alles klar. Aber es *gibt* durchaus auch junge Frauen, die es nicht wissen.

Also bitte:

- Streicheln Sie langsam und sanft jede Körperstelle, die Sie erreichen. Sie können das mit einem Ritual verbinden, indem Sie ein schönes Ambiente wählen oder zwischen Bügelwäsche und Fernsehen zur lustvollen Tat schreiten. Grundsätzlich gibt es in Bezug auf wann und wo keine Grenzen, außer Sie gefährden damit sich und andere. Eine Dame erzählte mir, dass es für sie während einer 150-km/h-Fahrt auf der Autobahn *der* Kick sei. Auf dem Fahrersitz wohlgemerkt!

- Berühren Sie dann Ihre Brustwarzen und finden Sie heraus, welche Reizung gut tut.

- Suchen Sie die Klitoris (das kleine Knöpfchen am oberen Ende der Scheide) und variieren Sie solange Druck und Tempo, bis es passt. Sie können dazu Ihre Hand benutzen, aber auch einen Vibrator oder die Dusche. Manche Frauen reiben einen Polster oder die Decke zwischen den Beinen. Vibratoren können dazu benutzt werden die Klitoris zu reizen, sie können aber je nach Vorliebe auch in die Scheide und/oder den After eingeführt werden.

- Lassen Sie vor Ihrem inneren Auge erotische Sequenzen ablaufen. Verwenden Sie dabei alles, was Ihre Lust steigern könnte: pornografische Literatur, Bilder, Filme.

Jede von uns hat sexuelle Phantasien. Das können sanfte Szenen sein, aber durchaus auch ein derberes Szenarium, wie Fesselungen oder Dominanz. Vielleicht törnt Sie die Vorstellung an, mit mehreren Männern Sexkontakt zu haben, mit einer Frau zu schlafen oder Sie sehen sich in einer öffentlichen Situation.

Wichtig: Schämen Sie sich nicht für Ihre Phantasien! Niemand muss je erfahren, welche Gedanken Sie haben, aber es kann später durchaus lustvoll sein, Sie dem Partner zu erzählen. Experimentieren Sie!

- Machen Sie das solange, bis Sie einen Orgasmus bekommen.
- *Genießen Sie es!!*

Noch ein Wort unter Frauen: Gehen Sie den ehrlichen Weg. Es mag in der einen oder anderen Situation aus verschiedenen Gründen im Moment einfacher sein, einen Orgasmus vorzuspielen. Tun Sie sich das nicht an! Sie werden auf diese Art nur immer unerfüllter und die Frustration steigt.

Wenn Sie den Weg der glücklichen Frau beschreiten, lassen Sie sich weder durch einen der Mythen verunsichern noch durch die Aussagen von anderen. Ihr Orgasmus ist ein höchstpersönliches Erlebnis, das Ihnen Freude und Entspannung schenkt. Klären Sie also das mit der richtigen Stimulation, verarbeiten Sie Blockaden, die aus Ihrer eigenen Geschichte kommen, beachten Sie eventuellen Groll oder Enttäuschung. Und dann lassen Sie los. Das Leben ist zu kurz, um die Tage ohne Orgasmus zu verbringen.

Lust oder Frust? – Penis in Not

Es ist eine unbestreitbare Wahrheit, dass auch männliche Sexualstörungen zunehmen. Dieses Thema ist ein riesengroßes Tabu und oft spricht frau nicht einmal mit ihren Freundinnen darüber. Es ist daher sehr wichtig, ein wenig darüber Bescheid zu wissen.

Kaum ein anderer Körperteil ist so mythenbeladen und sagenumwoben wie das männliche Glied. Versagt das gute Stück aus irgendeinem Grund den Dienst, hat das weit reichende Folgen für den ganzen Mann. Denn Stehvermögen, Ausdauer und Härte werden mit Selbstbewusstsein und Macht gleichgesetzt.

Einige statistische Daten:

Durchschnittslänge schlaff 8,63 cm, erigiert 16,15 cm

längster bekannter Penis der Welt: das oft fotografierte Prachtstück des armen Don John mit 48,3 cm

Ejakulationsgeschwindigkeit: 17 km/h

Tagesproduktion an Spermien: ca. 100 Millionen

größte registrierte Ejakulationsweite: 29,7 cm

Schwanzschläge der Spermien/cm: 800.

Außerdem wurden noch folgende Fakten erhoben:

Der Durchschnittsmann hat in seinem Leben ca. 5 Monate Sex, der Geschlechtsakt dauert dabei ungefähr 6 Minuten. Eine Frau erlebt während ihres Liebeslebens an die 200 Kilometer „Penis", das entspricht der sechsfachen Länge des Ärmelkanals. 38 % der Männer finden „ihn" zu klein und das Gesamterscheinungsbild desselben lässt sich in folgende Gruppen unterteilen: zylindrisch, also vom Ansatz bis zur Eichel gleich dick (32 %), „eiffelturmartig" – die Peniswurzel ist dicker als die Partie unterhalb der Eichel (32 %) und 36 % haben ein Glied, das sich oben dicker präsentiert als unten. Bei jedem zweiten Mann ist „er" gerade, 28 % sind links- oder rechtslastig und 24 % tragen ihn gebogen. Die Schnecke hat im Übrigen ein Zeugungsgerät von fünffacher Körpergröße, der afrikanische Elefant schmückt sich mit einem „Rüssel", der 1/4 seiner eigenen Länge beträgt, und ein Blauwal von 30 Metern nennt immerhin noch drei stolze Meter Schwanz sein eigen.

So weit so interessant. Aber welche Ursachen sind nun dafür verantwortlich, dass der Penis in der einen oder anderen Art die Aufgabe verweigert, für die er neben dem Harnablassen geschaffen wurde? Sind organische Gründe verantwortlich, kommt es zu einer allmählichen Abnahme der Erektion, die sich auch beim Masturbieren auswirkt. Treten hingegen die Hindernisse hauptsächlich mit einer Partnerin auf und der Mann kann ohne Schwierigkeiten onanieren, ist das der Hinweis auf eine seelische Problematik.

Psychische Faktoren, die das „Funktionieren" des Gliedes beeinträchtigen können, sind:

- Depressionen

- Partnerkonflikte

- religiöse Hemmungen

- Ängste

- sexueller Missbrauch

- andere traumatische Erfahrungen

- Angst vor Schwangerschaft der Partnerin oder einer Geschlechtskrankheit

- verdeckte Homosexualität

- Ein ganz wichtiger Punkt ist das unbewusste Programm mancher Männer „Frustriere die Frau".

Dabei geht es darum, durch die „Verweigerung" einen meist in der Kindheit entstandenen Konflikt mit der Mutter (aber auch dem Vater!) auszutragen. Die Partnerin ist damit quasi Stellvertreterin für eine Person, durch die der Mann einmal eine Verletzung erfahren hat, die er nie bewältigt hat. Indem er der Frau nun etwas „nicht gibt", trifft er sie auf einer tiefen Ebene ihrer Weiblichkeit und „rächt" sich damit für frühere Schmerzen. Ursachen für diesen Schmerz können sein: eine dominante Mutter, gegen die er sich nie wehren konnte, von der er aber trotzdem – eventuell noch immer – abhängig ist, eine andere seelische oder körperliche Gewalterfahrung, bei der er von einem oder beiden Elternteilen im Stich gelassen wurde, oder ein „Mit-Anschauen-Müssen" wie der Vater die Mutter schlecht behandelte und sie sich nicht gewehrt hat. All das kann zu einer generellen Frauenverachtung (meist unbewusst!) führen, die im Sexualleben ihre Auswirkungen hat.

Mit welchen sexuellen Störungen bei Männern kann frau nun konfrontiert sein?

1. Potenzschwäche
   Der Penis wird nicht steif genug, um in die Vagina eingeführt zu werden oder die Steifheit lässt während des Verkehrs nach.

2. Vorzeitiger Samenerguss bereits beim Vorspiel oder beim Einführen.

3. Unfähigkeit „in" der Partnerin zum Orgasmus zu kommen.

4. Eine „Fixierung" auf Praktiken oder Utensilien, ohne die „nichts" geht. Dazu gehören sadomasochistische Vorlieben, Urin und Kot, Lack und Leder, Windeln, Schuhe und grundsätzlich alle Gegenstände, die ein Fetisch für ihn sind. Diese Varianten können unter Umständen von Zeit zu Zeit reizvoll sein (na ja nicht alles!), werden aber zum Problem, wenn er auf „normalem Weg" überhaupt keine Erregung spüren kann.

Wie können Sie nun am besten damit umgehen?

Wichtig: Machen Sie sich nicht zu seiner Therapeutin oder zur alles verstehenden Mami. Denn Sie sind weder das eine noch das andere. Wenn Sie mit immer wiederkehrender Impotenz konfrontiert sind, der Partner nicht in Ihnen ejakulieren kann oder ganz bestimmte Utensilien benötigt, ist das letztlich eine Verletzung. Das können Sie drehen und wenden, wie

Sie wollen. Denn Sie fühlen instinktiv, dass er Ihnen „etwas" nicht geben möchte oder Sie zu einem „Instrument" macht. Das tut der Weiblichkeit auf Dauer nicht gut. Die Folge kann sein, dass Sie immer trauriger, zorniger und unzufriedener werden. Auch ein scheinbar rätselhafter Energieverlust kann Ihnen jede Lebensfreude nehmen.

Reagieren Sie also auf diese Verletzung und nicht nur auf sein „Problem". Denn für Ihre weitere Einschätzung der Lage wird wichtig sein, wie er mit seinem „Unvermögen" umgeht. Die meisten Männer nehmen in solchen Fällen nämlich interessanterweise keine Therapie in Anspruch. Sie leugnen entweder die Tatsachen, in dem sie „Schuld" an die Frau verteilen, über ewig lange Zeit den Stress verantwortlich machen oder ziehen sich einfach nur zurück. Bei Impotenz sorgen sie auch nicht mit anderen Körperteilen dafür, dass ihre Partnerin einen Orgasmus hat, sondern brechen in der Regel die sexuelle Situation ab. Womit das Frustrationsprogramm vollendet wird.

Wenn Sie das betrifft, spüren Sie ganz genau hin, welche Gefühle diese Situation auslöst. Wenn es Ihnen dabei schlecht geht (und das wird es wahrscheinlich), sollten Sie die Dinge nicht auf sich beruhen lassen. Suchen Sie dann das ehrliche Gespräch. Vielleicht ist er ja froh, dass er darüber reden kann, aber möglicherweise verweigert er auch jede Kommunikation. Eine Partnertherapie kann helfen, aber sie macht nur Sinn, wenn beide eine Lösung finden wollen. Ein unter Zwang dorthin verschleppter Mann wird wahrscheinlich nur „mauern" und blockieren. Aber ich habe auch hier schon positive Überraschungen erlebt.

Eine Veränderung wird dann eintreten, wenn der Mann erkennt, dass er zwar „erfolgreich" frustriert, aber nicht nur die Frau, sondern auch sich. Er enthält ihr etwas vor, nimmt es sich damit aber gleichzeitig selbst: Erregung, Ekstase, Spaß und Zufriedenheit.

Eine glückliche Frau hat Verständnis dafür, dass sein Penis und die Ejakulation nicht immer und überall sofort „funktionieren". Ist dieses „Nichtfunktionieren" aber ein Dauerzustand, bleibt sie sensibel gegenüber ihren eigenen Gefühlen und Bedürfnissen. Das Gleiche gilt dann, wenn er bestimmte Sexualpraktiken unbedingt „braucht", die für sie befremdlich sind.

Wenn sie darunter leidet, wird sie sich nicht nur gekränkt zurückziehen, sondern eine Lösung suchen. Auch die ewig tröstend-lächelnde Mutterrolle hat keine Attraktivität für sie. Denn sie ist Frau und keine Mami. Zumindest nicht seine.

„Ich bin so eifersüchtig"

Eine schwüle Nacht im August. Unheilvoll schlägt die Uhr die dritte Morgenstunde. Eine rothaarige Frau erhebt sich von dem Lager, auf dem sie sich stundenlang schlaflos gewälzt hat. Mit fiebrigen Fingern ergreift sie eine Schere und nähert sich dem nahe gelegenen Kasten. Den Blick starr nach vorne gerichtet beginnt sie ein schauriges Werk: Hemd um Hemd wird zerstückelt und endet als trauriges Schnipsel auf der Erde. Was soll ich es leugnen – diese nächtlichen Aktivitäten vor vielen Jahren gingen auf mein Konto. Ich war (wieder einmal!) das Opfer einer meiner heftigen Eifersuchtsattacken. Jahrelang machte dieser qualvolle Zustand mein Leben und das von anderen zur Hölle. Kommt Ihnen das bekannt vor?

Drehen Sie zum Beispiel fast durch, wenn Ihr Partner eine andere Person nur ansieht? Wollen Sie über jeden seiner Schritte Bescheid wissen oder schnuppern Sie sogar an seiner Unterwäsche? Dann leiden Sie wie ich früher an der berühmten Leidenschaft, die mit Eifer sucht, was Leiden schafft.

Eifersucht ist laut Brockhaus das „quälende Gefühl vermeintlichen oder tatsächlichen Liebesentzuges". Die Betroffene erlebt einen hochexplosiven Mix aus Angst, Ohnmacht, Hass, Isoliertheit, Verzweiflung, Rache, dem heftigen Wunsch weh zu tun oder sogar Mordgedanken. Laut einer Untersuchung werden vier von fünf Gewaltverbrechen von Menschen begangen, die den Gedanken nicht ertragen konnten, einen bestimmten Menschen unter Umständen zu verlieren. Grundsätzlich zieht die Eifersucht ihre zerstörerische Bahn durch alle sozialen Schichten und Altersgruppen. Rund 80 % der Menschen sind davon befallen – die Dunkelziffer liegt wahrscheinlich noch höher.

Was ist die Ursache für dieses Gefühl, das so viel Schaden anrichten kann? Die meisten Kinder bekommen nicht die Art Geborgenheit, die sie brauchen würden, um Vertrauen zu sich selbst und der Welt zu entwickeln. So haben sie große Angst, der Umwelt und ihren Gefahren hilflos ausgeliefert zu sein. Sie wachsen auf und nun scheint der Partner der vermeintlich einzige Schutz vor der „Bedrohung von innen („ich schaffe es alleine nicht") und von außen („die Welt ist ein gefährlicher Ort") zu sein. Alleine der Gedanke, diesen einen Menschen zu verlieren, kann ein Vernichtungsgefühl bewirken. Interessanterweise können aber auch Menschen Eifersucht beim Partner auslösen, die realistisch betrachtet in keiner Weise in der Lage sind, Akzeptanz, Schutz und Geborgenheit zu geben.

Was geht in einem eifersüchtigen Menschen vor? Kurz gesagt: Er will die gesamte Aufmerksamkeit eines anderen – Zeit, Denken und Fühlen. Nur das ist für ihn die Garantie, dass er geliebt wird. Und es ist nie genug. Diese Komplettvereinnahmung kann viele Gesichter haben. Im extremen Fall löst alles Eifersucht aus, was nicht direkt mit dem Betroffenen zu tun hat – Hobby, Freunde, Arbeit, Kinder, Tiere, Bücher, Fernsehen … Schließlich wird jede Eigenaktivität des Partners zur existentiellen Bedrohung. Also wird die Kontrolle verstärkt, Wut- und Ohnmachtsgefühle nehmen zu und das ohnedies geringe Selbstwertgefühl schrumpft immer mehr. Zwanghafte Gedanken lassen sich kaum noch abschütteln und beherrschen Tage und Nächte: „Was macht er gerade?", „Diese Schlampe ist sicher nur darauf aus, ihn zu verführen", „Wenn ich nicht ständig aufpasse, schläft er sofort mit einer anderen", „Sie ist viel attraktiver, interessanter, klüger". Und aufgrund der Unsicherheit werden ständig neue „Liebesbeweise" verlangt. Für den dermaßen Verfolgten wird das Leben immer unerträglicher. Er fühlt sich erdrückt, eingeengt und kontrolliert. Wenn er sich den Forderungen seines eifersüchtigen Partners „fügt", wird er durch den Verlust an Lebenskraft entweder immer energieloser oder aggressiver. Nicht selten tritt dann auch das ein, was der von Eifersucht geplagte so sehr fürchtet: Der Partner rächt sich für die vielen ungerechten Verdächtigungen, indem er wirklich einen Seitensprung begeht. Das wiederum ist die Bestätigung für den Eifersüchtigen, dass er niemandem vertrauen kann.

Gehört Eifersucht zur Liebe? Theoretisch nein, praktisch wahrscheinlich ein bisschen. Eigentlich bedeutet jemanden zu lieben ja ihm Freiheit zu lassen und bei der Erreichung seiner Ziele zu unterstützen. Eifersucht tut das Gegenteil. Streng genommen ist sie ein krankmachendes Gift und fabriziert aus der Beziehung ein menschenunwürdiges Gefängnis. Das ist wohl so. Seien Sie aber nicht enttäuscht, wenn trotz intensiver Auseinandersetzung mit sich selbst die Eifersucht immer wieder ihr Haupt erhebt. Ich persönlich habe die extremen Attacken zwar abgelegt, spüre aber trotzdem noch den Stich im Bauch, wenn der Geliebte sich offensichtlich *sehr* gut mit einer hübschen Blondine unterhält oder die Ex ein wenig zu oft erwähnt. Bedingungslose Liebe zu fühlen ist natürlich herrlich, aber bringen Sie sich auch Mitgefühl entgegen, wenn das noch nicht so richtig gelingt. Ich habe die Erfahrung gemacht, dass nur wenige Gestalten mit diesbezüglichen Engelsflügelchen unter uns weilen. Aber ich bin einigen angeblich „Überhaupt-nicht-Eifersüchtigen" begegnet, die irgendwann früher so verletzt wurden, dass sie ab diesem Zeitpunkt ihre zartere Gefühlswelt einfach abgespalten haben.

Es ist natürlich nicht in Ordnung wegen jeder Kleinigkeit zum Othello zu werden. Aber wenn Ihr Puls bei dem Gedanken Ihr Partner hat gerade Supersex nicht doch ein wenig schneller wird, kann das ein Hinweis sein, dass Sie Gefühle verdrängen, um nicht mit alten Wunden in Berührung zu kommen. Dann sind Sie eben doch nicht in der Engelfraktion, sondern sollten behutsam versuchen, mit den unterdrückten Teilen wieder Kontakt aufzunehmen.

Wenn Sie bisher eher im weiblichen Othelloclub Mitglied waren, wird Ihnen das folgende „Eifersuchtsbewältigungsprogramm" helfen:

1. Akzeptieren

Alles, was Sie weg haben wollen, müssen Sie zuerst anerkennen. Das bedeutet sich klar zu machen: „Ich habe keine Kontrolle über meine Eifersucht. Dieses Gefühl macht mir und anderen das Leben zur Hölle. Das möchte ich so nicht mehr. Auch wenn ich im Moment keine Ahnung habe, wie ich das anstellen soll, will ich daran etwas verändern."

2. Analyse der Situation

Machen Sie eine ehrliche Bestandsaufnahme: a) Ist *jede* Form des Aufmerksamkeitsentzugs für Sie eine ernstliche Bedrohung? Dann setzen Sie sich mit Ihrer Selbstliebe auseinander. b) Signalisiert Ihnen Ihr Eifersuchtsgefühl unter Umständen, dass Sie tatsächlich belogen, hintergangen und betrogen werden? Dann warnt Sie ein gesunder Mechanismus, dass Sie im Sinne der Selbstliebe dazu „*nein*" sagen sollten.

3. Gestehen Sie sich alle Gefühle ein

Das betrifft das Ausmaß Ihrer Angst und Verzweiflung, aber auch jenes von Hass, Rache und Zerstörung. Alle diese Emotionen müssen zuerst „sprechen" dürfen, bevor sie verarbeitet werden können. Wenn Sie dabei Hilfe benötigen, scheuen Sie sich nicht, professionelle Unterstützung zu suchen.

4. Überprüfen Sie folgende Gedanken auf ihren Wahrheitsgehalt:

„Ohne meinen Partner kann ich nicht leben"

Natürlich kann ein anderer Mensch extrem wichtig sein. Aber zum Überleben brauchen Sie ihn nicht. Das tiefe Angstgefühl regelrecht zu sterben, wenn sich bestimmte Menschen von uns abwenden, entsteht in der Kindheit. Wenn wir als Baby nicht gefüttert und gewärmt werden, bedeutet das nämlich tatsächlich unsere Vernichtung. Bei drohendem Verlust einer Bezugsperson kommen diese existenziellen Ängste wieder an die Oberfläche, obwohl sie heute keine Berechtigung mehr haben.

„Ohne meinen Partner bin ich nichts"

Ganz klar, deutlich und immer wieder: Ihr Wert IST! Er kann Ihnen weder gegeben noch genommen werden.

„Er gehört nur mir"

Ach ja? *Niemand* gehört einem anderen. Ich weiß, diese Wahrheit kann schmerzen. Aber egal, wie viel Liebe, Zeit, Energie oder Geld Sie einem anderen auch gegeben haben oder das noch immer tun – Sie haben kein Recht auf ihn. Liebe darf nicht zur Pflicht werden, denn der Mensch, den Sie erdrücken oder an der Entfaltung seiner Persönlichkeit hindern, wird Sie auf Dauer nicht lieben. Und auch wenn er Sie nicht verlassen sollte – der Groll wird da sein und Ihr Leben vergiften. Liebe ist ein Geschenk. Wer Sie einfordert, verliert, denn sie ist so sensibel, dass sie sich jedem Zwang entzieht.

5. Vertrauen

Gehen Sie einfach davon aus, dass Ihr Partner mit Ihnen zusammen ist, weil er Sie liebt. Sprechen massive Gründe gegen diese Annahme, sollten Sie sich einen Fortbestand dieser Verbindung gar nicht wünschen! Schließlich können Turbulenzen auch anzeigen, dass das Ende einer bestimmten Partnerschaft für beide förderlich ist und neue Wege auf Sie warten. Vertrauen Sie also entweder auf die Liebe Ihres Partners oder darauf, dass unter Umständen auch eine Trennung die beste Lösung ist.

6. Loslassen

Loslassen bedeutet zu erkennen, dass Sie andere Menschen und das Leben nicht kontrollieren können. Auch wenn Sie Taschen, Mails und Kalender nach verräterischer Information durchforsten, mit Argusaugen jede Bewegung beobachten, Telefonterror betreiben oder sogar professionelle Spionagedienste in Anspruch nehmen – wenn Ihr Partner Sie betrügen will, wird er das tun. Lassen Sie also los und haben Sie nicht solch furchtbare Angst jemand Bestimmten zu verlieren. Der oder die Richtige will ohnedies bleiben.

7. Lieben Sie sich selbst

Eifersucht entsteht auf dem Boden von Minderwertigkeitsgefühlen. Irgendwann wurde Ihnen vermittelt, dass Sie nicht gut genug sind. Sie haben daraus geschlossen, dass Sie im Vergleich nur schlecht abschneiden können. So ist der andere nicht die Ursache für Ihre Eifersucht, sondern der Auslöser. Es sind *Ihre* alten Wunden der mangelnden Selbstliebe, die durch die aktuelle Situation wieder sichtbar werden. Aber damit haben Sie erneut eine wunderbare Chance, diese alte Verletzung zu heilen.

Eifersucht zeigt Ihnen, was zu tun ist. Wenn Sie jetzt nur in Schuldzuweisungen stecken bleiben, vergeben Sie Ihre Möglichkeit zur Gesundung. Der Therapeut und Bestsellerautor Kurt Tepperwein schreibt in seinem Buch „Krise als Chance": „Eifersucht ist eine Sucht, und wie jede Sucht die nach mir selbst. Eifersucht kann nur entstehen, wenn ich mir fehle. Die Botschaft heißt also: Ich sollte mir selbst mehr Liebe und Aufmerksamkeit geben. Warum tue ich das nicht? Wo glaube ich anders sein zu müssen? Wo genüge ich nicht?" Man muss nicht ideal oder perfekt sein, sondern sich selbst liebevoll und mit Mitgefühl betrachten. Wenn in Ihnen Mangel ist, kann „außen" nicht Fülle sein. Wenn die Liebe nicht in Ihnen ist, hat sie auch im Außen keine Chance.

Tipps für den Akutfall:

- Machen Sie sich ganz ehrlich klar: Handelt es sich um eine Überreaktion Ihrerseits, geht es in irgendeiner Form um Machtspiele oder werden Sie tatsächlich betrogen?

- Erkennen Sie, dass Sie gerade wieder eine Attacke von Selbstablehnung und Minderwertigkeitsgefühlen erleben

- Sprechen Sie mit einer liebevollen Person

- Einatmen und dabei bis sieben zählen – Luft anhalten bis vier – ausatmen bis sieben.

- Vermeiden Sie wilde Zerstörungsorgien!

- Schlagen Sie auf einen Polster oder Boxsack ein, schreien Sie, wo das ohne Aufsehen möglich ist, machen Sie Bewegung.

Wenn Sie mit der Eifersucht Ihres Partners konfrontiert sind, kann das folgende Gründe haben:

- Sie sind selbst eifersüchtig, haben dieses Gefühl aber (mit vielen anderen!) einmal weggesperrt, um nicht wieder verletzt zu werden. Sie gestehen sich das nicht ein und so ist der Partner Ihr unbestechlicher „Spiegel".

- Sie sind ein „Opfer" und ziehen den „Täter" – in dem Fall einen Othello – in Ihr Leben. Hier treffen alte Muster aufeinander, die sich ergänzen. Wenn Sie das so nicht mehr wollen, sollten Sie *Ihres* ändern.

- Sie sind wirklich untreu und Ihr Partner weiß oder spürt das. Überlegen Sie dann genau, was Sie eigentlich wollen. Vielleicht haben Sie Sehnsucht nach einem ungebundeneren Leben, er befriedigt in Bezug auf Qualität und Quantität nicht Ihre Bedürfnisse oder Sie „bestrafen" ihn für etwas.
Werden Sie sich also klar, ob Sie so leben möchten, oder ob es etwas zu klären, zu bereinigen oder zu ändern gibt.

Auf Ihrem Weg zur glücklichen Frau ist die Überwindung von zerstörerischer Eifersucht eine große Herausforderung, die Sie unbedingt annehmen sollten. Auch kleine Schritte der Bewältigung werden Ihnen neue Dimensionen in Ihrem Leben eröffnen. Sie erkennen plötzlich, dass kein anderer Sie dazu zwingen kann, in einer bestimmten Weise zu fühlen, zu denken oder zu handeln. Sie sind kein Opfer, das hilflos an Marionettenfäden hängt. Sie werden ein klares Nein zur Zerstörung sagen – zu der von außen, aber auch zu Ihrer eigenen Selbstsabotage. Und wenn Sie sich immer mehr lieben, werden Sie automatisch auch Partner in Ihr Leben ziehen, die Ihnen nicht absichtlich oder gedankenlos Schmerz zufügen.

„Gib mir Liebe!"

Ein weit verbreitetes Szenario: Frau liebt Mann. Und besagte liebende Frau hat ganz bestimmte Vorstellungen, wie „er" sein sollte, damit sie sich wohl fühlt. Bei meinen langjährigen beruflichen und privaten Recherchen ergab das meist eine Sammlung von folgenden Wünschen: Der Mann an meiner Seite soll gut zuhören können, auf mich eingehen, Gefühle erspüren und entsprechend reagieren, Wärme, Unterstützung und Aufmunterung geben, im Alltag ein guter Kamerad sein, sich im Bett zärtlich, aber bei Bedarf auch ein wenig wilder gebärden, es liebevoll akzeptieren, wenn ich phasenweise gar keine Lust habe, mich auch dann in den Arm nehmen, wenn es nicht um Sex geht, trösten, wenn ich traurig bin, nicht zu viele Hobbys haben, attraktive Frauen als gottgegeben wahrnehmen, aber im Übrigen durch sie hindurchblicken, kein Alkoholiker, Spieler oder Schläger sein, mich gerne verwöhnen – mit kleineren und größeren emotionalen Gesten, aber auch finanziell. Und er soll mich lieben. Auf immer, ewig und hunderttausend Jahre.

Kommt Ihnen das bekannt vor? Also meine ganz persönliche Liste ist durchaus noch ein wenig länger, aber ich will ja keinen Mann verstören, der sich eventuell doch hierher verirrt hat. Seien wir ehrlich liebe Schwestern – so ist es nun einmal. Ich gebe zu, dass diese Aufstellung natürlich Mister Perfekt verkörpert. Wie der gelernte weibliche Mensch nun weiß, läuft dieses Exemplar nicht derart massenweise durch die Gegend, dass frau bei jeder Bushaltestelle darüber stolpert (gut, gut auch wir sind vielleicht nicht ganz fehlerfrei …). Der eine oder andere Abstrich muss bei dem obigen Anforderungsprofil realistischerweise also drinnen sein. Aber ich habe lange Zeit auch am Beispiel meines eigenen Lebens darüber gerätselt, warum Frauen sich zu einem großen Teil Partner aussuchen, die das genaue *Gegenteil* von dem sind, was sie eigentlich wollen. Dann kommt es zu folgenden Situationen: Er hört nur unter Androhung von „Gewalt" zu und eigentlich auch dann nicht, er hat keine Ahnung, wie das Wort „Gefühle" buchstabiert wird und versteht daher auch nicht, was mit dem Anspruch gemeint ist auf selbige einzugehen, sie zu berücksichtigen oder gar selbst zu zeigen. Wärme und Unterstützung bietet er seiner Meinung nach genug, indem er den Mistkübel hinunter trägt, unter gutem Sex versteht er eine Vorgangsweise nach seinen Regeln (sprich: er bestimmt wie, wann, wo, wie oft) und Vor- und Nachspiel kennt er nur im Zusammenhang mit Fußball. Wenn sie nicht so oft will wie er, ist er tagelang beleidigt, seine intensiven Hobbys führen ihn nicht nur häufig außer Haus, sondern halten ihn auch im Haus von der Familie fern (Kellerwerkstatt, Garage ...), andere Frauen verlocken ihn nicht nur zu gierigen Blicken, sondern auch zu deftigen Kommentaren über gewisse Figurmerkmale und im extremen Fall zum Seitensprung. Alkohol wird als Durstlöscher begriffen, als es ja schließlich heißt, man sollte aus gesundheitlichen Gründen viel trinken, es das Problem der Partnerin ist (keinesfalls seines!), wenn die Spielsucht Haus und Hof kostet, eine liebe Gewohnheit daraus wird hin und wieder auszurasten, auch wenn als bedauerlicher Nebeneffekt Frau und Kinder dabei ein wenig verletzt werden, Verwöhnen das gleiche Fremdwort darstellt wie Gefühle und wenn überhaupt es nur in einer Richtung vorkommt – von ihr zu ihm. Und der Beweis seiner Liebe ist, dass er schließlich noch da ist, oder? Viele Frauen in so einer Lage zeigen ganz bestimmte Verhaltensweisen: Sie leiden extrem unter diesen Beziehungsbedingungen, bleiben aber auch dann noch, wenn Körper und Seele deutlichste Signale von tiefer Qual geben. Und sie werden nicht müde von genau diesen Männern das einzufordern, was sie ihnen nicht geben können oder wollen. Das sieht dann so aus: „Warum hörst du schon wieder nicht zu?? Ich brauche einfach mehr Wärme, Zuwendung, Zärtlichkeit, Aufmerksamkeit, Hilfe, liebevolle Gesten – warum gibst du mir das nicht?? Ich leide so sehr unter deiner Kälte, Lieblosigkeit, Eifersucht, Alkoholsucht, Spielleidenschaft, Sexbesessenheit, Ignoranz, Unaufmerksamkeit – warum änderst du das nicht??"

„Ich brauche mehr Liebe: „Gib sie mir!!!"

Mädels ich verstehe euch ja so gut. Aber es bleibt einfach wahr, dass Liebe eine Gabe ist, die frau nicht einfordern kann. Unter „Zwang" gibt sie uns niemals das, was wir wirklich wollen. Versucht also alles, um eine schlechte Beziehung zu verbessern. Wenn das aber absolut nicht möglich ist, liebt euch selbst genug, dass ihr zu jeder Form von Zerstörung *„nein"* sagt. Denn wie wir ja schon erschöpfend wissen, ist Partnerschaft immer ein Spiegel der Liebe, die man für sich selbst aufbringt. Wer Selbstliebe empfindet, tut sich gewisse Dinge einfach nicht an. Und falls doch, nicht allzu lange.

Eine glückliche Frau weiß, dass sie es *verdient*, einen Menschen um sich zu haben, der ihr aufrichtig zugetan ist und dem sie „Liebe" nicht abbetteln muss. In diesem Sinne: Viel Mut, Kraft und Erfolg bei der Neugestaltung Ihres Beziehungslebens!

Der Traumprinz aus dem Internet?

Meine Kollegin hat vor kurzem geheiratet. Er heißt Paul, sieht gut aus und verkörpert auch sonst einen Typ Mann, den frau sich durchaus auch im eigenen Leben vorstellen könnte. Und jetzt kommt's: Sie hat ihn über eine Partnerbörse im Internet gefunden. Solche Geschichten höre ich die letzten Jahre häufig. Meine eigene Internet-Erfahrung liegt schon einige Zeit zurück. Ich gebe zu, dass mein Traummann damals nicht dabei war, aber trotzdem kam es zu der einen oder anderen interessanten Begegnung. Es ist keine Schande sich im World Wide Web umzusehen. Wenn Sie mit der richtigen Einstellung an die Sache herangehen und ein paar Tipps beherzigen, kann es sein, dass Sie bald eng umschlungen durch das silberne Licht des Mondes gehen. Diese blumige Ausdrucksweise spiegelt die Sehnsüchte einer Krebsfrau und ist daher mit Nachsicht zu bewerten.

Ist also Ihre letzte Beziehung schon mehr als Vergangenheit? Erwägen Sie bereits den Ankauf eines Buches „Sex für Anfänger", weil Sie sich nur mehr dunkel an die grundlegenden Handgriffe erinnern? Und geht Ihnen dieser Zustand ein wenig auf die Nerven? Wenn Sie dreimal mit „ja" geantwortet haben, dann ist es Zeit. Verlassen Sie die Depressionscoach und setzen Sie sich in einem gemütlichen Trainingsanzug plus Getränk (die Nacht wird lang!) vor den Computer. Sie haben jetzt die Gelegenheit, ungeschminkt und mit vielleicht noch nicht beseitigten Speckröllchen eine ganze Bildergalerie von Männern zu betrachten, die sich grundsätzlich am Markt befinden. Wird Ihnen schon bei dem Gedanken daran schlecht, dass *Sie* es nötig haben sollten, auf solche Art einen Partner zu suchen? Atmen Sie tief durch und entspannen Sie sich. Das Internet ist nach dem Arbeitsplatz bereits eine der häufigsten Begegnungsstätten für Paarungswillige. Das Klicken auf diverse „Angebote" ist keine letzte Möglichkeit für Versager, Eigenbrötler und Spinner (die gibt es überall!), sondern ein unkomplizierter Weg rund um die Uhr mit Menschen in Kontakt zu treten. Springen Sie über Ihren Schatten und versuchen Sie es einfach. Denken Sie daran: Eine Kontaktanzeige aufzugeben ist keine Bankrotterklärung, sondern die Chance, der Welt Ihr grundsätzliches Interesse an einer Beziehung kundzutun. Mit der richtigen Einstellung können Sie also nur gewinnen.

Wichtig: Bevor Sie die erste Taste drücken, sollten Sie eben diese Einstellung überprüfen: Sind Sie der Meinung, der erste Kandidat *muss* einfach der Richtige sein? Glauben Sie noch eine Enttäuschung einfach nicht verkraften zu können? Haben Sie sich zwar schweren Herzens zu dieser Vorgangsweise entschlossen, sind aber tief drinnen der Auffassung „die Männer sind alle Verbrecher" und das Ganze hat ohnedies keinen Sinn? Atmen Sie noch einmal durch und gehen Sie es locker und positiv an. Sie fühlen sich dann wohler und eventuelle „Misserfolge" sind keine weitere Katastrophe, sondern Teil des Prozesses. Trotzdem läuft das Ganze harmonischer ab, wenn Sie einige Hinweise für das Online-Dating beachten:

Wie gestalte ich mein „Profil"?

Grundsätzlich gilt, dass weniger mehr ist. Manche Partnerbörsen haben Fragebögen, für deren Beantwortung Sie einige Stunden brauchen. Machen Sie keinen Seelenstriptease, sondern füllen Sie nur die Rubriken aus, die Ihnen wesentlich erscheinen. Ganz *wichtig:* Antworten Sie leicht und fröhlich, auch wenn Ihnen gerade schwer ums Herz ist. Zu stark zur Schau gestellte Verzweiflung oder Dringlichkeit schreckt ab! Auch wenn Ihnen dabei aus mancherlei Gründen mulmig ist – schreiben Sie die Wahrheit. Viele machen sich schöner, schlanker und klüger als sie sind. Denken Sie daran, dass Ihre Lügen nur bis zum ersten Treffen Bestand haben. Enttäuschungen oder ungute Erlebnisse sind damit vorprogrammiert. Ein bisschen Freiraum ist bei der Altersangabe erlaubt. Schreiben Sie einfach 30 plus, wenn Sie 39 sind und jünger aussehen. Ganz wichtig ist das so genannte Motto. Oft wird die erste Auswahl danach getroffen und daher sollte es in Kurzfassung ausdrücken, was Sie vermitteln wollen. Wenn Sie keine Affäre suchen, sondern einen Lebensgefährten, ist „Sexy Hexy sucht Teufelchen für dies und das" wahrscheinlich eine Fehlbesetzung.

Bild – ja oder nein?

Ihre Chancen steigen erheblich, wenn Sie der Anzeige ein Foto beifügen. Eric Hegmann schreibt in seinem Buch „Online-Dating": „Der Kontakt suchende Mensch hat ein großes Dilemma: Er will zwar gefunden werden, aber nicht erkannt. Doch vergessen Sie nicht, Männer lesen nicht, sie *schauen*. Inserate ohne Bild werden weniger beachtet und Sie setzen sich dem Verdacht aus, dass sie gute Gründe haben Ihr Foto zu verbergen."

Manche Frauen tun sich einfach leichter, wenn sie zunächst mailen und dann ein Bild senden. Aber wie auch immer – die Stunde der Wahrheit naht. Und so ist es doch besser, wenn der andere schon einen Eindruck von Ihnen hat. Sonst könnte die Überraschung eventuell unerfreulich werden. Wählen Sie ein gutes Bild, auf dem nicht Ihr beachtliches Dekolleté oder andere nackte Tatsachen als erstes ins Auge springen. Falls Sie nicht ein Sexabenteuer suchen, senden Sie damit falsche Signale. Schlecht geeignet sind auch Jugendbilder, auf denen wegen Verjährung nicht einmal die eigene Mutter Sie erkennen würde. Ein Bild Ihrer Katze ist ebenfalls wenig empfehlenswert, selbst wenn sie noch so süß ist.

Apropos Tiere: Kater Tom oder Hund Sammy sollten Sie in Ihrer Anzeige unbedingt erwähnen. Erstens so und so, zweitens wollen Sie doch nicht den Notarzt rufen, weil Ihr neuer allergischer Bekannter seinen Asthmaspray vergessen hat.

Post! – Was nun?

Sie haben also Ihre Anzeige ins Netz gestellt und im Idealfall purzeln Ihnen am nächsten Morgen Mails von potentiellen Interessenten entgegen. Sie ersparen sich Ärger und Zeitverschwendung, wenn Sie erkennen, welche sie besser aussortieren.

So hat ein Schreiber, der überhaupt nicht auf Ihr persönliches Profil eingeht, keine Antwort verdient. Der Mann schickt offensichtlich immer denselben Brief an viele Frauen. Das zeigt, dass er sich nicht die geringste Mühe macht und auf so einen können Sie gut verzichten.

Das Gleiche gilt für überromantische Mails, in denen jemand einer Frau, die er noch nicht kennt, zwar schöne, aber in diesem Stadium völlig unangebrachte Texte schickt. „Ich träume davon mit dir Hand in Hand durchs Leben zu gehen" klingt gut, aber er kann Sie wohl noch nicht meinen.

Ignorieren Sie auch Briefe, in denen der Absender sich „auf die vielen Enttäuschungen" bezieht, die er erlitten hat. So eine Ansage hat in einem ersten Brief absolut nichts verloren und zeigt nur, dass er entweder eine Mami sucht (wollen Sie das wirklich??) oder innerlich noch nicht frei ist für eine neue Beziehung.

Löschen!

Absolute No No's: Jedes Mail, das nur vulgär ist, in denen Männer „Körbchengröße XL" suchen oder das Hilferufe enthält, die etwa so lauten: „Mein Puschel ist schon so lange allein." Was Sie mit Texten machen wie: „Einsamer sucht Einsame zum Einsamen" oder „Ich Tarzan, du Jane – wir treiben es" bleibt Ihrer Fantasie überlassen, solange Sie nur nicht reagieren. (Außer natürlich Sie wollen genau *das* ...)

Beachten Sie die „Regeln"

Was jetzt noch übrig bleibt, können Sie beantworten, wobei es hilfreich ist, diese „Regeln" zu kennen. Ellen Fine und ihre Freundin Sherry Schneider schrieben als erstes das Buch „Die Kunst den Mann fürs Leben zu finden", indem sie die später berühmt gewordenen Grundsätze dafür aufstellten, wie frau Mr. Right ausfindig macht. Später haben sie diese für Internetkontakte erweitert. Als ich diesen Leitfaden das erste Mal las, dachte ich „Was für ein Schwachsinn". Wo bleibt die Emanzipation, das gleiche Recht für alle?? Einige Überlegungen und Beobachtungen weiter, bin ich mehr als geneigt zuzugeben, dass die beiden Recht haben.

Die grundlegenden Prinzipien lauten
(natürlich nur für die Suche nach „*ihm*", nicht für
Freundschaften oder eine Affäre):

1) **Die Initiative muss immer vom Mann ausgehen.**

2) **Er bemüht sich um *Sie*.**

3) **Männer lieben Herausforderungen,
   also machen Sie es ihm nicht zu leicht.**

   Für die Internetsuche bedeutet das:

   - Schreiben Sie einem Mann nie zuerst, antworten Sie immer erst nach 24 Stunden (weil sie beschäftigt sind!), niemals nach Mitternacht und auch nicht am Wochenende (da haben Sie schon Programm!). Alles andere signalisiert laut den Autorinnen zu starke Bedürftigkeit. Und für Männer ist das am interessantesten, was schwierig zu bekommen ist.

   - Ihre Mails sind freundlich, kurz und fröhlich.

   - Auf zu intime Fragen antworten Sie nicht oder mit einem ausweichenden Satz.

   - Wenn er nach vier Mails kein Treffen vorschlägt, beenden Sie den Kontakt. Es liegt dann der Verdacht nahe, dass er sich entweder in der Anonymität wohler fühlt, gelogen hat oder für eine Beziehung aus anderen Gründen nicht bereit ist. Ellen & Sherry: „Vergessen Sie nicht – Sie sind eine ganz besondere Frau. Das Internet ist für Sie eine weitere spannende Möglichkeit, jemanden kennen zu lernen (auch wenn Sie drei Mal pro Woche zur Therapie gehen, um damit fertig zu werden, dass Sie niemanden treffen). Unter keinen Umständen versuchen Sie krampfhaft, einen Mann von Ihrer Attraktivität zu überzeugen und verschwenden keine Zeit mit solchen Herren, die Sie nachlässig behandeln."

4) Das erste Treffen

Verabreden Sie sich an einem öffentlichen Ort und zunächst für einen Kaffee. Sollte es ganz schlimm kommen, müssen Sie nicht den dritten Gang eines Essens abwarten, bevor Sie gehen. Absolut tabu ist Ihre oder seine Wohnung. Wenn Sie nicht in einer WG leben oder einen Rottweiler besitzen, rate ich davon dringend ab.

Wählen Sie auch für das erste Treffen keine zu tief schürfende Unterhaltung. Sie kennen diesen Mann noch nicht und ein Date ist keine Therapiesitzung! Vermeiden Sie Themen wie Ihren Exmann, eine drohende Kündigung, Zukunftspläne, den dringenden Kinderwunsch. Alle diese Dinge können Sie besprechen, wenn Sie sich besser kennen. Widerstehen Sie der Versuchung, sich wie eine Vernehmungsbeamtin zu verhalten und lassen Sie auch nicht zu, dass er sie „verhört". Das erste Treffen sollte nach spätestens eineinhalb Stunden beendet werden und laut Ellen Fine und Sherry Schneider von *Ihnen*. Wenn es schön war, wird er begierig darauf sein, Sie bald wieder zu sehen.

Natürlich kann es sein, dass Ihnen diese „Regeln" antiquiert und lächerlich erscheinen. Aber überlegen Sie gut, bevor Sie sich darüber ärgern. Ich persönlich bin fest davon überzeugt, dass die grundlegenden „Annäherungsspiele" zwischen Frau und Mann so alt sind wie die Menschheit selbst und existieren werden, solange die Welt sich dreht. Außerdem haben meine persönlichen Recherchen in der Männerwelt ergeben, dass diese „Regeln" offenbar auch von den Herren für gut befunden werden.

Kontakt über das „World-Wide-Kuppelnetz" zu suchen, ist nicht peinlich, sondern *eine* Möglichkeit Männer kennen zu lernen. Seien Sie nicht enttäuscht, wenn es nicht sofort klappt, sondern leben Sie Ihr Leben trotzdem so intensiv wie möglich. Sammeln Sie schöne Erlebnisse und tun Sie alles, um sich selbst wohl zu tun. Dann ist es auf keinen Fall eine verlorene Zeit.

„Soll ich gehen oder bleiben?"

Haben Sie sich diese Frage schon einmal gestellt? Ich weiß von mir selbst und vielen anderen Frauen, dass es dafür mehrere Anlässe geben kann:

1. In der Beziehung gibt es keine schlimmen Tiefen, aber auch keine Höhen. Die Tage laufen dahin und irgendwann entsteht das bange Gefühl, ob das nun wohl „alles" gewesen ist.

2. Es hat ein akutes Ereignis stattgefunden, das die Grundfesten ins Wanken bringt – ein Seitensprung, der Rückfall in eine Sucht, ein „Ausrutscher" in körperlicher Gewalt oder ein Vertrauensmissbrauch anderer Art.

3. Die Partnerschaft ist unter dem Strich mehr schlecht als recht. Kommunikation beschränkt sich auf reinen Dienstverkehr, gegenseitige Wertschätzung existiert kaum noch, gemeinsame Unternehmungen finden nicht statt, der Partner findet sich mehr außer Haus als darin oder steht aus irgendeinem Grund emotional auch sonst nicht zur Verfügung. Zärtliche Gesten gibt es nicht und Sexualität findet nur in liebloser Art und Weise statt.

4. Kommt in Ihrem Trennungswunsch „nur" zum Ausdruck, dass es *so* nicht weitergehen kann? Ich habe erlebt, dass eine Beziehung sich wieder erholt hat, nachdem die Frau klar deponierte, dass sie lieber die Familie auflöst, als einen Tag länger diese oder jene Umstände zu ertragen. Das ist *kein* Patentrezept dafür eine Partnerschaft zu retten! Ihre Einstellung muss echt sein, sonst vermitteln Sie nicht die „richtige" Energie für eine mögliche Veränderung.

5. Die Beziehung ist absolut zerstörerisch. Körperliche Misshandlungen sind an der Tagesordnung, seelischer Missbrauch in Form von Abwertung, Tyrannisieren, Ignorieren, Demütigen oder Kontrollieren bestimmt den Alltag, Affären sind nicht die Ausnahme, sondern die Regel, oder Sexualität gibt es ausschließlich in extremer Form, nach einseitigen Spielregeln oder gar nicht. Klimatisch regieren Zynismus, Feindseligkeit oder Hass. Lüge und Betrug und ständige Konflikte sind fixe Bestandteile der Beziehungsdynamik.

6. Sie haben sich in einen anderen Mann verliebt.

Wenn Ihnen eines dieser Szenarien bekannt vorkommt, dann haben Sie wahrscheinlich schon überlegt, ob und wie Sie weitermachen wollen. Aber häufig genügt schon der Gedanke eine bestehende Beziehung aufzugeben, dass Angst alles andere überflutet. Ich habe immer wieder Klientinnen, die mir wahre Horrorgeschichten aus ihren Partnerschaften erzählen. Wenn ich sie dann bitte sich einmal nur *vorzustellen* wie ihr Leben ohne diesen Mann aussehen würde, geraten sie regelrecht in Panik. Da sitzen Frauen, die das äußere Leben der gesamten Familie managen, emotional für Wärme sorgen, einem Beruf nachgehen und in jeder Hinsicht ihre Frau stehen. Der Partner ist entweder kaum vorhanden oder behandelt sie schlecht bis sehr schlecht. Trotzdem verweigert ihr Gehirn den Gedanken eventuell „alleine" zu sein. In Wirklichkeit sind sie längst alleine oder sind es eigentlich schon immer gewesen. Außerdem kostet sie das „Aushalten" kränkender Bedingungen noch zusätzlich Energie. Trotzdem gehen sie in die Frauenfalle „Ich kann nicht alleine sein" und fühlen sich außerstande ein Leben nach einer Trennung für möglich zu halten.

Wenn Sie vor der Frage stehen: „Soll ich gehen oder bleiben?", forschen Sie ganz ehrlich nach, ob diese Ängste auch bei Ihnen eine Rolle spielen. Die Furcht davor kann nämlich so stark werden, dass berechtigte Einwände gegen Ihre Beziehung einfach weggewischt werden.

Es gibt keine allgemein gültigen Regeln, ob Sie eine Partnerschaft fortführen oder beenden sollten. Aber die Vorgehensweise sollte sich aus der Beantwortung der Frage: „Wie geht es mir wirklich?" ergeben. Und das können nur Sie klären. Es ist völlig unerheblich, ob Ihre Mutter findet, dass er doch „sooo nett" ist, oder Ihre Freundin meint, Sie hätten mit diesem Mann einen Hauptgewinn gemacht. Das einzige Messinstrument ist Ihre innere Stimme, die Ihnen unbestechlich sagt, was gut für Sie ist und was nicht. Ich werde immer wieder gefragt, ob es nicht der Sinn einer Beziehung ist, auch durch schlechte Zeiten zu gehen. Natürlich, *aber:* Die Zeiten dürfen nicht ständig schlecht sein und sie dürfen es nicht deswegen sein, weil missbräuchliches Verhalten in irgendeiner Form vorliegt.

Das ist der Fall, wenn:

- er sich nicht dafür interessiert, wie es Ihnen geht und das auch nicht ändert, in Krisensituationen ist er nicht an Ihrer Seite;
- sein Beitrag zu einer Unterhaltung sich seit Jahren in „Mmh", „Aha", stierem Blick oder in nachhaltigem Rascheln mit der Tageszeitung erschöpft;
- Konflikte immer so enden, dass Sie weinen und er einschläft;
- Sie alles checken und er im Grunde nichts;
- seine bevorzugte Kommunikationsform Gewalt ist;
- er Alkoholiker, Spieler oder Drogenabhängiger ist (und keine Bereitschaft zeigt, sich helfen zu lassen!);
- Sie die Unterwäsche seiner Gespielinnen nicht nur im Auto finden, sondern auch im Ehebett bzw. andere Frauen eine zu große Rolle in seinem Leben spielen;
- sein Orgasmus alles ist und Ihrer nichts *oder* er über lange Zeit „keine Lust" hat;
- er Sie immer dann entmutigt, wenn Sie Erfolge haben oder eine Aktivität starten wollen;
- Sie fragen müssen, ob Sie eine Strumpfhose kaufen, das Auto benutzen oder eine Freundin treffen dürfen;
- er sich wie Ihr Kind verhält, Sie aber drei Kinder haben;
- „dominant" ein Hilfsausdruck dafür ist, wie er agiert;
- sein zweiter Vorname „Kälte" sein könnte;
- seine Mutter die „Allerbeste" ist;
- konstruktive Auseinandersetzungen nicht möglich sind, weil immer nur Sie „schuld" sind, also er immer nur der „Gute" oder das missverstandene Opfer ist.

Frauen, die sich auf einem spirituellen Weg befinden, sind oft extrem verunsichert, wenn es darum geht, von sich aus eine Trennung anzustreben. Meine Klientin Michaela war mit einem Mann verheiratet, der übermäßig trank und dann jedes Mal aggressiv wurde. Sie lebte in ständiger Angst, was heute wieder passieren würde. Manchmal kam er tagelang nicht nach Hause. Dann rief er mitten in der Nacht an und verlangte, dass sie ihn aus einer Gaststätte abholen solle. Durch den Alkoholismus war er in Frühpension und verlangte auch immer wieder Geld von ihr. Das ging in dieser Art über 20 Jahre. Ihre Gefühle waren mit der Zeit abgestorben und sie lebte in einem emotionalen Niemandsland. Dann lernte sie Helmut kennen, der sich in sie verliebte und wollte, dass sie sich von ihrem Mann trennt. Michaela liebte ihn sehr und wollte auch mit ihm zusammen sein. Damit begannen ihre Gewissensqualen. Sie fühlte sich zutiefst verpflichtet bei ihrem Ehemann zu bleiben und weiter für ihn zu sorgen. Was sollte schließlich ohne sie aus ihm werden? Sie war überzeugt, dass Gott genau das von ihr wollte und trennte sich von Helmut. Daraufhin fiel sie in eine starke Depression. Zu diesem Zeitpunkt lernten wir einander kennen.

Ich bin ja ein Fan von Gott und glaube einfach nicht, dass er will, dass wir leiden. Ich weiß, dass die Verhältnisse rundum auch einen anderen Schluss zulassen könnten. Aber wenn Sie diese beurteilen, lassen Sie immer die Tatsache mit einfließen, dass wir einen *freien Willen* haben. Und sehr viele der unerfreulichen Geschichten ringsum haben damit zu tun, dass Menschen bestimmte Entscheidungen getroffen haben und nicht Gott. Ich bin auch überzeugt, dass „Gottes Wort" durch eine menschliche Interpretation – sagen wir einmal – oft nicht richtig verstanden wird.

Denn im Falle von Michaela soll er ja angeblich klare Anweisungen gegeben haben. Nämlich: Frau und Mann heiraten. Mann beginnt Frau in vielerlei Hinsicht zu quälen. Frau muss diese Qual bis zu ihrem oder seinem Hinscheiden erdulden. Unabhängig davon, ob sie dadurch schon lange vor Ihrem tatsächlichen Ende am Ende ist. Klingt das stimmig? Denken Sie, dass Gott sich wirklich so geäußert hat? Also ich kann es nicht glauben. Ich bin der tiefen Überzeugung, dass seine Worte für Michaela so lauten würden: „Du hast dich wirklich sehr bemüht, deinem Mann eine gute Gefährtin zu sein. Das haben wir alle hier bemerkt. Du hast es bei Gott (er hat Sinn für Humor – ich wusste es immer!) nicht leicht gehabt. Aber nun solltest du darauf schauen, dass du dein eigenes Leben wieder auf die Reihe bekommst. Um dir dabei zu helfen, habe ich Helmut geschickt. Er hat dich wirklich lieb und du solltest es mit ihm versuchen. Deinen Mann kannst du ruhig mir überlassen. Auch der liebe Engel Michael hat noch Kapazität frei und wird nach ihm sehen. Du weißt doch, dass die meisten Menschen einen Weg nur ändern, wenn es weh tut. Ich bedaure sehr, dass es meist dazu kommen muss und vielleicht kann ich da in eurer Konstruktion noch etwas ändern. Auf jeden Fall hat es dein lieber Mann viel schwerer einmal einen anderen Weg zu versuchen, wenn du ihn immer wieder „auffängst". Außerdem habe ich nie gesagt, dass ein Leben mehr wert ist als das andere. Also musst du nicht deines für seines opfern. Außerdem weißt du nicht, welche Erfahrungen dein Mann für sich gewählt hat. Lass ihn also machen und kümmere dich um dich selbst. Im Vertrauen: Dieser Helmut ist wirklich ein Prachtexemplar!" Kein Wort von „bis dass der Tod euch scheidet" und zwar ohne Rücksicht auf Verluste, „was Gott zusammengefügt hat, darf der Mensch nicht trennen" und zwar aus *gar keinem Grund* und solch drückende Aussagen mehr.

Wichtig: Es ist vollkommen in Ordnung anderen zu helfen und sie zu unterstützen. Aber nicht um den Preis des eigenen Lebens! Natürlich kann es sein, dass jemand als Seele gewählt hat, nur für einen anderen da zu sein. Aber dann wird dieser Jemand ganz harmonisch Freude, Hingabe und Stolz bei seiner Aufgabe empfinden und kein Burn-out.

Wenn Sie eine bestehende Beziehung verlassen möchten, weil Sie sich in einen anderen Mann verliebt haben, gibt es auch hier kein Patentrezept für die Vorgangsweise. Es kann sein, dass Sie wirklich Ihrem Seelenpartner begegnet sind. Meiner Erfahrung nach geht dann die Trennung sehr schnell und ist in jeder Hinsicht „geführt". Irgendwie ist sozusagen alles klar und es gibt auch nahezu keinen Zweifel.

Eine andere Möglichkeit ist, dass Sie Ihre Beziehung schon längst beenden wollten und der neue Mann quasi der Aufhänger dafür ist. Es fällt Ihnen dann „leichter" etwas zu tun, was Sie ohne den äußeren Anlass nicht geschafft hätten.

Die dritte Möglichkeit ist die, dass Sie nun zwei Männern zugetan sind. Das ist erfahrungsgemäß eine schwierige Situation, die viel Energie kostet. Ich habe nicht einmal erlebt, dass sich der Entscheidungsprozess der Frau über eine Ewigkeit hinzog und dann ein dritter (!) Mann derjenige welcher war. Wenn Sie sich in so einer Situation befinden, halten Sie für möglich, dass keiner der beiden Herren der „Richtige" ist.

Ich höre auch immer wieder das Argument: „Ich möchte gehen, aber ich kann das meinen Kindern nicht antun." Das ist zu zutiefst verständlich, vor allem wenn Sie selbst ein Scheidungskind waren. Bedenken Sie aber auch, dass kleine Kinder Missstimmung, Streit und Spannung auf jeden Fall spüren und eigene „Schlüsse" daraus ziehen. Abgesehen davon, dass so ein Klima für kein Familienmitglied förderlich ist, können Kinder auf tiefer Ebene ein Gefühl von „Schuld" entwickeln, das sie unter Umständen ihr ganzes Leben mitnehmen. Außerdem sind Sie noch nicht in der Lage, Missbehagen zu artikulieren und verfallen dann oft in so genannte Verhaltensstörungen. Das kann jede Art von Auffälligkeit sein: Rückzug, gesteigerte Aggressivität, körperliche Symptome wie Kopfschmerzen, unklares Bauchweh, Erbrechen oder (erneutes) Einnässen oder Einkoten, Konzentrationsstörungen, „schlimm sein".

In jedem Fall zeigen sie damit an, dass sie leiden und so sollten Sie das auch interpretieren. Kinder sind niemals „bösartig", sondern reagieren auf Verhältnisse, die sie nicht bewältigen können. Es ist also auch in ihrem Interesse ungesunde klimatische Bedingungen in der einen oder anderen Art zu verbessern.

Natürlich können Kinder auch ganz massiv unter einer Trennung leiden. Für Sie ist der Partner dann der Exmann, für die Kinder bleibt er für immer der Vater. Trotzdem kann die Entscheidung zu gehen die einzig richtige sein. Unterstützen Sie Ihre Kinder aber in jeder nur denkbaren Art und Weise – im idealen Fall tun das beide Elternteile! Das kann bedeuten, eine Mediation in Anspruch zu nehmen, kinderpsychologischen Rat einzuholen oder sich fest vorzunehmen, Konflikte nicht über die Kinder auszutragen.

Wichtig: Widerstehen Sie der – im Fall der Fälle verständlichen – Versuchung den Vater schlecht zu machen. Das erzeugt in den Herzen der Kinder schlimme Verwirrung. Wenn sie älter werden, können sie sich selbst ein Bild von den Geschehnissen machen.

Ältere Kinder reagieren auf den Trennungswunsch der Mutter manchmal mit Erleichterung („Endlich lässt du dich scheiden") oder aber auch mit Aggression.

Susanna kam zu mir, weil sie entschlossen war, sich von ihrem Mann zu trennen. Es gab häufig Streit, er führte sein Leben fast nur mehr außer Haus und hatte sie auch mehrfach betrogen. Immer wieder ließ sie sich überzeugen, die Ehe weiter zu führen. Dann lernte sie einen anderen Mann kennen und wollte ihren Partner verlassen. Ihre Tochter war mittlerweile 16 Jahre alt und Susanne hoffte auf ihr Verständnis. Aber obwohl Angelika immer wieder Zeugin davon geworden war, wie unüberbrückbar die Gegensätze zwischen den Eltern waren, konnte sie den Wunsch ihrer Mutter nicht akzeptieren. Sie beschimpfte sie als „Schlampe" und drohte, dass sie nichts mehr mit ihr zu tun haben wollte.

Susanne war völlig verzweifelt. Zu unser beider Überraschung willigte Angelika aber ein, mit zu mir zu kommen. In sensiblen Gesprächen wurde klar, *wie* groß ihre Angst war, dass die Familie zerbricht. Sie verbrachte die ersten Jahre ihres Lebens bei der Großmutter, weil beide Eltern arbeiten gingen und keine Zeit für sie hatten. Das konnte sie ihrer Mutter nie verzeihen. Als diese nun die Familie verlassen wollte, empfand sie das als neuerlichen Verrat. Die alte Wunde wurde wieder berührt und brach auf. Deshalb reagierte Angelika in solch extremer Form. In der Folge konnten Susanne und Angelika behutsam ihre Beziehung verbessern. Susanne lebt nun in einer neuen Partnerschaft und Angelika entschied sich dafür, bei ihrem Vater zu bleiben. Noch sind nicht alle Wunden verheilt, aber die Situation hat sich sehr entspannt.

Wenn Sie sich mit dem Gedanken tragen zu gehen, überlegen Sie genau warum. Selbstverständlich kann es notwendig und sinnvoll sein, nicht sofort davonzulaufen, wenn die Dinge schwierig werden. Aber in diesem

Fall sollten *beide* daran interessiert sein, Lösungen zu finden. Wenn dazu absolut keine Bereitschaft besteht, sind die Chancen schlecht, dass wie von selbst das große Wohlbehagen auftritt.

Es besteht natürlich auch die Möglichkeit, dass Sie „davonlaufen" möchten, weil Sie spüren, dass Ihnen jemand wirklich nahe gekommen ist und Sie sich unbewusst davor fürchten. Das ist dann eine sehr gute Chance, sich mit der eigenen Näheangst zu befassen. In dieser Situation besteht jedoch die Gefahr, dass Sie „Nebenschauplätze" als Trennungsgrund wählen, die nur verschleiern sollen, dass Sie Angst haben. Da gewinnen plötzlich Faktoren große Bedeutung, die eigentlich keine sind.

Helga führte mit Hans eine gute Beziehung. Die beiden beschlossen zu heiraten und wie aus heiterem Himmel fühlte sich Helga von vielen seiner Angewohnheiten gestört. Sie bemängelte, dass er so „komisch" aß, eigenartig lachte und am Morgen nach dem Gang auf die Toilette nicht das Fenster öffnete. Immerhin hatten Helga und Hans bereits drei Jahre zusammengewohnt. Sein Lachen war nicht plötzlich eigenartiger als sonst, das „komische" Essverhalten nicht neu und das Fenster blieb bedauerlicherweise bereits seit drei Jahren trotz Geruchsbelästigung geschlossen. Wenn diese Dinge von einem Moment auf den anderen dermaßen stören, kann das natürlich darauf hinweisen, dass an der Partnerschaft etwas Grundlegendes nicht stimmt. Dann sind diese Gefühle als Aufforderung zu verstehen nachzuforschen, worum es wirklich geht. In Helgas Fall wurde aber Ihre Angst vor einer größeren Verbindlichkeit – der Heirat – deutlich. Sie konnte das in der Folge klar erkennen und die beiden verschoben die Hochzeit noch ein wenig.

Wenn Sie sich mit der Frage beschäftigen „Soll ich gehen oder bleiben", finden Sie hier Orientierungshilfe:

1. Machen Sie sich ganz ehrlich klar, wie Sie sich in der Beziehung fühlen.

2. Lesen Sie die Punkte in diesem Text und machen Sie eine Bestandsaufnahme. Die Liste erhebt natürlich keinen Anspruch auf Vollständigkeit.

3. Fragen Sie Ihre innere Weisheit, was in diesem Moment für Sie der beste Weg ist.

4. Sammeln Sie Informationen. Bevor Sie mit Ihrem Trennungswunsch an die „Öffentlichkeit" gehen, sollten Sie sich gut über Ihre Rechte informieren. Das ist nicht berechnend, sondern vernünftig. Viele Frauen sind so mit ihren Gefühlen beschäftigt, dass sie diesem wichtigen Punkt keine Bedeutung geben.

Meine Freundin Dr. Barbara Stekl berät als Trennungscoach seit vielen Jahren Frauen, die sich scheiden lassen möchten. Sie ist immer wieder bestürzt darüber, wenn diese folgenden Satz äußern: „Ich will nur, dass es vorbei ist – wie, ist mir egal."

So hat sie einen kleinen juristischen „Leitfaden" zusammengestellt, den Sie beachten sollten:

- Wie ist unsere finanzielle Situation? Wie hoch ist sein Einkommen? Sind wir mit Schulden belastet? Hafte ich bei einem Kredit?? Sie haben ein Recht(!) darauf zu wissen, wie viel Ihr Mann verdient, auch wenn Sie im Haushalt tätig sind. Lassen Sie sich also nicht mit der Bemerkung abspeisen: „Das geht dich nichts an."

- Machen Sie Kopien von allen Unterlagen. Oft „verschwinden" wichtige Papiere während einer Krise auf Nimmerwiedersehen.

- Welche Forderungen können Sie stellen? Es geht nicht darum den anderen auszunehmen, sondern das zu bekommen, was Ihnen zusteht. Nicht mehr, aber auch nicht weniger! Es ist sehr sinnvoll in der Angelegenheit einen Anwalt zu konsultieren. Bei diesem Punkt haben viele Frauen große Schwierigkeiten. Obwohl sie unter Umständen betrogen, hintergangen, geschlagen oder tyrannisiert wurden, wollen Sie dem Mann „nicht schaden". In manchen Fällen vertreten gerade solche Männer sehr brutal ihre Interessen. Aber die Frau auf meiner Couch sagt dennoch: „Das kann ich nicht von ihm verlangen." „Wenn ich das fordere, ist er ruiniert." „Wenn er das sagt, wird es schon stimmen." Oder: „Ich kann nichts tun. Mein Mann kennt sich rechtlich einfach besser aus."

Gehen Sie Ihren Weg!

Besser einen steinigen Weg wählen, als nicht vorankommen.

Wichtig: Bleiben Sie bei einer Trennung so fair als möglich. Verzichten Sie aber nicht freiwillig auf etwas, das Ihnen zusteht – selbst wenn Sie es nicht zum Überleben brauchen. Legen Sie dann für sich oder Ihre Kinder ein Sparbuch an.

5. Lassen Sie *jede* Angst zu und geben Sie ihr eine Stimme! Diese Ängste können sein:

    - Was wird sein, wenn ich dann ganz alleine bin?
    - Wie werde ich finanziell zu Recht kommen?
    - Werde ich im Alter völlig einsam sein?
    - Werden die Kinder mir verzeihen?
    - Vielleicht lerne nie wieder jemanden kennen?

    Natürlich gibt es im Leben keine Garantie. Niemand kann Ihnen versprechen, dass Sie nie einsam sein werden, sofort jemand anderen kennen lernen oder Ihre Kinder nie böse auf Sie sind. Sie können auch in einer Beziehung sehr allein sein, Ihr Partner kann lange vor Ihnen sterben oder die Kinder wandern nach Australien aus. Es ist aber wahrscheinlich, dass Sie alle Herausforderungen rund um die Trennung bewältigen. Mag sein, dass es nicht immer einfach ist und Sie schwierige Zeiten haben. Aber die hätten Sie auch, wenn Sie aus lauter Angst bleiben würden.

    Wichtig: Es ist nicht „gut" sich zu trennen und „schlecht" es nicht zu tun. Oder umgekehrt. Aber wenn eine Trennung die einzig sinnvolle Lösung ist, sollten Ihre – durchaus nachvollziehbaren Ängste – Sie nicht komplett blockieren. Wenn doch, scheuen Sie sich nicht in diesem Prozess professionelle Hilfe anzunehmen.

    - Ich habe Angst, dass mein Mann mir etwas antut.
    So eine Situation ist extrem belastend!! Lassen Sie sich auf jeden Fall therapeutisch unterstützen und informieren Sie die Polizei. Natürlich nimmt das nicht jede Furcht, aber nutzen Sie jedes Hilfsangebot, das es gibt. Im Einzelfall kann es nötig sein, in ein Frauenhaus zu gehen.

> Ich habe Angst, dass er sich etwas antut.

Wenn ein Partner einen Selbstmord ankündigt, ist das immer ein Zeichen von Hilflosigkeit oder Machtausübung. Auf jeden Fall ist es Terror! Auch wenn er noch so verzweifelt ist oder durch die Trennung das Ende seiner Welt droht – niemand hat das Recht einen anderen derart unter Druck zu setzen.

Sprechen Sie mit ihm, seien Sie sich aber bewusst, dass wahrscheinlich nicht Sie der Mensch sind, der ihm jetzt wirklich helfen kann. Sie können eventuell Hilfsmaßnahmen organisieren, aber lassen Sie sich nach Möglichkeit nicht in ein zerstörerisches Machtspiel ein. Signalisieren Sie Verständnis, dass es ihm so schlecht geht, bleiben Sie so gut es geht gelassen und in der Sache selbst geradlinig. Die Botschaft: „Es tut mir leid, dass es dir so schlecht geht, aber ich werde meinen Weg gehen" sollte aus jeder Ihrer Poren strömen. Aber letztlich trifft jeder Mensch seine eigenen Entscheidungen. Sie sind für seine nicht verantwortlich!

6. Wenn Sie gehen wollen, aber noch nicht den Mut aufbringen, achten Sie immer weiter auf Ihre Gefühle.

7. Sprechen Sie mit Ihrem Partner, *außer* Sie wissen aus Erfahrung oder Intuition, dass es völlig sinnlos ist.

8. Suchen Sie bei Bedarf therapeutische Unterstützung.

9. Machen Sie sich klar, dass eine Trennung nicht eine Bankrotterklärung Ihres Lebens ist, sondern ein Schritt, den Sie eventuell tun müssen, um sich selbst treu zu bleiben oder zum ersten Mal zu werden!

10. Wenn Sie zwischen zwei Männern stehen und sich nicht entscheiden können, lassen Sie den Dingen ihren Lauf. Denn wenn Sie nicht wissen, was Sie tun sollen, dann hilft auch Druck und Drama nicht weiter. Aber solche Situationen sind nicht statisch und bekommen zu ihrer Zeit eine eigene Dynamik. Vielleicht müssen Sie dann einfach abwarten, bis Sie klarer sehen oder „über Ihren Kopf" entschieden wird.

Als glückliche Frau spüren Sie genau hin, welche Menschen Sie in Ihrem Leben haben wollen. Es kann passieren, dass Sie die Begleitung von jemand Bestimmtem geschätzt haben, aber trotzdem bei der nächsten

Wegkreuzung abbiegen möchten. Vielleicht haben Sie auch erkannt, dass die „falschen" Gründe dazu geführt haben, dass sie gemeinsam unterwegs waren. Oder der Partner hat sich in einer Weise verändert, die für Sie nicht akzeptabel ist. Oder Sie treffen jemanden, der besser als Gefährte passt. Eine glückliche Frau überlegt genau, ob sie sich trennen will. Wenn sie noch nicht sicher ist, wartet sie eben eine Weile ab. Sie hört den Rat von anderen, entscheidet jedoch nur in Übereinstimmung mit ihrer inneren Weisheit. Aber sie ist sich zu jeder Zeit im Klaren, dass es sowohl in Ordnung ist zu gehen als auch zu bleiben.

Getrennt von Tisch und Bett – was nun?

Sind Sie geschieden? Und wenn ja, glücklich oder unglücklich? Für die meisten Frauen ist eine Scheidung mit starken gefühlsmäßigen Turbulenzen verbunden. Das ist der Fall, wenn sie die Trennung wollten und erst recht, wenn sie verlassen wurden, weil eventuell eine andere Frau im Spiel ist. Meist bleiben die Kinder auch bei der Mutter und das bringt neue Herausforderungen mit sich.

Wenn Sie geschieden sind, werden folgende Bereiche unter Umständen „Thema" sein:

Eine Neuorganisierung des Alltags. Möglicherweise hat Ihr Exmann viele Dinge erledigt, die Sie nun alleine bewältigen müssen. Das können handwerkliche Tätigkeiten sein, Autoreparaturen, die Steuererklärung oder Teile der Kinderbetreuung. Auch wenn es anfangs schwierig ist – Sie *werden* eine Möglichkeit finden, diese Dinge auch ohne ihn zu managen. Es muss ja nicht gleich der Kurs in Fliesenlegen sein, aber es kann.

Auch wenn die Ehe vorüber ist – über die Kinder wird für immer eine Verbindung zwischen Ihnen sein. Im idealen Fall haben Sie sich zwar als Paar getrennt, sind aber trotzdem Eltern geblieben. Ich weiß, wie ungeheuer schwer das in der Praxis oft ist. Viele verletzte Gefühle stehen zwischen diesem Anspruch und der Realität. Suchen Sie in so einer Situation *jede* Hilfe, die nötig ist.

Karin und Martin waren seit einem Jahr geschieden. Sie haben drei Kinder und es war ihnen bisher nicht gelungen einigermaßen akzeptable Verhältnisse herzustellen. Beinahe täglich (!) gab es Streit um alles, besonders wegen der Kinder. Thema waren Besuchsregelungen (er hielt Vereinbarungen nicht ein), Einmischung in die Privatsphäre (sie wollte nicht, dass seine neue Freundin mit den Kindern zusammen war) und ununterbrochene gegenseitige Vorwürfe, die noch das gemeinsame Leben betrafen. Alle litten unter dieser Situation, besonders die Kinder. Jedes einzelne von ihnen hatte Verhaltensauffälligkeiten entwickelt, die stumme oder laute Hilfeschreie waren. In der Therapie versuchten wir gemeinsam Lösungen zu finden. Es stellte sich heraus, dass Karin immer noch die Hoffnung hatte, dass Martin zur Familie zurückkommen würde. Sie hatte ihn nie losgelassen und verhielt sich Besitz ergreifend und kontrollierend. Martin „rächte" sich für diese Behandlung, indem er die Kinder nicht zum vereinbarten Zeitpunkt abholte oder zurückbrachte.

Behutsam gelang es im Laufe der Zeit die Dinge an ihren Platz zu stellen. Karin lernte zu akzeptieren, dass Martin kein Interesse daran hatte, das Familienleben wieder aufzunehmen und ihm wurde klar, dass sein Verhalten katastrophale Auswirkungen auf die Kinder hatte. Heute sind nicht alle Wunden verheilt, aber die beiden haben eine Art des Umgangs miteinander gefunden, der für die Zukunft zu guter Hoffnung Anlass gibt. Die Kinder sind nun auch in psychologischer Betreuung und es finden regelmäßig Termine mit den Eltern statt.

Überlegen Sie gut, wie Sie die Sorgerechtsangelegenheit regeln. Wenn Machtspiele, Gewalt oder ständige Verletzungen den Umgang miteinander bestimmt haben oder immer noch bestimmen, sollten Sie die alleinige Obsorge beantragen.

Lassen Sie alle Gefühle zu – unermessliche Trauer, heftigen Zorn, erschreckenden Hass, furchtbare Angst und das schwarze Loch der Leere und Sinnlosigkeit. Diese Gefühle können nacheinander auftreten, innerhalb eines Tages wechseln oder wiederkommen, wenn Sie dachten, dass sie schon bewältigt sind. Denn eine Scheidung berührt bei den meisten Frauen ihre Urwunde: Verlassen, allein und vollkommen ungeschützt einem Leben ausgeliefert zu sein, dass sie ohne Hilfe auf keinen Fall bewältigen können. Das empfinden häufig auch solche Frauen, die „normalerweise" Checkerinnen sind. *Es ist in Ordnung so zu empfinden.* Bringen Sie behutsam Ordnung in diesen Gefühlscocktail und vertrauen Sie darauf, dass sich alles zur rechten Zeit finden wird.

Lassen Sie auch Rachegedanken zu. Malen Sie sich in bunten Farben aus, was Sie ihm alles antun wollen. Und dann tun Sie es nicht! Rache befriedigt – wenn überhaupt – nur kurz. Aber selbst wenn diese Befriedigung länger anhalten sollte, vergiften Sie trotzdem Ihr „System" mit negativen Inhalten.

Überprüfen Sie Ihre Überzeugungen auf Wahrheitsgehalt. Sagen Sie einmal laut: „Ich, Gabi, Martha, Gerti, bin eine geschiedene Frau" und spüren Sie nach, was das in Ihnen auslöst. Mit „Scheidung" sind für viele nämlich noch andere Begriffe verknüpft: Versagen, gesellschaftliches Abseits, ohne Mann nichts „wert sein", ab jetzt für immer am Abstellgeleise stehen. Ist das so? Natürlich existieren neue Gegebenheiten. Aber den größten Stolperstein für Ihren weiteren Weg werfen Sie sich durch blockierende Überzeugungen selbst zwischen Ihre Füße. Betrachten Sie die Gedanken zum Thema Scheidung und entsorgen Sie solche, die Sie klein halten.

Manchmal spielt die „andere Frau" eine große Rolle. Entweder gab es sie schon, bevor Sie noch von ihr wussten (meist!), oder sie tritt erst später in das Leben Ihres nunmehrigen Exmannes. Aber in nahezu jedem Fall löst die Tatsache ihrer Existenz tiefste Kränkung aus. Diese verschwindet wahrscheinlich nicht sofort bei der Scheidung, sondern sorgt als nagendes Grundgefühl noch lange dafür, dass Sie sich schlecht und entwertet fühlen.

Auch hier wird wieder eine Urwunde berührt: „Ich bin nicht wichtig. Nicht wichtig genug, sonst hätte er mich nicht verlassen. Also bin ich nichts wert." Das erinnert an die alten Schmerzen der Kindheit, als Ihnen diese Gefühle in der einen oder anderen Art vermittelt wurden oder Sie diesen Schluss gezogen haben.

Wichtig: So verständlich das auch ist – geben Sie nicht „ihr" die gesamte Schuld an der Trennung. Und wenn doch, beschäftigen Sie sich zumindest parallel dazu damit, dass niemand gehen kann, der wirklich zu Ihnen gehört. „Sie" war vielleicht der Anlass, aber nicht der Grund. Die Beziehung sollte offenbar enden, sonst wäre das alles nicht geschehen.

Vergessen Sie trotz Ihrer verletzten Gefühle nicht, dass sicherlich auch Ihnen an der zerbrochenen Beziehung Verschiedenes nicht gepasst hat. Diese Tatsache wird angesichts des Schmerzes häufig völlig verdrängt. Es ist hilfreich sich störende Einzelheiten wieder in Erinnerung zu rufen.

Nutzen Sie unterstützende Kontakte oder bauen Sie sie auf.

Sehen Sie die Scheidung auch als Beginn eines neuen Lebensabschnittes mit vielen Chancen. Ich kenne Frauen, die erst „danach" zu ihrer wahren Berufung fanden, Hobbys entdeckten oder einen Mann trafen, der wirklich „ihr" Mann war.

Machen Sie einen Finanzplan. Wie viel benötigen Sie? Wie viel erhalten Sie? Wollen oder müssen Sie dazuverdienen? Gibt es „Hilfsquellen", die übergangsweise angezapft werden können (Eltern, Verwandte??).

Beschäftigen Sie sich mit Loslassen. Lesen Sie Bücher, machen Sie Abschiedsrituale oder setzen Sie ihn vor Ihrem inneren Auge in ein Boot, das langsam von Ihnen wegtreibt.

Bitten Sie die obere Regie um Hilfe und Führung. Schließlich ist Gott auch dafür da und es lohnt, ihn ein wenig zu motivieren.

Auch wenn es im Moment unmöglich erscheint – vielleicht war diese Scheidung notwendig, damit Sie auf Ihrem Weg zur glücklichen Frau ein ordentliches Stück vorankommen. Gehen Sie besonders liebevoll mit sich um und tun Sie sich bei jeder Gelegenheit gut. Ihre Tränen *werden* trocknen und Ihre Kraft *wird* zurückkehren. Es *gibt* ein gutes Leben auch ohne diesen Mann. Möglicherweise hat es gerade begonnen.

Nicht ohne diese „BASICS"

Es gibt einige Grundvoraussetzungen, ohne die es fast unmöglich ist, eine gute Partnerschaft zu führen. Natürlich liegen die Prioritäten bei Ihnen eventuell anders als bei Ihrer Freundin Irmi, aber so extrem werden sie nicht differieren. Vielleicht legt Irmi nicht so viel Wert auf das Teilen ihres Hobbys „Briefmarken sammeln" und Sie können damit leben, dass er nicht alle Möbel grün streicht so wie Sie. Aber dann gibt es ein paar allgemeine Basiseigenschaften, die zumindest sehr dabei helfen mit einem anderen Menschen gut auszukommen:

Kommunikationsbereitschaft

Welche Probleme Sie auch immer haben – solange Sie darüber so sprechen können, dass beide „zu Wort" kommen, haben Sie schon gewonnen. Hören und gehört werden ist *unerlässlich* für jede Gemeinschaft.

Wichtig: Machen Sie jeden Kompromiss, der Ihnen nötig erscheint – nur nicht in diesem Bereich! Denn wenn ein Mann nicht fähig ist, in Gesprächen auf Sie einzugehen, wird Ihre Unzufriedenheit immer größer werden. Weder gutes Aussehen, noch das Megakonto oder Jahrhundertsex können dieses Defizit ausgleichen. Und auch Ihr „Alleinesein" wird nicht durch einen Mann gemildert, der ständig unterbricht, nicht zuhört oder jedes Gespräch verweigert. Schweigen ist in Partnerschaften *nicht* Gold. Außer für den Fall, dass wirklich wichtige Dinge ausgespart bleiben und nur stundenlang um des Kaisers Bart geredet wird.

Ich hatte einmal eine Beziehung mit einem Mann, dem es mehr darum ging sich reden zu hören, als wirklich auf mich einzugehen. Ich war in jener Zeit oft traurig, weil meine Mutter an Krebs erkrankt war und niemand wusste, was die unmittelbare Zukunft bringen würde. Ich hätte es gebraucht, dass er mir zuhört, mich tröstet oder einfach in den Arm nimmt. Aber er tat nichts dergleichen, sondern hielt endlose Vorträge über den theoretischen Hintergrund einer Krebserkrankung. Er zitierte mit Feuereifer wissenschaftliche Studien und bemerkte dabei nicht, wie mir die Tränen herunter liefen. In diesem Fall war Reden nicht nur kein Silber, sondern einfach nur Blech.

Verlässlichkeit

Seien wir ehrlich: Es ist sehr angenehm, wenn ein Mann sagt, er ruft an und das auch tut oder wenn er Sie um drei Uhr abholen will und nicht ohne zwingenden Grund erst um zehn Uhr am Abend kommt. Das Gleiche gilt für Versprechen in Bezug auf Dinge, die erledigt werden sollten. Ich finde es auch bezaubernd, wenn ich mir nicht jedes Mal überlegen muss, ob das, was er nun sagt, die Wahrheit ist oder eine Lüge. Viele Frauen verfallen aber vorzugsweise den „bösen Buben" und leiden dann sehr unter deren Verhaltensweisen. Es ist ein absolutes Barometer für Ihre Selbstliebe, wenn die „Unzuverlässigen" immer mehr aus Ihrem Leben verschwinden. Dann hat ein weiteres altes Muster Sie verlassen.

Offenheit

Rätselraten kann lustig sein, um zehn Stunden Bahnfahrt hinter sich zu bringen oder die Wartezeit beim Arzt zu überbrücken. In einer Beziehung ist es eher mühsam, wenn einer aus seinem Herzen ein schweigendes Loch macht. Was denkt er? Was fühlt er? Wir wissen es nicht, weil er es uns nicht sagt. So verbringen wir viel Zeit und Geduld damit, es ihm doch irgendwie zu entlocken. Das ist anstrengend! Gott sei gedankt für einen Mann, der teilt – seine Gedanken, seine Gefühle und im idealen Fall sein Herz. Das gilt natürlich auch für *Sie*. Lassen Sie andere nicht durch drei Wüsten reisen und fünf Stahltüren aufbrechen, bevor sie an Ihrem Seelenleben teilhaben dürfen. Natürlich gibt es Gründe für so einen starken Schutzmechanismus. Aber sind diese heute wirklich noch gültig und sinnvoll?

Treue

Diese Tugend kann frau nicht einfordern und auch die Hand nicht für sich ins Feuer legen. Aber es ist doch ein netter Gedanke zärtliche Situationen exklusiv zu genießen. Überlegen Sie, ob Treue für Sie wichtig ist oder nicht. Aber wenn ja, dann stellen Sie das zumindest eindeutig klar.

Wichtig: Sie können Treue nicht verlangen, sondern nur leben. Das gilt auch für Ihren Partner.

Flexibilität

Es kommt jeder Beziehung und am allermeisten Ihnen selbst zugute, wenn Sie die Dinge nicht zu rigide angehen. Tun Sie also sich und Ihrem Partner einen Gefallen und befassen Sie sich mit Toleranz. Das bedeutet *nicht* Misshandlung in irgendeiner Weise zu dulden, sondern auf allzu starre Regeln zu verzichten.

Fähigkeit zur Selbstreflexion

Für eine Beziehung ist es wichtig sich selbst immer besser kennen zu lernen. Dafür ist es nötig, ehrlich auf die alten Wunden und auch in die eigenen „Abgründe" zu blicken. Sonst ist immer nur der andere „schuld" und Sie (oder er) das arme Opfer. Und Sie wissen es ohnedies: Darauf zu bestehen ein anderer sei schuld, ist die sicherste Methode eine Schwierigkeit für immer zu behalten. Tun Sie das sich und anderen nicht an, sondern übernehmen Sie die richtige (!) Verantwortung.

Ein ähnliches Weltbild

Vielleicht klappt es ja, wenn er politisch sehr „rechts" angesiedelt ist und sie eher links. Möglicherweise stört es Sie nicht, wenn er jeden Sonntag zur Jagd geht und Sie Tierschützerin sind. Aber ehrlich: Ich glaube das nicht. Natürlich lassen sich mit Toleranz viele Gegensätze überbrücken, aber wollen Sie das überhaupt? Ich habe festgestellt, dass es sehr förderlich ist, wenn die grundlegende Einstellung zum Leben, der Welt und dem Universum nicht zu stark auseinander geht. So rette ich zum Beispiel eine Spinne, weil ich sie als Wesen mit dem Recht zu leben betrachte und öffne für jede Fliege das Fenster. Wenn der Mann an meiner Seite sie zertreten würde, wäre das ein Stich in mein Herz, der in der Folge auch eine ungünstige Wirkung auf die Beziehung hätte. Tierliebe ist für mich also ein „Basic", ohne das es nicht geht.

Auch wenn Ihnen persönlich Spinnen völlig egal sind, haben Sie wahrscheinlich andere weltanschauliche Bereiche, die Sie mit ihm teilen wollen. *Das ist wichtig!*

Spüren Sie nach, ob es für Sie noch andere Basisvoraussetzungen gibt und achten Sie darauf. Eine diesbezügliche Übereinstimmung ist keine Garantie für eine glückliche Beziehung, aber sie gibt ihr auf jeden Fall mehr Chance eine solche zu werden.

Grundlegende Wahrheiten zur Partnerschaft

Ich liebe ja Sprüche, weil sie oft in kurzen prägnanten Worten genau das ausdrücken, worum es geht. Bei mir in der Praxis hat jeder die Möglichkeit auf den weißen Fliesen der Toilette Weisheiten zu lesen oder selbst zu hinterlassen. Sollten Sie einmal bei mir vorbeischauen, versäumen Sie es also nicht, diesem Ort einen Besuch abzustatten. Dort gibt es unter anderem zu lesen:

„Am glücklichsten wird die Beziehung von zwei Glücklichen"

Das heißt im Klartext: Finde heraus, wer du wirklich bist und wie du leben möchtest. Mach dir alte Verletzungen bewusst, die dein Leben heute noch ungünstig beeinflussen und tu alles, um sie zu heilen. *Du kannst das, auch wenn es schwierig ist.* Entdecke alte Muster, die dich klein halten und dir Mut und Kraft nehmen. *Du bist kein Opfer.* Und dann geh hin und mach dich selbst glücklich. Denn kein Mann der Welt (auch der beste nicht!) wird das für dich erledigen können.

Auch wenn Sie jetzt – so wie ich früher – aufstöhnen, ist diese Vorgangsweise trotzdem der beste Weg zu einem erfüllten Miteinander. Oder wollen Sie einen Partner, der so richtig von Herzen unglücklich ist? Viele Frauen mit Helfersyndrom begeistern sich bei der Vorstellung, dass nur *ihre* Liebe *ihn* retten kann. Dieses Szenarium klingt dann so: Immer war er ein Verlorener, ein Verdammter auf der Straße des Lebens. Keiner hat ihn je verstanden, niemand hat die wirkliche Tiefe seines Schmerzes erfasst. Und so fristete er sein Dasein: Im Herzen einsam, zutiefst unverstanden und – wenn Sie besonderes Pech haben – auch mit ständigem Jammern und Klagen. Aber dann trifft er *Sie*. Und Sie starten nun das große „Diesen Mann verstehen und erretten"-Programm. Sie geben ihm Unterstützung, Kraft und bei erneutem Pech auch Geld. Ihre Energie fließt ungebremst in seine Richtung – am Tag, in der Nacht und auch dazwischen. Denn Sie sind der Engel, der ihm endlich zeigt, was Liebe bedeutet. Und diese Liebe wird ihn für immer verwandeln. Davon sind Sie fest überzeugt, denn es gibt natürlich einiges, was im Moment noch nicht so passt: seine grenzenlose Egozentrik, die Unverlässlichkeit, der völlige Mangel an Einfühlungsvermögen und möglicherweise auch die ein oder andere Sucht. Sie geben und geben und hören auch dann nicht damit auf, wenn Sie schon am Boden liegen. Und das werden Sie, wenn Sie nicht beginnen sich selbst zu retten.

Ist es da nicht verlockend einem Mann zu begegnen, der einen Teil der Arbeit schon selbst erledigt hat? Der herausgefunden hat, wer er ist und was er will? Nämlich zum Beispiel Sie?

Wäre es nicht herzerfrischend einen Partner an der Seite zu haben, der sagt: „Das Leben ist schön. Aber mit dir ist es noch schöner"? Also mich lockt so ein Exemplar heute um vieles mehr, als einer, den ich vor sich selbst oder der Welt retten muss. Und ich will auch nicht mehr gerettet werden, sondern aus mir heraus glücklich sein.

Das Spiegelgesetz gilt immer. Wenn Sie sich also auf dem Weg zum Glück befinden, wird Ihnen auch ein Mann begegnen, der auf der gleichen Reise ist.

„Alles, was wir von einem Partner brauchen, ist, dass er „ja" zu uns sagt und nicht „ja, aber"

Im Klartext: „Ich weiß, dass es immer ein Abenteuer ist, sich auf einen anderen Menschen einzulassen. Aber ich gehe dieses „Risiko" ein, weil ich dir nahe sein will. Und ich werde in dieser Beziehung das Beste geben, das mir möglich ist."

Wie sieht wohl eine Partnerschaft aus, wenn beide diese Grundeinstellung haben?

„Was wirklich zu dir gehört, das kannst du nicht verlieren. Und was nicht (mehr) zu dir gehört, kannst du auf Dauer nicht festhalten."

Ja, ja, ja. Lassen Sie gehen, was gehen möchte. Oder wollen Sie wirklich mit jemandem zusammen sein, der das nicht will?

„Liebe macht die Wangen rot"

Tut Ihre Liebe das oder rötet sie hauptsächlich Ihre Augen? Natürlich gibt es Krisen und auch Probleme. Aber unter dem Strich ist Liebe etwas, das die *Freude* vermehrt. Vermehrt sich das Leid, ist es keine Liebe, sondern ungesunde Verstrickung, Abhängigkeit, Nicht-loslassen-Können, zerstörerische Dynamik von Opfer und Täter, scheinbar unentrinnbare Machtspiele, ein ewiges Wiederholen von Kindheitsmustern …

„Die Wahrheit befreit"

Das heißt nicht, dass Sie es ihm sofort sagen müssen, wenn Ihnen sein neuer Pullover nicht gefällt. Aber es bedeutet:

„Ich tue mein Bestes, um Rollen abzulegen und immer authentischer zu werden. Ich sehe genau hin, ob ich bisher in einer Lebenslüge gelebt habe und stelle mich den Dingen, wie sie wirklich sind. Dadurch werde ich immer ehrlicher zu mir selbst und auch zu dir. Dieses verständnisvolle Hinschauen macht mich toleranter und liebevoller. Dadurch entsteht ein Klima von Akzeptanz, in dem es auch dir leichter fällt authentisch zu sein."

„Man sollte nie um etwas kämpfen, was nur als Geschenk wirklichen Wert hat"

Liebe *ist* ein Geschenk. Sie können sie hegen, pflegen und Ihr Bestes dazu tun, dass sie immer mehr gedeiht. Aber niemand kann sie erzeugen oder festhalten. Sie müssen also nicht fünfzig Kopfstände machen, um einen bestimmten Menschen dazu zu bringen sie zu lieben. Es ist sehr anstrengend und funktioniert nicht. Diese Erkenntnis entlastet ungemein.

„Ob ein Mensch dein Vertrauen verdient, kannst du nur herausfinden, wenn du so mutig bist, es ihm zu geben"

Es ist ein Akt von Selbstliebe *nicht* sofort jedem Fremden tiefes Vertrauen entgegenzubringen. Aber wenn Sie sich dazu entschließen einem anderen näher zu kommen, dann geht es nicht ohne einen gewissen Vorschuss. Denn sonst gleichen Sie der Frau, die zwar ins Wasser möchte, aber sich nicht nass machen will. Seien Sie sensibel, beachten Sie etwaige Warnsignale und hindern Sie unliebsame Subjekte daran, ihr Herz immer wieder mit einem Messer zu durchbohren. Aber wenn diese aussortiert sind und die innere Stimme grünes Licht gegeben hat, vertrauen Sie. Und vertrauen Sie auch sich, dass Sie damit umgehen können, wenn Ihr Vertrauen trotzdem gebrochen wird.

EIN LIEBENDER GOTT, DER GERNE LACHT

Was löst das Wort „Gott" bei Ihnen aus? Bei mir war das früher Ablehnung. Ich betrachtete ihn (falls er überhaupt existierte) als eine Instanz, die Regeln erstellt hatte, mit denen er nun die ganze Welt knechtete. Außerdem war er offenbar auch noch inkompetent, wie die Verhältnisse landauf und landab zeigten. Kurz: Ich fing mit Gott nichts an. Eine vorsichtige Annäherung begann erst, als mein Leben durch den Unfall und seine Folgen völlig aus der Spur kippte und nichts mehr so war wie zuvor. Auf der Suche nach dem möglichen Sinn des Ganzen fand ich ihn immer wieder auf meinem Weg. Und langsam, aber stetig wuchs die Beziehung zwischen uns. Natürlich bestand diese „Verbindung" immer, weil ich als Teil von Gott ja gar nicht „weg" konnte. Aber wie so vieles hatte ich auch das „vergessen". Wir haben jetzt eine tolle Freundschaft und ich kann Ihnen versichern, dass er kein miesepetriger, strenger Kleingeist ist, der nur darauf lauert, dass Sie einen Fehler begehen. Er ist ein absolut netter Typ und lacht für sein Leben gerne. Natürlich lacht er uns nicht aus, sondern sorgt über die Seele dafür, dass wir immer wieder hilfreiche Impulse zum Erinnern bekommen.

Auf dem Weg zur glücklichen Frau wird mit großer Wahrscheinlichkeit eines Tages der Bereich „Spiritualität" Ihren Weg kreuzen. Was auch immer Sie nun darunter verstehen – im Prinzip geht es darum, wie frau das Leben so leben kann, dass die Freude mehr und der Schmerz weniger wird. Wenn mir jemand die Aufgabe stellen würde nach allen meinen Erfahrungen einen einzigen Spruch auszuwählen, der Empfehlungen für ein gutes Leben enthält, wäre das folgender:

> **„Bleib dir selber treu.**
> **Behandle andere so, wie du behandelt werden möchtest**
> **und tu alles, um dich glücklich zu machen."**

Damit ist eigentlich so ziemlich alles gesagt, wobei immer eine Zeile auf der anderen aufbaut und die dritte unter der Voraussetzung der ersten beiden zu verstehen ist. Wenn ich die Weisheit wieder einmal irgendwo von mir gegeben habe, ernte ich oft entsetzte Blicke und höre folgende Aussagen: „Also, das geht doch wirklich nicht. Was heißt ‚alles tun, um mich selbst glücklich zu machen?' Das wäre ja zu einfach. Wenn das jeder täte – wo kämen wir denn da hin??" Ja, wo kämen wir da hin? Das kann ich Ihnen sagen: Wenn es Ihnen so richtig gut geht, sind Sie voll Harmonie und Zuversicht. Sie sind mit sich im Gleichgewicht und auch wenn Sie nicht immer weiter wissen, so kennen Sie doch die Richtung. Sie sorgen gut für Seele und Körper und spüren ganz genau, wie Sie – in gesunder Weise – frische Energie bekommen. Sie haben langsam, aber stetig alte Muster verabschiedet, die Ihnen nicht förderlich waren und Schmerzen der Vergangenheit sanft losgelassen. Sie haben noch immer schwere Zeiten und Krisen, aber nicht mehr so ewig lange. Und sie verstehen immer schneller, was ein „negativer Zustand" Ihnen sagen will. All das hat dazu geführt, dass Sie für sich selbst Mitgefühl und Hochachtung empfinden. Ihr Herz ist nun wieder offen, obwohl es vielleicht lange Zeit aus gutem Grund verschlossen war. Daher fließt Liebe für Sie selbst, aber auch Wärme für andere. Tja, meine Lieben – genau dort kämen wir hin, wenn jeder den obigen Spruch für sich in die Tat umsetzen würde. Würde das nicht nur Ihnen gut tun, sondern auch dazu beitragen, dass es einfach netter hier wäre – was meinen Sie?

Natürlich gehört zur Definition von Spiritualität auch der Ausspruch „Spiritualität heißt, sich aufmachen in eine Welt ohne Angst". Also das wäre doch auch etwas, oder?

Über den spirituellen Weg sind viele Ideen, Vorstellungen und Regeln im Umlauf. Ich möchte Sie wie immer von Herzen ermutigen auch hier Ihren *ganz persönlichen* Weg zu finden. Denn bei der Auseinandersetzung mit religiösen oder esoterischen Lehren gibt es kein „Richtig" oder „Falsch". Das einzige Auswahlkriterium ist: Fühlt es sich gut an? Löst sich fast augenblicklich ein Druck von meiner Brust? Fühle ich mich gestärkt, getröstet und besser gerüstet für das tägliche Leben? Hilft mir der Weg Blockaden wegzuräumen, die mich daran gehindert haben, Liebe und Wärme zu empfinden? Und schließlich: Bindet mich dieser Weg an einen Religionsführer, Guru, eine bestimmte Lehre oder strenge Verhaltensweisen, die dafür sorgen, dass ich mich „klein" oder verängstigt fühle? Es ist vollkommen in Ordnung in spirituellen Dingen Orientierung zu suchen. Aber hören Sie dabei immer auf die Stimme Ihres Herzens, die Ihnen zart, aber verlässlich mitteilt, ob ein bestimmter Weg für *Sie* der richtige ist oder nicht. Spüren Sie auch nach, ob Sie sich in einer Gemeinschaft besser aufgehoben fühlen oder wie ich lieber „unabhängig" unterwegs sind. Ich habe festgestellt, dass ich in jedem Augenblick vollkommen frei von jeder Lehre oder Regel entscheiden möchte, was für mich passt. Und in den meisten Gemeinschaften gibt es Voraussetzungen, Rituale, Übungen oder Vorgaben, was „geht" oder was „nicht geht."

Ich bin fest überzeugt, dass Gott (oder die Göttin) jederzeit für jede(n) zu sprechen ist. Sie müssen sich nicht anmelden, einen gewissen Termin einhalten oder eine bestimmte Vorgehensweise wählen. Der Kontakt ist auch nicht an einen bestimmten Ort gebunden, sondern kann überall stattfinden.

Wie ich schon in meinem Buch „So lerne ich mich selbst zu lieben" geschrieben habe, halte ich Gott in diesen Dingen für völlig unkompliziert. Und meiner Meinung nach bevorzugt er nicht Christen, Juden oder Moslems. Sein Herz gehört auch nicht nur den Buddhisten, den Hindus oder *irgendeiner* anderen Religionsgemeinschaft. Gott sieht das nicht so eng. Und deshalb soll eine Gruppe Ihnen Geborgenheit geben und nicht den Zugang zu ihm oder ihr mit strengen Verhaltensmaßnahmen regeln.

Wichtig: Der Weg zu Gott ist immer ein Weg in die Freiheit. Auch wenn Sie weiterhin mit Herausforderungen konfrontiert sind und keinesfalls alle Schwierigkeiten sich in Luft auflösen, werden Sie doch von der Grundstimmung her ruhiger und fröhlicher. Der alte Ausspruch, dass man „sich das Himmelreich erleiden" muss, trifft auch nicht zu. Und wer glaubt, dass „der Weg zu Gott über Leid führt, hat nichts über diesen Weg verstanden". (Zitat von Gott selbst aus N. D. Walsh' „Gespräche mit Gott")

„Der Erleuchtung ist es egal, wie du sie erlangst"
(T. Golas)

Erleuchtet sein bedeutet: Die ewige Glückseligkeit erlangen, den Ausstieg aus dem karmischen Rad (= Sie müssen nicht mehr Ihre „vergangenen Sünden" abarbeiten), das Eingehen ins Nirwana und damit das Ende von Qual und Schmerz. Bildlich gesprochen sitzen wir dann zur Rechten Gottes und spielen damit in der obersten Liga. Es ist wahrlich kein Wunder, dass spirituell interessierte Menschen geradezu danach dürsten, diesen Zustand zu erreichen. In einer Buchhandlung sah ich einmal eine Seminarankündigung „In sieben Tagen zur Erleuchtung" und weiter „Aufstieg zum Meister in drei (!) Tagen". Na ja, also toll. Diese Aussagen suggerieren, dass Sie nur Zeit und Geld aufbringen müssen, um an den Veranstaltungen teilzunehmen und es ist ein für allemal Schluss mit dieser mühsamen Strampelei im ewigen Fahrrad. In esoterischen Kreisen geht es immer wieder darum, wie diese geheimnisvolle Erleuchtung denn nun zu erlangen ist. Die einen meinen, dafür müsse frau nur eine bestimmte Ernährungsform einhalten, drei Mal am Tag meditieren oder sexuell enthaltsam leben. Die anderen sehen es als Voraussetzung an, einem Guru nachzufolgen und dessen oft strenge Regeln zu befolgen. Und wieder andere sind überzeugt davon, dass der oberste Boss nur einigen Auserwählten diese Ehre zuteil werden lässt. Mit solchen rigiden Vorstellungen, die in spezieller Form sowohl in etablierten Religionen als auch in Esoterikgemeinschaften vorkommen, hatte ich immer meine Probleme. Ich konnte mir beim besten Willen nicht vorstellen, dass Gott jemand von diesem Superzustand Erleuchtung ausschließt, der seine Meditationsübungen einmal vergessen hat, in schwachen Augenblicken den Mann der nächsten begehrt oder gar der „falschen" Gemeinschaft angehört.

Demnach hätte auch keiner eine Chance, der seine Mitmenschen nicht bedingungslos liebt (und zwar jeden und immer!), hie und da in der Fastenzeit lacht oder bei gegebener Gelegenheit ein wenig Aggression zeigt. Der gelernte Esoteriker lächelt. Und auch noch dann, wenn es – bei Gott! – einfach beim besten Willen nichts zu lächeln gibt. Der Christ hält dann die andere Wange hin, nur der Moslem reagiert auf der Basis „Aug' um Aug', Zahn um Zahn". Also was jetzt?

Das gängige Konzept der Erleuchtung ist eigentlich recht unfreundlich gegenüber uns Normalsterblichen. Was Spaß macht, ist verboten oder sollte zumindest unterlassen werden, menschliche Regungen wie gesunder Zorn sind unerwünschtes Verhalten und Sexualität *ist* nicht. Oft sind gerade Frauen von Glaubenssätzen blockiert, die ihre Wurzeln darin haben, dass Sex eigentlich „schlecht" ist. Oder zumindest auf keinen Fall „gut". Irgendwie wurde von Religionen aber durchaus auch in der Esoterik vermittelt, dass Sexualität nichts ist, was ein „anständiger Mensch" einfach so genießt (natürlich nur, wenn die Umstände danach sind …). Im Gegenteil. Lust ist anrüchig, ein wenig ordinär und kommt aus der dunklen Ecke der Seele. Auf jeden Fall ist sie zu „irdisch" und bindet an die Materie (= unerwünscht!!). Wer sich also auf der Straße ins Nirwana befindet, ist gut beraten, diese „niedrigen Schwingungen" ein für allemal hinter sich zu lassen. Da sind sich die meisten spirituellen Richtungen einig. Und weil Sie schon einmal dabei sind, sollten Sie auch gleich Ihr „Ego" entsorgen samt Ihren Gefühlen, Wünschen und Hoffnungen. Nur dann sind Sie *eventuell* würdig erleuchtet zu werden. Und so tun spirituell Suchende „ihr Bestes", ihre Gefühlswelt zu verdrängen, aggressive Regungen zu unterdrücken und sexuelle Wünsche zu „sublimieren" oder zu „transformieren". Und das arme Ego wird weggedrückt, verleugnet und gering geschätzt. Wer das nicht so wirklich schafft, fühlt sich schuldig oder als Versagerin.

Ach Mädels, so funktioniert das nicht. Damit wird eine schöne Sache wie die Spiritualität zu einem weiteren Werkzeug sich unter Druck zu setzen und schlecht zu fühlen.

Ich werde jetzt einmal darlegen, wie ich das sehe: Ein Moment der Erleuchtung bedeutet für mich zu erkennen, wie die Dinge *wirklich* sind. Aus irgendeinem Grund hebt sich der Schleier, der normalerweise zwischen uns und der Wahrheit liegt, und wir *sehen* all das, was wir „vergessen" haben. Und das ist meiner Meinung nach Folgendes:

- Es gibt zwei Ebenen der so genannten „Realität":

Ebene 1 ist das, was *ist* – unabhängig davon, was wir glauben oder auch nicht. Auf dieser Ebene ist jede(r) von uns ein göttlicher Funke und daher vollkommen, ewig und unzerstörbar. Unser wahres Wesen in diesem Sinne ist Liebe und zwar nur Liebe. Hier sind wir auch mit allen anderen göttlichen Funken und naturgemäß auch mit dem Boss selbst verbunden. Das ist damit gemeint, wenn es heißt, dass niemand von uns je alleine ist. Und das bedeutet auch, dass wir bereits erleuchtet *sind* und es vergessen haben. Wir können gar nichts anderes sein, weil das eben das ist, was wir nun einmal sind. Hier gibt es keine Zeit, nur die Ewigkeit. Natürlich ist ewig sehr, sehr lange und keine(r) von uns kann sich das wirklich vorstellen. Aber ist der Gedanke, dass es Sie schon immer gegeben hat und immer geben wird, nicht auch irgendwie toll?

Der oft anstrengende Weg jedes Einzelnen ist somit ein Wegräumen von Blockaden, die verhindern, dass wir uns an all das *erinnern*.

Ebene 2 ist das, was für uns in *diesem* Leben wirklich ist.

Hier gibt es ein „Ego" (und das ist auch gut so – denn auf der Erde sind wir „getrennt" und irgendwer muss ja dafür sorgen, dass wir zu essen haben und die Miete zahlen) und es ist eine unbestreitbare Tatsache, dass wir manchmal „alleine" sind. Auf dieser Ebene haben wir auch Gedanken und Gefühle. Sie beeinflussen nicht das, was wir auf Ebene 1 sind – also unser wahres Wesen – aber sie haben große Auswirkungen auf unser Leben „hier".

- Auf Ebene 1 gibt es keinen „Sinn". Deshalb ist es aber auf Ebene 2 doch nett, wenn wir einen für uns finden. Und dabei können wir genau den auswählen, der uns sympathisch ist.

- Ob wir Liebe fühlen und ausdrücken, ist für Ebene 1 unerheblich, denn wir *sind* Liebe, aber für Ebene 2 macht es einen großen Unterschied. Das kann jede(r) bezeugen, der schon beides probiert hat.

Der Teil, den ich nie ganz verstanden habe, ist der, dass ich nicht weiß, warum wir uns das alles eigentlich „antun". Stellen Sie sich vor, Sie leben als Liebesfunke und noch dazu göttlich im ewigen Meer der Glückseligkeit. Was um alles in der Welt hat Sie und uns andere dazu bewogen dieses nette Ambiente aufzugeben und auf der Erde herumzuwandeln? Nicht, dass es hier so entsetzlich wäre, aber verglichen mit unserer wahren Heimat ist es doch ein wenig anstrengend. Die Erklärungen, die sich dafür finden, haben mich auch nicht wirklich befriedigt: „Wir sind hier, um Erfahrungen zu machen." Ach so? Na ja, gegen die schönen hat ja – bei Gott – keiner etwas, aber wie ist es mit Leid und Schmerz?? So nach dem Motto: Tausche ewiges Glück gegen Dorn im Fleisch? Das klingt ja wie die Beschreibung aus einem Handbuch für Masochisten. Oder: „Gott wollte sich selbst erfahren." Äh? War ihm etwa sterbenslangweilig in seiner perfekten Welt oder ist er einfach ein wenig boshaft? Letzteres glaube ich auf keinen Fall, aber die Antwort auf meine Frage bleibt damit immer noch offen.

Ich habe das für mich so gelöst: Aus irgendeinem Grund haben wir uns dafür entschieden, in diesem Stück „Leben auf der Erde" mitzuwirken. Ich bin sicher, dass meine Seele ihn kennt, auch wenn mein bewusster Verstand das nicht tut. Wichtig für mich ist, dass ich immer öfter im Gewahrsam *beider* Ebenen lebe. Das heißt: Ich lasse im Alltag „mitlaufen", dass ich in Wirklichkeit das bezaubernde Liebeswesen von Ebene 1 bin, das aber auf Ebene 2 trotzdem einiges zu tun hat. So muss ich mich um meinen Lebensunterhalt kümmern, mit dem Hund Gassi gehen und täglich Zähne putzen. Daneben kann ich aber auch heftig mit den „Gesetzen" experimentieren, die hier herrschen, zum Beispiel, dass wir mit der Macht unserer Gedanken, Gefühle und Vorstellungen große Teile dieser „Realität" gestalten. Nicht alles davon bewusst, aber eine Menge mehr, als uns klar ist. Also nehme ich die Herausforderung an und probiere auf Teufel komm raus, mir „bessere" Bedingungen zu schaffen als bisher.

Auf 2 habe ich nämlich „Fehler", seufze unter Liebeskummer, muss mich mit mangelndem Selbstwertgefühl herumschlagen, führe schwierige Beziehungen, lebe noch zu sehr nach den Vorstellungen meiner Eltern oder leide an einer Krankheit. Das alles ist hier für mich Wirklichkeit, obwohl es meine „echte" Existenz auf Ebene 1 überhaupt nicht berührt.

Ein weiteres Gesetz ist, dass wir uns umso wohler fühlen, je mehr wir uns an unsere wahre Natur „erinnern" bzw. für möglich halten, dass alles, was wir als Frau X erleben, letztlich ein selbst gewähltes Spiel ist. Diese Erkenntnis nimmt uns im besten Fall die Tragik, mindert das Drama und schärft unseren Sinn für Humor.

So ist der spirituelle Weg in Wirklichkeit ein *Erinnerungsprozess* und kein Lernprozess. Aber natürlich empfinden wir es meist so, dass wir etwas zu „lernen" haben.

Erleuchtet zu sein bedeutet für mich also zu wissen und zu *spüren* (wissen alleine nützt wie immer gar nichts!), dass ich als Teil der Ebene 1 vollkommene Liebe bin, aber gleichzeitig hier auf Ebene 2 eine bestimmte Rolle gewählt habe. So wie eine Schauspielerin, die im wahren Leben gutmütig ist und auf der Bühne eine Furie spielt. Sie *ist* nicht die Furie, aber für die Dauer des Stückes eben schon. Tiefe Lebensfreude beziehen Sie also daraus, dass Sie Ihr Spiel zwar ernst nehmen, aber auch wieder nicht zu ernst. Natürlich wollen Sie „eine gute Furie" sein, wenn Sie sich zu dieser Rolle entschlossen haben. Aber im Inneren wissen Sie, dass Ihr wahres Wesen – in dem Beispiel die gutmütige Schauspielerin – davon überhaupt nicht berührt wird.

Erleuchtet zu sein heißt in diesem Bewusstsein zu leben.

Ich hatte einmal ein Erlebnis, das dem sehr nahe kam. Etwas angespannt saß ich im Stuhl des Zahnarztes. Dieser Marterer ist in dem Leben mein Bruder, aber das macht den Aufenthalt dort gewöhnlich auch nicht lustiger. Ich hatte die Augen geschlossen, denn frau muss ja nicht jedes Instrument in seiner grausigen Deutlichkeit sehen. Die Lampe schien auf meinen geöffneten Mund und ich hoffte auf baldige Erlösung. Plötzlich veränderte sich die Szenerie. Das Licht der Lampe dehnte sich aus und hüllte mich komplett ein. Meine Augen waren immer noch geschlossen, aber ich konnte es trotzdem „sehen". Und dann fühlte ich unendliche Liebe, wie ich sie nie zuvor gespürt hatte und einen unglaublichen Frieden. Damit verbunden war die tiefe Gewissheit, dass alles gut ist, so wie es ist.

Ich wusste in jedem Augenblick, wo ich mich befand, hörte die Geräusche der Praxis und kam auch der Aufforderung „ausspülen" nach. Aber der Zustand war so wundervoll, dass mir die Tränen kamen und ich nicht wollte, dass er aufhört. Irgendwann war die Behandlung zu Ende und ich musste „zurück". Ich weiß noch heute, wie großartig ich mich noch Stunden danach gefühlt habe. Das Liebesgefühl erstreckte sich auf jeden Menschen und auf die ganze Welt. Das klingt hochtrabend und abgehoben, aber genau so war es. Ich habe das wundervolle Gefühl wieder „verloren", aber ich erinnere mich dennoch, wie seltsam ruhig und gleichzeitig einzigartig es war.

Die schönsten Bücher, die ich zu diesem Thema gelesen habe, sind von der deutschen Autorin Barbara Vödisch („Einfach sein") und der Amerikanerin Brandon Bays („In Freiheit leben"). Diese beiden berichten, wie das Leben verläuft, wenn dieser Zustand nicht mehr „verloren" geht.

Nach ihrer Schilderung ist nichts daran spektakulär. Keine lebt in einer Höhle oder hat sich vom Alltag abgewandt. Sie arbeiten, führen ihr Privatleben, haben Vorlieben und Hobbys. Emotionen und Gedanken kommen, werden gespürt und gehen wieder. Aber jenseits von äußeren Turbulenzen gibt es diese ständige Gegenwart von Frieden als Ausdruck unseres wahren Wesens – ewig, unantastbar und vollkommen selbstverständlich.

Was bedeutet das ganz praktisch für Ihr Leben?

1. Wenn Ihr wahres Wesen unzerstörbare, ewige Liebe ist, können Sie sich von Druck entlasten und das Leben ein wenig lockerer angehen. Versuchen Sie einfach dieses oder jenes und wenn es nicht zu befriedigenden Ergebnissen führt, probieren Sie etwas Anderes.

2. Den Tod gibt es nicht. Er ist das Ende dieses Spiels, aber nicht das Ende Ihrer Existenz. Sie waren immer und werden immer sein. Sehr wahrscheinlich haben Sie auch schon „mehrere" Leben auf der Erde und auch anderswo verbracht. Streng genommen bedeutet das: Schluss mit Hektik (sie haben alle Zeit der Welt), Sie können nichts versäumen (wenn nicht jetzt, dann ein andermal) und vielleicht am wichtigsten: Sie müssen sich nie wirklich von jemandem verabschieden, weil Sie einander bei nächster Gelegenheit ohnedies wiedersehen. Denn auch der geliebte Mensch ist ewig und „wartet" daher an der Ecke in einer anderen Dimension. Oder wie

die Gegend halt dort heißt. Möglicherweise haben Sie sich ja auch ausgemacht, dass Sie noch einmal zusammen auf der Bühne stehen. Dann gibt es ein Wiedersehen im „nächsten" Leben. Vielleicht haben Sie dann die Rollen anders verteilt und einer der in diesem Leben ihren Mann „gespielt" hat, gibt das nächste Mal den Vater. Oder sie kommen noch einmal als Liebespaar zusammen, weil noch ein paar nette Erlebnisse offen sind. Wer weiß.

3. Sie können die „Erleuchtung" nicht anstreben oder durch bestimmte Übungen forcieren. Sie werden sich „erinnern", wenn die Zeit da ist, denn da ist ja auch nichts, was angestrebt werden kann. *Sie sind bereits erleuchtet* und das, was Sie „suchen", ist schon existent. Stressen Sie sich also nicht mit Vorgaben, die Sie „vorher" unbedingt erreichen müssen und plagen Sie sich nicht mit Schuldgefühlen, wenn eine bestimmte Übung einmal ausfällt, Sie sich einer Völlerei oder einem anderen vermeintlichen Laster hingeben oder Sie sonst irgendwie nicht „spirituell" genug waren. Vielleicht haben Sie nach dem Fressgelage Bauchschmerzen oder der Jemand, den Sie im Rahmen eines Zornausbruches angeschrieen haben, wird ebenfalls laut. Aber das hat keinerlei Einfluss auf Ihre „Erleuchtung".

Meditation oder andere Praktiken sind hilfreich, wenn es darum geht in die Stille zu gehen. Aber wer meditiert, um schneller ins Nirwana zu gelangen, wird wahrscheinlich enttäuscht werden. Ich habe auch bei manchen spirituell Interessierten eine Art Hochmut festgestellt. Da geht es darum, wer schon „weiter" ist oder eine „bessere" Methode anwendet. Machen Sie da nach Möglichkeit nicht mit. Es erhöht den Stress und bringt gar nichts.

Erleuchtungsversprechen von Organisationen, deren Seminare Sie buchen sollen, sind als das zu bewerten, was sie sind – befremdlich! Das, was unter Erleuchtung verstanden wird (in Wahrheit sind Sie es ja schon immer gewesen!) bzw. die Erinnerung daran, geschieht. Und es gibt keine gültige Anweisung. Fragen Sie daher bei diesbezüglichen Angeboten immer Ihre innere Weisheit, bevor Sie „zugreifen".

4. Lieben Sie sich selbst, tun Sie sich Gutes und räumen Sie Blockaden zwischen Ihnen und dem Glücklichsein so gut es geht weg. Dann sind Sie Ihrem natürlichen Zustand am allernächsten.

„Sag nein zum Leid – liebe!"

Jede(r) von uns will geliebt werden und dieser Wunsch ist die stärkste Motivation für das Meiste, was wir tun oder unterlassen. Wird die Sehnsucht nach Liebe enttäuscht oder nicht erfüllt, entsteht Angst, Verbitterung, Groll, Hass, Depression oder Krankheit.

Wenn Sie sich ein beliebiges „Problem" ansehen, werden Sie erkennen, dass es in der einen oder anderen Form immer um Liebe oder Wertschätzung geht. Jeder Konflikt, jede Missstimmung, jeder Vorwurf von Kindern an ihre Eltern und *jede* andere mitmenschliche Schwierigkeit lässt sich im Prinzip auf eine Frage reduzieren: *„Wie wichtig bin? Werde ich genug geliebt?"* Es ist dabei völlig unerheblich, ob es sich um private oder berufliche Beziehungen handelt. Das Zauberwort heißt je nach Kontext Wertschätzung oder Liebe.

In Wahrheit steckt hinter jedem Krieg, jedem Verbrechen und jeder Unmenschlichkeit die Tatsache, dass irgendwann irgendjemand als nicht wichtig genug angesehen wurde oder wird. Ein empfundenes Defizit an „Liebe" und die Frustration darüber haben also weit reichende Folgen.

Auf der verzweifelten Suche nach Linderung meiner Beschwerden wurde ich immer wieder damit konfrontiert, dass Liebe angeblich die Lösung für alles sei. Mit Liebe würden meine Panikzustände verschwinden, die Depressionen enden, die Migräne sich verziehen, die Hautausschläge abheilen, Schlaflosigkeit für immer der Vergangenheit angehören und

Lebensfreude aus jeder meiner Poren quellen. Und *alle* meine anderen Probleme würden sich auflösen. Ja, solch eine unglaubliche Macht hätte diese Liebe. Alles, was ich dazu nötig hätte, wäre 1. sie zu empfinden und 2. von ihr umgeben zu sein. Für mich war das immer eine schreckliche Anforderung. Offenbar war der Ausweg aus allem Leid so nah, so greifbar, aber ich *kapierte* einfach nicht, wie ich diese „Liebessache" angehen sollte. Es hieß zwar immer, dass Liebe angeblich unser natürlicher Zustand sei, aber damit fing ich schon gar nichts an. *Mein* natürlicher Zustand war schreckliche Angst, Hoffnungslosigkeit und körperliche Beschwerden. Und sollte es mir je gelingen daraus zu entkommen, war vorher auf jeden Fall massive Anstrengung nötig. Ich musste etwas dafür leisten, einen höheren Bewusstseinszustand erreichen, ein besserer Mensch sein. Außerdem musste ich anders essen, anders denken, anders fühlen und mich anders verhalten. Ich musste anders *sein,* dann würde dieser gnadenreiche Zustand unter Umständen in meine Reichweite kommen. Das Dilemma war nun folgendes: Einerseits glaubte ich, dass Liebe irgendwie die Lösung war, andererseits sah ich null Chance, dass ich jemals so „weit" kommen würde. Und damit ergab sich *die* aussichtslose Situation schlechthin: damit es mir besser ging, musste ich lieben bzw. mich darauf besinnen, dass ich Liebe bin. Und genau davon war ich meilenwert entfernt. Um ehrlich zu sein, wusste ich nicht einmal, was damit eigentlich gemeint war. Was um alles in der Welt bedeutet es, wenn es hieß: „Was heilt, ist die Liebe." oder „Lieben heißt die Angst verlieren."? Wie kam ich in diesen Zustand, was musste ich dazu tun, was musste ich unterlassen? Wann war ich „spirituell" genug, hatte mein Bewusstsein ausreichend „erweitert" und war damit „würdig", endlich dieses wahre Liebeswesen in mir zu spüren? Und wenn es dafür Regeln gab, warum zum Teufel kannte ich sie nicht??

Auf meinem Weg des „Erinnerns" stieß ich auf die Bücher von Werner Ablass, („Leide nicht – Liebe!" und Folgebände). Die Grundaussage ist folgende:

Mit Liebe ist nicht die romantische Liebe gemeint, sondern ein Zustand, in dem alles, was ist, mit liebenden Augen betrachtet wird – andere Menschen und Situationen, aber auch *jeder* Aspekt der eigenen Persönlichkeit. Diese Art der Liebe heißt *Agape* – die Liebe ohne Objekt. Ich habe es ja nicht so mit den Fremdworten, aber dieses ist schön und bedeutet: die ewige, unzerstörbare Energie, aus der alles geformt ist. Sie, ich, der Herr Alfred aus dem Supermarkt, mein Hund und das Universum. Noch einmal zur Wiederholung: Sie sind Liebe, ganz egal, wie sich Ihre Person im Moment darstellt und können daher auch nichts anderes sein als Liebe. Wenn Sie das vergessen haben, dann befinden Sie sich im „Agape-Zustand auf Distanz". Was nichts an Ihrem ursprünglichen Wesen ändert.

Es geht nun darum in diesen „Liebeszustand" verliebt zu sein. Dafür brauchen Sie nicht den Traummann (obwohl es natürlich weiterhin sehr nett ist, wenn er auftaucht!), sondern nur den „Blick mit liebenden Augen" auf sich und diese Welt.

Wenn Sie diese besondere Art zu schauen im Moment noch nicht schaffen, dann lieben Sie sich eben dafür, *dass* Sie es nicht schaffen. Sie könnten also zu sich sagen: „Auch wenn ich jetzt Angst habe, zornig bin, mich unattraktiv fühle, nicht loslassen kann – liebe ich mich trotzdem." Versuchen Sie nicht es zu *empfinden,* sondern sagen Sie es einfach nur.

Wichtig: Es geht nicht darum von einem negativen in einen positiven Zustand zu wechseln. Das funktioniert meist ohnedies nicht so rasch, sondern Sie lieben sich für das, was im Moment *ist.* Sie kämpfen also nicht gegen die unerwünschte Verfassung, verdrängen sie oder drehen sie ins Positive, sondern betrachten sie mit Liebe.

Das schreibt sich natürlich wieder leichter in den Computer, als es umzusetzen ist.

Wie stelle ich es an, etwas mit Liebe zu betrachten, das ich ins Pfefferland wünsche? Üben Sie und üben Sie immer wieder! Ich habe zu meiner großen Überraschung festgestellt, dass es gar nicht so schwierig ist, wie ich dachte. Manchmal hat sich ein unliebsamer Zustand oder eine belastende Situation relativ schnell entkrampft, ein anderes Mal tat sich gar nichts.

Das ist vollkommen in Ordnung. Sie können sich zum liebenden Blickwinkel nicht zwingen, aber Sie können ihn durch Übung möglicher machen als vorher. Denn vergessen Sie nicht: Diese Art auf die Welt zu schauen ist ihr „normales" Sehverhalten, das durch dies und das blockiert ist. Es gibt eigentlich nichts zu tun, sondern nur etwas zuzulassen. Also kein Stress!

Und wenn Sie beim Lesen dieses Textes zornig werden, dann lieben Sie sich eben dafür. Sie tun das nicht, weil Sie edel sind oder mit dem ewig lächelnden „Licht und Liebe"-Virus infiziert sind, sondern weil es sich einfach besser anfühlt! Und zufälligerweise ist ein liebendes Auge auch das, was jede unerwünschte Verfassung oder Situation ohnedies am dringendsten braucht.

Grundsätzlich gibt es nur zwei Zustände, in denen wir uns befinden können: „Liebe fließt" oder „Liebe ist blockiert", wobei „Liebe fließt" eben unser natürlicher Zustand ist.

Viele von uns haben nun in diesem Fluss große Problemmauern errichtet. Eine Weile kann das Wasser die Hindernisse umfließen, dann wird es sich „stauen". Wie entfernen Sie nun diesen Stau? Am besten gar nicht, denn das würde viel Arbeit bedeuten und unter Umständen durch die Beschäftigung mit dem Hindernis dieses noch größer machen. Die Lösung heißt: die Staumauer nicht weiterzubauen *und* den ungehinderten Fluss des Liebeswassers aber auch nicht als Bedrohung zu sehen. Dann steigt der Spiegel des kostbaren Nasses immer weiter an und wird *automatisch* über die Mauer Ihrer Probleme hinwegfließen.

Mit welcher Herausforderung Sie sich also auch konfrontiert sehen, wie viel Groll, Angst, Neid oder Zorn Sie empfinden – lieben Sie sich genau dafür. So können Sie den Liebesfluss „entstauen" und ihn wieder zum Fließen bringen.

Sich für alles zu lieben bedeutet *nicht* alles gut zu heißen.

Sie können an Charakterzügen oder an Ihrer Figur arbeiten, in der Folge zu Situationen „nein" sagen oder sie verlassen. Aber in diesem Augenblick lieben Sie sich auch dafür, dass Sie unsicher sind, sich als zu üppig empfinden, noch unfähig sind, eine missbräuchliche Beziehung zu beenden oder Ihren ungeliebten Job aufzugeben.

Wichtig: Alles, was nicht irgendwann mit den Augen der Liebe betrachtet wird, bleibt bestehen. Und mit „alles" ist auch die möglicherweise noch vorhandene Unfähigkeit gemeint, genau das zu tun.

Eine glückliche Frau weiß, dass Liebe ihr natürlicher Zustand ist. Sie wird also entgegen aller inneren Widerstände und Blockaden nicht aufgeben, sich selbst in jeder Verfassung zu mögen. Sie übt das immer wieder und stellt irgendwann fest, dass es ihr stetig leichter fällt, sich selbst und andere mit Liebe und Verständnis zu betrachten *ohne* etwas schön zu reden oder zu verleugnen. Und sie wird erfreut feststellen, dass ihre Lebensqualität dadurch viel besser wird.

DIE BOTSCHAFT DES KÖRPERS

In diesem Leben haben wir einen Körper. Diese Tatsache ist für manche Frauen lustvoll, spannend oder auch einfach nur unspektakulär. Für andere – so wie mich – ist ihr Körper eine ständige Quelle von Herausforderungen.

Lange Jahre habe ich alle Frauen glühend beneidet, die am Morgen einfach aufstehen, ihr Tagewerk erledigen und abends ins Bett sinken. Dort geben sie sich dann entweder den Freuden des Fleisches hin, lesen einen Krimi oder betrachten den Nachtfilm. Auf jeden Fall schlummern sie später selig und vollkommen unkompliziert ein. Dieser Tätigkeit gehen sie einige Stunden nach, bis sie am nächsten Tag erfrischt erwachen. Zwischen diesem Erwachen und dem erneuten Einschlummern liegen Stunden, die weder von Migräne, Rückenschmerzen, Angstzuständen, Atemnot oder ähnlichen Unerfreulichkeiten beeinträchtigt sind. Es wird ihnen auch nicht schlecht, wenn sie eine Mahlzeit ausfallen lassen, große Hitze erfreut ihr Herz, weil eben Sommer ist, und langes Stehen stört sie überhaupt nicht. Sie sind auch nicht von diversen Übersensibilitäten geplagt, die sich darin äußern, dass es irgendwo zu laut, zu stickig, zu eng oder eben nur zu viel ist.

Was für ein Leben! Wenn Sie solch ein Wunderwerk Ihr Eigen nennen, haben Sie schon einmal gute Karten. Denn der Körper ist nun einmal das Gefährt, mit dem Sie durch Ihre Tage schaukeln. Logischerweise haben Sie mehr Kapazität für anderes frei, wenn dieses Gefährt super funktioniert. *Natürlich* ist auch „nur" seelisches Leid eine schlimme Beeinträchtigung. Aber Frauen mit schwierigen Körperverhältnissen müssen sich mit diesem *und* physischen Problemen auseinandersetzen.

Auf jeden Fall ist es hilfreich sich einen wichtigen Punkt klar zu machen: *Die Seele spricht durch den Körper.* Oder wie der gute alte Goethe so treffend bemerkte: „Die Seele ist's, die sich den Körper formt." Oder der von mir an dieser Stelle immer wiederholte Spruch: „Der Körper weint die Tränen, die die Seele nicht weinen darf."

Ich gebe zu, dass ich auf meine Seele lange Zeit ziemlich sauer war. Ich bin grundsätzlich eine gute Zuhörerin und so schenkte ich auch ihr große Aufmerksamkeit. Mir war klar, dass sie mir über die vielen nicht und nicht weichenden Symptome etwas mitteilen wollte. Aber was? Meiner Meinung nach hatte ich die „Lektionen" über Selbstliebe wirklich kapiert, missbrauchende Personen verabschiedet, den Eltern verziehen und auch sonst ziemlich entrümpelt. Trotzdem gab meine Seele über den Körper „keine Ruhe". Was wollte sie denn noch von mir?? Ich bin heute davon überzeugt, dass sie mir über die unmittelbaren Körperreaktionen noch deutlicher vermitteln wollte, wer hier wirklich der Boss ist. Nämlich sie. So wurde ich immer und immer wieder darauf gestoßen, damit ich es nur ja in entsprechendem Umfang verstand:

Wichtig 1: Die Seele „benutzt" den Körper, um uns dazu zu bringen, den Weg in Richtung Liebe zu korrigieren. Damit ist in erster Linie *Selbstliebe* gemeint.

Wichtig 2: Wenn Sie sich selbst nicht lieben, werden auch *alle* Ihre Beziehungen entweder von Angst (Unterwürfigkeit, Opferhaltung, vordergründiger Dominanz, Unemotionalität, Aggressivität) oder aber mangelnder Wertschätzung geprägt sein.

In der Zwischenzeit ist ja schon allgemein bekannt, dass ein Unwohlsein der Psyche sich durch den Körper ausdrücken kann. Aber wie direkt und unfehlbar das geschieht, wird an Menschen wie mir sichtbar, die nicht nur chronisch, sondern auch spontan auf nahezu jeden Eindruck reagieren. Bei mir – und vielen anderen, die so empfinden – gilt die Gleichung:

Seelische Bewegung (Aufregung, Spannung, Ärger, Angst, aber manchmal auch Freude!) = körperliche Reaktion!

Der Körper weint die Tränen, die die Seele nicht weinen darf.

Lassen Sie über ungeheilte Wunden kein Gras wachsen.

Die Bandbreite bewegt sich vom leichten Druck im Solar-Plexus, Herzklopfen, Schwitzen, verspannten Muskeln, Zittern, Druck in der Kehle, Übelkeit und Durchfall, Blasenbeschwerden, Blutdruckschwankungen, Ekzemen, Nervenschmerzen bis zu massiven Symptomen und Erkrankungen. Das ist lästig, aber die Aufgabe dahinter ist klar: Wir haben keine Chance seelische Unausgeglichenheit anstehen zu lassen, weil wir durch die Symptome hinschauen „müssen". Und das sollten wir im idealen Fall auch tun.

Aber manchmal geht es uns schlecht und wir wissen im Moment wirklich nicht warum. Oder ein Leidenszustand bessert sich trotz Hinschauen überhaupt nicht oder *nicht* in befriedigender Weise. Dafür kann es folgende Erklärungen geben:

Die Urwunde ist doch noch nicht geheilt, obwohl Sie davon ausgehen, dass es „erledigt" ist. Wenn Sie unsicher sind, was diese Urwunde sein könnte, betrachten Sie noch einmal die Verletzungen aus der Kindheit. So flackerte mein Elternthema „Ich bin nicht wichtig" zu einem Zeitpunkt meines Lebens wieder auf, als ich vollkommen sicher war, dass es mehr als abgehakt ist. Aber von einem Tag auf den anderen war alles wieder da. Erneut fühlte ich diesen tiefen Schmerz keine Bedeutung zu haben, eine Außenseiterin zu sein und abgelehnt zu werden. Die Geschichte war eben nicht abgehakt, sondern es gab noch immer etwas zu heilen. Und so nutzte die Seele die Möglichkeiten, die sie über den Körper hat.

Sie haben den tiefen Glaubenssatz, dass Sie leiden müssen. Oder anders ausgedrückt: Es ist für Sie nicht stimmig, dass es Ihnen wirklich gut geht. Wenn dem so ist, wird keine Therapie wirklich helfen, denn Sie werden instinktiv dafür sorgen, dass es Ihnen immer weiter schlecht geht. Und der Körper ist dafür ein hervorragendes Instrument.

Sie glauben sich für irgendetwas bestrafen zu müssen. Sie haben etwas getan oder nicht getan und das können Sie sich nicht verzeihen. Es ist wichtig zu wissen, dass die „Schuld", die Sie da auf sich nehmen, auch völlig absurd sein kann. So übernehmen häufig Scheidungskinder unbewusst die Verantwortung für die Trennung ihrer Eltern, sexuelle Missbrauchsopfer fühlen Scham und Schande oder misshandelte Kinder sehen sich als schlecht und böse.

Ihr Karma verlangt, dass Sie leiden. Karma ist das Gesetz von Ursache und Wirkung. Auf der Suche nach Erklärungen für mein Leiden war ich auch bei diversen Rückführungen und readings. Dort wurde mir ziemlich übereinstimmend vermittelt, dass ich in vielen Leben rücksichtslos meine Interessen verfolgt hatte und dabei auch viele Menschen zu Tode kamen. Dieses Leben sei nun der karmische Ausgleich dafür. Einerseits fühlte ich mich fast erleichtert, dass der ständige Schmerz nun einen „Namen" hatte, andererseits sah ich meine Chance auf „Heilung" schwinden. Welche Möglichkeiten hatte ich denn noch, wenn ich für vergangene Schreckenstaten büßen musste? Mein Schicksal schien damit besiegelt, auch wenn ich akzeptierte, dass ich es selbst gewählt hatte. Diese Vorstellung von Karma ist grausam. Wir werden damit für Handlungen bestraft, die wir vergessen haben. Und durch das „Gesetz" müssen wir so lange leiden, bis unsere Missetaten ausgeglichen sind – was auch immer das bedeutet.

So kann unser Körper gar nicht gesunden, weil der tiefe Glaube an alte Schuld und Strafe dafür sorgt, dass wir „krank" bleiben.

Wichtig: Karma ist *nicht* unentrinnbar. Gott straft Sie nicht, das fällt ihm gar nicht ein. Sie haben in der Phase zwischen den Leben selbst entschieden einmal am eigenen Leib zu verspüren, was Schmerz bedeutet. Aber diese Entscheidung kann geändert werden. Sie können „vergangene" Gräueltaten nun auch so betrachten, dass Sie es diesmal anders angehen – mit der Entscheidung für Wärme, Mitgefühl, Akzeptanz und Liebe.

Ich hatte immer ziemliche Probleme damit, dass Gott *nicht* straft. Also wirklich! Dann kann ja jeder sich aufführen, wie er möchte und muss nicht einmal vor der himmlischen Vergeltung Angst haben. Offenbar schickt ihn niemand in die Hölle und der Fiesling muss die Suppe auch nicht auslöffeln, die er anderen eingebrockt hat. Wo blieb da die Gerechtigkeit?

Ich bin heute davon überzeugt, dass unsere Vorstellung von Gerechtigkeit sich naturgemäß an irdischem Denken orientiert.

Hier muss es Sanktionen geben, wenn jemand gefährlich für andere ist. Wenn dieser Jemand also erwischt wird (was ja nicht immer der Fall ist), ist es vollkommen in Ordnung, wenn er eine Geldstrafe erhält, der Führerschein weg ist oder er im Extremfall eingesperrt wird. In der Unendlichkeit gehen die Uhren anders. Wenn Ihnen zwischen den Leben wieder völlig bewusst ist, dass Sie ein ewiger göttlicher Funke sind, der „Erfahrungen" gewählt hat, fällt unter diesem Gesichtspunkt auch eine Beurteilung anders aus.

Sie müssen sich nicht ewig für etwas bestrafen. Je besser Sie sich erinnern, wer Sie wirklich sind, umso freudiger werden Sie Liebe auch im Alltagsleben zum Ausdruck bringen. Damit erübrigt sich jede Strafe. Und die Anhäufung von neuem Karma in Form von weiteren Schreckenshandlungen wird eher unwahrscheinlich.

Sie können – unbewusst – einen etwaigen „Krankheitsgewinn" noch nicht loslassen. So eigenartig das klingt: Gesundheit ist aus einem bestimmten Grund (oder aus mehreren) manchmal weniger attraktiv als Krankheit. So „flüchten" manche Frauen aus einem zutiefst unbefriedigenden Leben in die Erkrankung. Wenn Sie nun wieder gesund wären, müssten sie dort weitermachen, wo sie aufgehört haben. Und das wollen sie auf keinen Fall. Gleichzeitig fühlen sie sich außerstande eine Veränderung vorzunehmen. Also ist „krank sein" scheinbar die bessere Alternative. Eine Patientin auf der Krebsstation sagte einmal zu mir: „Ich habe mehr Angst davor mein Leben zu verändern als zu sterben." Diese Einstellung ist häufiger, als Sie vielleicht denken. Bei meiner Arbeit habe ich oft gespürt, dass Kranke genau das empfinden. Sie konnten es aber erst formulieren, als ich sie ganz ruhig fragte, ob sie sich für das Leben oder für den Tod entschieden hätten.

Diese Frauen haben mehr Angst vor dem Leben als vor dem Sterben. Sie bringen sich dann zwar nicht direkt um, „wählen" aber ein schwere Erkrankung, um ihr Leben zu beenden.

Forschen Sie sanft nach, ob das bei Ihnen der Fall sein könnte.

Es bleibt immer noch Ihre Entscheidung, aber vielleicht können Sie sie doch korrigieren. Sie sind nun einmal da, warum nicht trotz allem das Beste daraus machen? Irgendwann beenden Sie diese Form des Lebens ohnedies.

Gibt es mit der Zeit bis dahin etwas anderes anzufangen, als zu leiden?

Bitte halten Sie mich nicht für zynisch. Ich *weiß*, dass diese Entscheidung für Leid ja nicht bewusst getroffen wird. Während meines langen Weges habe ich oft Tränen der tiefen Verzweiflung vergossen, wenn wieder jemand zu mir gesagt hat: „Das hast du dir ausgesucht." Ich fühlte mich dann immer als entsetzliche Versagerin, weil ich es offenbar nicht schaffte, mir etwas anderes „auszusuchen".

Aber so leicht funktioniert das nicht immer. Wenn also Ihre Symptome oder die Erkrankung einfach nicht verschwinden, können Sie trotzdem den Boden für neue Zeiten bereiten:

Versichern Sie sich und dem Universum immer wieder, dass Sie es ab jetzt in Ordnung finden, wenn es Ihnen gut geht. Was auch immer der Grund für Ihren Schmerz war – es ist genug gelitten!

Wenn Sie keine Ahnung haben, was Sie weiter tun sollen, öffnen Sie sich für Impulse Ihrer Seele oder von „oben". Bleiben Sie auch dran, wenn Sie lange Zeit „nichts hören".

Denn die Information oder die Veränderung kommt, wenn sie kommen soll und keine Sekunde früher. Wenn Sie also alles getan haben, was Sie tun konnten, lehnen Sie sich zurück und atmen Sie durch.

Entlasten Sie sich von dem Druck, dass Sie als psychologisch oder spirituell interessierter Mensch die Dinge mehr „im Griff" haben müssten. Üben Sie Selbstliebe und Akzeptanz, auch wenn das eben nicht der Fall ist. Denn wahrscheinlich sollen Sie genau diese Qualitäten „lernen".

Körperliche Beschwerden können auch bedeuten, dass Sie „gewählt" haben mit einer Behinderung zu leben, um trotzdem das Beste daraus zu machen. Erstens ist auch diese Entscheidung in vielen Fällen änderbar und zweitens wird die Einstellung „aus Zitronen Limonade zu machen" Ihre Lebensqualität auf jeden Fall verbessern. So habe ich zwar die Botschaft „Entscheidung revidieren" an die obere Regie weitergeleitet, aber in der Zwischenzeit freue ich mich über jede Stunde, in der es mir besser geht. Denn das ist bereits ein großer „Sieg", den ich genießen kann. Und wenn die nächsten 60 Minuten wieder schlechter verlaufen, freut mich das nicht, aber ich kann es viel leichter akzeptieren als früher.

Bleiben Sie sensibel für ungeheilte alte Wunden. Sie machen sich manchmal zu einem Zeitpunkt bemerkbar, an dem Sie denken, dass eine bestimmte Sache nun aber wirklich „gegessen" ist.

Beginnen Sie in ganz kleinen Schritten sich gut zu tun.

Wichtig: Es gibt erquicklichere Wege für Sie als Krankheit. Halten Sie für möglich, dass Sie langsam aber sicher gesunde Strategien entwickeln, um Ihr Leben zum Besseren zu verändern. Solange das unmöglich erscheint, schwer fällt oder überhaupt nicht funktioniert: Jede Minute, in der es Ihnen gerade doch ein wenig besser geht, ist gewonnene Zeit. Freuen Sie sich darüber und lassen Sie den Gedanken, dass es morgen ohnedies wieder schlechter ist, ruhig vorbeiziehen. Mag ja sein, dass es so ist. Aber dann haben Sie wenigstens diese Minute genossen.

Ich habe durch viel Geduld gelernt, das so zu empfinden. Anfangs ging es gar nicht, später schwer und heute fällt es mir immer leichter. Ich habe innerlich akzeptiert, dass meine „Zustände" unter Umständen in irgendeiner Form noch lange Thema sein könnten. Im ganz extremen Fall vielleicht solange ich diesmal auf der Erde wandle. Aber ich habe beschlossen mir trotzdem vom Leben das zu nehmen, was für mich im Moment möglich ist. Denn die Zukunft kommt ohnedies nie! Es gibt immer nur den jetzigen Moment.

Der Körper führt die „Befehle der Seele" aus. Jedes Symptom spricht und es ist auch nicht egal, wo und wie es sich manifestiert. Ob Ihnen die „Luft zum Atmen fehlt", Sie „zu viel Last auf Ihrem Rücken tragen", etwas Ihnen „den Brustkorb einschnürt", „das Herz abdrückt", Sie aus „der Haut fahren" lässt oder „im Nacken sitzt".

Körperreaktionen sind mühsam. Aber sie drängen Sie dorthin zu sehen, wo Sie bisher „freiwillig" nicht hinsehen wollten oder konnten.

Psyche und Immunsystem

Im Laufe meiner jahrlangen Besuche bei vielen, vielen Ärzten wurde mir hin und wieder geraten, ich solle mein Immunsystem stärken. Ich nickte dann immer verständnisvoll, obwohl ich nie genau verstand, was damit eigentlich gemeint war. Wie sollte ich etwas unterstützen, von dem ich nicht einmal genau wusste, was es war? Und was bedeutete „stärken" überhaupt?

Heute kenne ich mich ein wenig besser aus und weiß, das nicht nur ungesundes Essen, Gifte und „Auf-der-Couch-Liegen" die Abwehr schwächen, sondern auch psychischer Stress in jeder Form. So freut sich das Immunsystem gar nicht über unbewältigte Probleme, Minderwertigkeitsgefühle, Selbstabwertung und Schuldgefühle. Denn das, was wir fühlen und denken, hat einen gewaltigen Einfluss auf jegliches Körpergeschehen, also auch auf dieses geheimnisvolle System.

Das heißt: Sie sind umso besser vor äußeren Krankheitserregern und inneren „Feinden" geschützt, desto stabiler Ihre psychische Verfassung ist. Das „Immunsystem stärken" bedeutet daher neben vernünftiger Ernährung, Bewegung und klugem Umgang mit Umweltbelastung in erster Linie sich selbst gut zu behandeln!!

Was genau ist dieses Immunsystem, das als Schlagwort in aller Munde ist? Es findet sich in verschiedenen Organen und Geweben: Haut, Schleimhäute und Darm bilden die erste Verteidigungslinie gegen Eindringlinge. Im Knochenmark werden für die Abwehr wichtige weiße Blutkörperchen produziert und in Thymusdrüse, Milz, Mandeln und bestimmten Darmabschnitten für ihre Aufgabe vorbereitet. Die Lymphknoten sind als eine Art Kontrollposten im ganzen Körper verteilt und können Krankheitserreger stoppen. Aber auch Gehirn, Nervensystem und Psyche tauschen mit dem Immunsystem Informationen aus und reden bei Abwehrvorgängen ein gewaltiges Wörtchen mit.

Das Immunsystem ist der Hüter unserer Gesundheit. Fällt dieses im Körper verteilte Netzwerk auch nur wenige Minuten aus, haben wir kaum eine Überlebenschance. Normalerweise arbeitet es mit unglaublicher Präzision: Fremdes wird erkannt, bekämpft und entsorgt, Informationen in Bruchteilen von Sekunden erfasst, verarbeitet und umgesetzt. Bilder von Feinden aus der Vergangenheit sind dauerhaft gespeichert und bei erneutem Kontakt reagiert die Abwehr blitzschnell – der Mensch ist immun. Wer Scharlach, Mumps oder Feuchtblattern als Kind hinter sich gebracht hat, bleibt daher als Erwachsener davon verschont.

Aber wie entsteht nun Krankheit? Sie hat erst dann eine Chance, wenn das Immunsystem aus irgendeinem Grund verschnupft ist. Denn um uns herum wimmelt es ständig von Viren, Bakterien, Parasiten oder Giften, die über Luft, Nahrung oder Haut aufgenommen werden. Auch bestimmte an sich unbedrohliche Substanzen wie Lebensmittel, Kosmetik, Medikamente oder Tierhaare können zum Feind werden, wenn jemand dagegen allergisch ist. Genauso wichtig ist aber der „innere" Vergiftungszustand, der durch falsche Ernährung, Bewegungsmangel oder Stress entsteht. Es ist also auch entscheidend, welche Gegebenheiten ein Eindringling im Körper vorfindet. Treffen nämlich die viralen oder bakteriellen Störfaktoren auf einen abwehrstarken Organismus, können sie meist keinen Schaden anrichten. Ist das Immunsystem aber vorgeschädigt, feiern sie gemeinsam mit den Giften fröhliche Feste.

Was können Sie nun tun, um Ihr Abwehrsystem zu stärken?

1. Schritt: Stellen Sie das Ausmaß der Vergiftung Ihres Körpers fest. Bioresonanzmethode, aber auch Kinesiologie, Dunkelfeldmikroskopie oder Elektroakupunktur können Aufschluss darüber geben.

2. Schritt: Leiten Sie Entgiftungsmaßnahmen ein. Naturheilkundlich orientierte Ärzte, Homöopathen oder auch Kinesiologen können raten, welche Methoden in Ihrem Fall nötig sind.

3. Schritt: Achten Sie auf die Ernährung. Viele der Zellen, die für Immunität verantwortlich sind, sitzen im Darm. Es ist daher sehr wichtig auf Qualität des Essens und eventuelle Lebensmittelallergien zu achten. Wenn zum Beispiel „gesunde" Milch nicht vertragen wird, kann sie im Körper großen Schaden anrichten. Aus eigener Erfahrung rate ich, einen Nahrungsmittelverträglichkeitstest durchführen zu lassen, wenn Sie Ihre Abwehr stärken oder wieder aufbauen wollen.

4. Schritt: Trinken Sie genug! Ich habe meinem Körper immer zu wenig Flüssigkeit zugeführt und damit diversen Giften den Aufenthalt sehr bequem gemacht. Wenn Ihnen der „Griff zum Glas" auch schwer fällt, füllen Sie einen Glaskrug mit Wasser und wunderhübschen Steinen. Das Wasser nimmt die Energie der Steine auf und Sie tun sich damit doppelt etwas Gutes. Außerdem freut sich das Auge, wenn am Schreibtisch (oder woanders) blaue, gelbe oder grüne Steinchen glitzern.

5. Schritt: Bewegen Sie sich! Für Leidensgenossen, die der Devise „Sport ist Mord" huldigen, ist das ein unpopulärer Vorschlag, aber trotzdem empfehlenswert. Gifte werden leichter ausgeschwemmt, das Wohlbefinden steigt. Sogar ich habe es kapiert.

!!!!! 6. Schritt: *Wenden Sie sich Ihrer psychischen Verfassung zu.* Zufriedenheit und psychisches Wohlbefinden sind die zwei wichtigsten Faktoren bei der Stärkung der Abwehr. Wer sich verzweifelt nur als Opfer sieht, sendet diese Botschaft auch durch seinen Körper und erhöht damit das Krankheitsrisiko.

Unser Immunsystem bietet immer noch Rätsel. Wir kennen schon viele Geheimnisse und können seine Arbeitsweise besser verstehen. Ziel jeder Therapie sollte nicht nur die Bekämpfung eines Symptoms sein, sondern die Unterstützung dieses „inneren Arztes". Jedes Symptom zeigt, dass etwas nicht in Ordnung ist. Es bringt also wenig, diesen bellenden Wachhund der Gesundheit mit einem Griff in die Pillenschachtel an die Kette der Pharmazie zu legen. Nehmen Sie alle nötigen Medikamente, aber forschen Sie immer auch nach, was Ihnen auf der seelischen Ebene zu schaffen macht.

Wichtig: Das Wissen über diese Zusammenhänge soll Sie nicht ängstigen, sondern ermutigen, sich um sich selbst zu kümmern. *Sie sind kein Opfer,* auch wenn Sie das bis jetzt so empfunden haben. Und Sie können jederzeit damit beginnen Ihrer Seele und damit Ihrem Körper wohl zu tun.

Die sanfte Medizin

Immer mehr Frauen spüren instinktiv, dass die technisch-chemischen Methoden der Schulmedizin bei vielen ihrer Beschwerden nicht den gewünschten Erfolg bringen. Sie wünschen sich Ärzte oder Ärztinnen, die den sensiblen Zusammenhang zwischen Seele und Körper erfassen und mit sanften Therapien das Gleichgewicht wieder herstellen. Viele dieser „neu entdeckten" Behandlungsansätze sind uralt. So existiert die Kunde von der Heilkraft der Pflanzen oder die Idee eines Energiekörpers neben dem physischen Körper seit ewigen Zeiten. Das chinesische Heilsystem ging schon immer davon aus und auf der anderen Seite des Erdballs wurde das Wissen von den Ägyptern an die Griechen und Römer weitergegeben. Durch die Aufzeichnungen islamischer Gelehrter und europäischer Klöster blieb es bis in unsere Tage erhalten.

Mein Freundin Beate Schaffer hat ihre Wiener Ordination nicht nur als Heilraum gestaltet, sondern verwendet in überwiegendem Maße die Methoden dieser „anderen" Medizin: „Frauen spüren genau, dass es bei jeder Therapie wichtig ist, nicht die Krankheit, sondern den ganzen Menschen in den Mittelpunkt zu stellen. Instinktiv fühlen sie, dass bloßes Pulverschlucken nicht die Lösung ihrer Probleme darstellt, sondern auch die psychische Verfassung bei der Heilung eine große Rolle spielt. Außerdem wirken gängige Medikamente bei Frauen oft ganz anders als bei Männern. So sind sie häufiger auf der Suche nach natürlichen Behandlungsmethoden."

Die sanfte Medizin hat viele Gesichter. Eine große Anzahl von Systemen und Anwendungen lässt sich unter diesem Begriff zusammenfassen. Die bekanntesten sind folgende:

Die Traditionelle chinesische Medizin

Die Heilkunst aus dem Reich der Mitte ruht auf vier Säulen: Ernährung, Kräuter, Akupunktur und bestimmte Bewegungsformen. Die Chinesen gehen davon aus, dass die Lebensenergie Qi den menschlichen Körper durchfließt und dadurch alle Organe miteinander in Verbindung stehen. Krankheit liegt dann vor, wenn dieser Energiefluss gestört ist. Heilung nach chinesischer Tradition bedeutet, Maßnahmen zu setzen, damit die Lebensenergie wieder ungehindert fließen kann. Wichtige Aufschlüsse über den Gesundheitszustand bekommt der Arzt über Puls- und Zungendiagnostik.

Die Pflanzenheilkunde

In der Naturheilkunde werden heute mehr als 3.000 Heilpflanzen genutzt, um Krankheit vorzubeugen oder zu heilen.

Die Homöopathie

Vor über 200 Jahren erregte der Arzt Samuel Hahnemann mit seinen revolutionären Ideen die medizinische Welt: Er behandelte Beschwerden mit teilweise extrem verdünnten Mitteln, die bei einem Gesunden genau die Symptome auslösen, gegen die sie beim Erkrankten gegeben werden. Seine Lehre wurde heftig bekämpft, ist aber heute aus der komplementären Medizin nicht mehr wegzudenken.

Ayurveda

Die indische Heilkunst gilt als die älteste Medizinlehre der Menschheit. Sie dient nicht nur der Behandlung von Krankheiten, sondern vor allem der Stabilisierung der Gesundheit. Es werden je nach Körperbau, Hautbeschaffenheit, Verdauung und psychischen Gegebenheiten drei Konstitutionstypen – Vata, Pitta und Kapha – unterschieden, für die eigene Therapieempfehlungen gelten. Die Behandlungsmethoden, wie zum Beispiel Einläufe, Ölmassagen oder Trinken von heißem Wasser haben das Ziel, den Körper zu entgiften. Ayurvedischer Grundsatz: „Das Gleichgewicht von Stoffwechsel, Verdauung, Körpergewebe und Ausscheidung sowie Glückseligkeit von Bewusstsein, Geist und Sinnen sind die Voraussetzungen für Gesundheit."

Die Hildegardmedizin

Die heilige Hildegard von Bingen entwickelte ein ganzheitliches Heilsystem, in dem Körper, Seele und Geist untrennbar zusammengehören und der Mensch immer in Zusammenhang mit der göttlichen Ordnung betrachtet wird. Zur Therapie gehören: Ernährungslehre (spezielle Gewürze wie Galgant, Bertram und Quendel ...), Kräuterkunde, Edelsteintherapie, ausleitende Verfahren, spirituelle Psychotherapie ...

Die gute Hildegard litt im Übrigen Zeit ihres Lebens an vielen körperlichen Beschwerden. Möglicherweise war das ihr „Motor", sich mit dem Heilen auseinanderzusetzen.

Die Energiemedizin

Diese Behandlungsform geht davon aus, dass jeder Mensch ein Energiefeld hat, das ihn umgibt und durchströmt. Dieser „Energiekörper" ist bei den meisten von uns durch seelische Schmerzen und Verletzungen blockiert. Mit verschiedenen Methoden werden nicht nur Blockaden gelöst, sondern durch die Harmonisierung von Seele und Körper auch die Selbstheilungskräfte aktiviert.

Ein Beispiel dafür ist die Psychokinesiologie. Diese Methode geht davon aus, dass der Grundzustand des Menschen lebensbejahend, positiv, kreativ und liebevoll ist. Diese innere Harmonie wurde „irgendwann" durch Schmerz im weitesten Sinn gestört. Dadurch entstehen Glaubenssätze, die den freudigen Ausdruck unserer Fähigkeiten, Talente und Möglichkeiten hemmen oder unmöglich machen. Die Folge sind körperliche Erkrankungen, psychische Leidenszustände und unerwünschte Verhaltensmuster. Diagnose und Therapie gehen davon aus, dass alle Informationen im Körper gespeichert sind. Das Bewusstsein hat manches vergessen, der Körper tut das niemals. Mittels Muskeltest kann er nun zu dem einen oder anderen „befragt" werden und gibt unbeeinflusst seine Antworten.

Meine Kollegin Dr. Margit Steinzer ist Psychokinesiologin. Sie „löscht" mit bestimmten Techniken einschränkende Überzeugungen und „baut" neue auf. Als ich bei ihr auf der Couch lag, wurde mein Körper zunächst um Auskunft gebeten, in welchem Bereich die Ursachen meiner Beschwerden liegen. Die Antwort lautete: „Auf der Ebene des emotionalen Herzens." Dort wurde das zugrunde liegende Trauma gesetzt. Und von da an hatte ich Überzeugungen entwickelt, die mich in Hinkunft sehr beeinträchtigten.

Die Psychokinesiologie ist eine Methode, um Glaubenssätze bewusst oder noch bewusster zu machen, sie auch auf der körperlichen Ebene zu „eliminieren" und neue zu „installieren". Margit geht dabei sehr sensibel vor. Sie respektiert das Tempo des Unbewussten seine Inhalte freizugeben und „drängt" es in keiner Weise. Manche Menschen spüren die positive Wirkung nahezu unmittelbar. Margit: „Eine Klientin von mir litt sehr lange an Panikattacken. Bereits nach der ersten Sitzung war ein Großteil der Ängste verschwunden und diese sind bis heute nicht wiedergekommen." Ebenso erging es einer Dame, die an Gelenkschmerzen litt. Andere – so wie ich – haben zwar nicht diese spektakulären Erfolge, fühlen aber deutlich, dass „etwas" sich verändert hat.

Die sanfte Medizin boomt. Es gibt eine Fülle von Methoden, wie Massagen, Aromaölbehandlungen, Wasseranwendungen, Lichttherapie, Psychotherapie, Entspannungsverfahren und Ernährungsempfehlungen.

Wichtig: Lassen Sie Beschwerden ärztlich abklären, geben Sie bei der Behandlung durchaus zunächst sanften Methoden eine Chance. Diese sind auch eine gute Alternative, wenn Sie große Angst vor Tabletten haben. Achtung: Auch sanfte pflanzliche Medikamente können Nebenwirkungen oder Wechselwirkungen mit anderen Substanzen haben.

Frauenleiden

„Der böse Pilz" – Ich fühle mich krank und weiß nicht warum

Leiden Sie an einem aufgetriebenen Bauch, Mattigkeit, Übelkeit oder diffusem Unwohlsein? Haben Sie Unterzuckerungsanfälle mit Zittern und Schweißausbrüchen, *ohne* Diabetikerin zu sein? Plagen Sie Ekzeme, Durchfall, Verstopfung, Allergien, Sodbrennen, Afterjucken, Nahrungsmittelunverträglichkeiten oder eine ständig verstopfte Nase? Natürlich können diese Symptome viele Ursachen haben. Aber wenn alle Befunde erhoben wurden und dabei „nichts" herausgekommen ist, lohnt es, dass Sie sich auf Pilze untersuchen lassen. Wenden Sie sich dafür sinnvollerweise an eine Ordination für Komplementärmedizin, da die Schulmedizin den kleinen Tierchen in der Regel keine Bedeutung zumisst.

Ich habe diese biestigen Einzeller lange Zeit in mir beherbergt und dabei Gruseliges über sie erfahren. Sie verstecken sich in den Zotten und Windungen des Darms und bilden dort kleine Nester. Wie in einem Selbstbedienungsrestaurant greifen Sie bei dem „Nahrungsbrei" zu, der an ihnen vorbeifließt. Und bevor frau wichtige Nährstoffe aufnehmen kann, schnappt sich der Pilz das Beste. So bekommen Sie als unfreiwilliger Gastgeber nur das, was übrig bleibt. Außerdem „essen" sie uns den Zucker aus dem Blut und wir können uns dann mit dem „Unterzucker" herumplagen.

Wichtig: Jetzt kommt's: Der Pilz kann sich erst ausbreiten, wenn das Immunsystem schon durch dies und das beleidigt ist. Und wie wir wissen, ist es am häufigsten durch „Psychostress" verschnupft. Natürlich können auch Infektionen, Medikamente, virale Belastungen und ungesunde Ernährung eine Pilzinvasion begünstigen. Klären Sie das also ab und wenden Sie sich dann Ihrer psychischen Verfassung zu.

Der Pilz liebt Stress, Zucker, Weißmehl, Hefe, Kaffee, schwarzen Tee, Zigaretten und Alkohol. Daraus ergibt sich sehr stimmig eine Therapie. Lassen Sie sich aber auf jeden Fall von einem Arzt oder einer

Ärztin begleiten. Denn manchmal sind zusätzliche Ernährungsempfehlungen, die Gabe von Nahrungsergänzungsmitteln oder Antipilzmitteln notwendig.

Den größten Schaden fügen Sie dem Pilz aber zu, wenn Sie in der Psyche „Ordnung schaffen" und damit auch den Körper entlasten.

Wichtig 1: Scheidenpilz, Nagel- oder Fußpilz zeigt an, dass die Gesellen sich im Körper befinden und nicht nur am unmittelbaren Ort des Geschehens. Behandeln Sie also die entsprechenden Körperteile, aber verlieren Sie die grundlegende „Störung" nicht aus dem Auge.

Wichtig 2: Immer wiederkehrender Scheidenpilz kann auch auf Probleme in der Partnerschaft hindeuten.

Die Reizblase

Für viele von uns ist der tägliche Besuch des stillen Örtchens ein selbstverständlicher Vorgang, der keinerlei spezielle Aufmerksamkeit erfordert. Blase und Darm werden entleert und je nach vorangegangener Dringlichkeit verlässt frau den Ort des Geschehens mehr oder weniger erleichtert. Frauen, die an einer Reizblase leiden, empfinden den Aufenthalt in der Toilette phasenweise als Qual. Die Beschwerden sind ähnlich wie bei einer Entzündung, aber bei Untersuchungen lässt sich nichts Auffälliges finden. Der Urin enthält keine Werte, die auf einen krankhaften Prozess schließen lassen, und ein Ultraschallbild zeigt „normale" Verhältnisse. Eine eventuell zusätzlich durchgeführte Blasenspiegelung ist ohne Befund.

Ich kenne viele Frauen, die wegen ständiger Blasenprobleme sehr beeinträchtigt sind. Denn Brennen und Schmerzen können nicht nur beim Urinieren auftreten, sondern auch zu jeder anderen Zeit.

Wichtig: Die Blase ist – wie jedes Organ - ein Spiegel der Seele. Bei manchen Frauen ist sie die Schwachstelle im Körper, durch den sich seelische Konflikte äußern.

Folgende Faktoren können auch eine Rolle spielen: Nahungsmittelallergien, „Vergiftungszustand des Körpers", nicht sanierte Zähne, Wasseradern.

Wenn Sie an einer Reizblase leiden, können Sie sich folgende Frage stellen: Wo setze ich mich selbst unter Druck?

Druck fordert immer auf loszulassen und zu entspannen. Wenn Ihnen das auf der psychischen Ebene nicht gelingt, nutzt die Seele die Blase, um darauf hinzuweisen. Häufiger Harndrang, bei dem kein Urin oder nur wenig ausgeschieden wird, kann dann der Ausdruck für das Unvermögen sein, trotz dieses enormen Druckes loszulassen.

Häufige Blasenprobleme stehen auch mit Angst in Verbindung. Schon der Volksmund kennt Aussprüche wie „vor Angst in die Hose machen" oder „am liebsten würde man sich verpissen".

Wichtig: Frauen, die mit der Blase immer wieder Schwierigkeiten haben, wehren eventuell auch unbewusst Sexualität ab – generell oder mit einem bestimmten Mann. Konflikte, die frau sich offen nicht auszutragen getraut, werden oft über die „Schwachstelle Blase" im Körper ausgelebt. Indem das Gebiet im Unterleib quasi lahm gelegt wird, entziehen sie sich sexuellen Betätigungen, die sie nicht lustvoll, sondern als Belastung empfinden. *Hinschauen!*

Was kann jede Frau selbst tun, die an einer Reizblase leidet?

- Entlasten Sie Ihre Seele. Stellen Sie sich Ihren Ängsten und der Herausforderung „Loslassen".
- Erlernen Sie Meditation oder autogenes Training.
- Im Akutfall werden Sie unter Umständen Schmerzmittel benötigen. Für eine Basisbehandlung sind Tees, Preiselbeersaft und pflanzliche oder homöopathische Heilmittel zu empfehlen.

Die Dunkelziffer bei Blasenerkrankungen ist hoch. Viele Frauen scheuen sich darüber zu reden und vermeiden sogar häufiges Trinken, um nicht noch öfter die Toilette aufsuchen zu müssen. Machen Sie aus Ihrer Blase kein Tabuthema, sonst kostet das Verheimlichen noch zusätzlich Energie. Überlegen Sie lieber, ob dieses Organ eventuell die Tränen weint, die Sie der Seele nicht erlauben.

Scheidentrockenheit

Kennen Sie das? Es brennt, juckt und verursacht Schmerzen beim Geschlechtsverkehr. Die Scheide produziert nicht genug Feuchtigkeit und so kann es zu diesen Symptomen kommen.

Davon sind 40 % *aller* Frauen und rund 50 % der über Fünfzigjährigen betroffen, wobei die Dunkelziffer als sehr hoch gilt. Wenn in der Scheide nicht genug Feuchtigkeit vorhanden ist, empfinden viele Frauen das als „abnormal" und schämen sich, darüber zu sprechen. Es ist also wichtig zu wissen, dass dieses Problem weit verbreitet ist.

Die Feuchtigkeit in der Scheide ist abhängig von den Hormonen, die den Zyklus steuern, der Durchblutung und der psychischen Situation der einzelnen Frau. Grundsätzlich unterliegt der Feuchtigkeitsgehalt aber auch einem natürlichen Rhythmus. Nach der Menstruation und kurz vor Beginn der nächsten ist das Milieu trockener, rund um den Eisprung deutlich feuchter. Bei sexueller Erregung kommt es zur Ausschüttung von Sekret durch die Bartholinschen und Sken'schen Drüsen, die seit kurzem nicht sehr originell „weibliche Prostata" genannt werden. Dadurch wird der Scheideneingang angefeuchtet. In der Scheide selbst gibt es keine Drüsen, sondern die Gleitfähigkeit beruht auf Absonderung von Flüssigkeit aus dem Venengeflecht, das die Scheide umgibt.

Wenn nun – egal in welchem Alter – eine seelische oder körperliche Störung vorliegt, ist dieser Mechanismus gestört. Bei älteren Frauen nimmt auch der Östrogenspiegel ab und die Scheidenwand wird dadurch empfindlicher gegen mechanische Reize. Das bedeutet, dass es länger dauern kann, bis die Frau feucht wird.

Meine Ärztin, die Wiener Gynäkologin Dr. Sonja Karasegh, ist sehr oft mit diesem Problem konfrontiert. Sie ist eine der wenigen Ausnahmen ihres Berufsstands, die sowohl schulmedizinische als auch komplementäre Therapien anbietet. Außerdem ist sie eine sehr spirituelle Frau. Sie empfiehlt schöne Dinge wie „mit der Gebärmutter zu sprechen" oder „mit der Körperfrau" Kontakt aufzunehmen. Das heißt: „Spüren Sie sensibel in sich hinein, was Seele und Körper wirklich benötigen, um die Selbstheilungskräfte zu wecken."

Sie sieht folgende Ursachen für Scheidentrockenheit:

- Ängste, Depressionen, unverarbeitete Traumata, wie Missbrauch, Gewalt-Erfahrungen ...
- eine sexualfeindliche Erziehung
- „keine Lust an Sex" wegen Partnerproblemen, Ablehnung einer bestimmten Person, unsensibles Verhalten des anderen, Selbstwertprobleme, Überforderung, Stress
- bestimmte Erkrankungen der Scheide durch Pilze, Bakterien, Viren
- als Begleiterscheinung einer Blasenentzündung
- Diabetes
- hoher Blutdruck
- als Nebenwirkung bestimmter Medikamente z. B. Verhütungsmittel oder Psychopharmaka
- hormonelle Schwankungen während der Schwangerschaft, beim Stillen und im Wechsel
- Alkohol- und Nikotinmissbrauch
- nach Entfernung der Eierstöcke
- infolge von Bestrahlungen bei Krebserkrankungen

Welche therapeutischen Möglichkeiten gibt es nun?

Natürlich haben Gleitmittel und Salben ihre Berechtigung. Die komplementäre Medizin verwendet auch ätherische Öle, Schüßler Salze und homöopathische Scheidenzäpfchen. Außerdem kann eine homöopathische Therapie helfen, die individuell auf die jeweilige Frau abgestimmt wird. Die chinesische Medizin verspricht Hilfe mit Kräutern und Akupunktur.

Wenn Sie nicht feucht werden, weil Ihrer Seele etwas „nicht passt", dann denken Sie daran – der Körper spricht immer die Wahrheit! Wenn eine Frau keine Lust hat, ist sie nicht erregt und wird daher nicht feucht. Es geht also darum, die Ursache für diese Lustlosigkeit zu finden. Vor allem sollten Sie mehr darauf achten, was Ihnen wirklich gut tut und was nicht. Es kann auch sein, dass Sie subjektiv Lust haben, aber auf einer tieferen Ebene Groll gegen den Partner empfinden. Dann „blockiert" der Körper.

Lustkiller können sein: ein liebloses Vorspiel, Kommunikationsverweigerung oder Sturheit des Partners, ständiger Streit, mangelndes Einfühlungsvermögen oder eine Partnerschaft, in der die Frau sich häufig im Stich gelassen fühlt.

Dr. Sonja Karasegh: „Bei erfüllender Sexualität geht es um Spüren und nicht um Denken. Und im idealen Fall nicht nur um Körperkontakt, sondern um eine Berührung der Seelen. Aber auch bei einer rein sexuellen Begegnung sollten Frauen nur das „mitmachen", was für sie angenehm ist."

Wichtig: Für viele Frauen ist es in sexuellen Belangen sehr schwierig zu sagen, was sie sich wünschen oder nicht möchten, weil sie Angst haben den Partner zu verstimmen. Trotzdem ist Schweigen keine Lösung, weil das Problem damit nicht aus der Welt geschafft wird. Wenn Sie es gar nicht schaffen darüber zu reden, kann unter Umständen eine Therapie oder auch eine Sexualberatung helfen.

Krebs

„Sie haben Krebs" – diese drei Worte verändern das Leben für immer. Nichts ist mehr, wie es vorher war. Der Boden vermeintlicher Sicherheiten schwankt und neben körperlichen Problemen können auch verschiedenste Ängste zur Qual werden. Die Informationsflut ist so umfangreich wie nie und die Vielfalt der Therapiemöglichkeiten für den Laien äußerst verwirrend. Neben Schul- und Komplementärmedizin gibt es eine Fülle von Angeboten, die Linderung oder Heilung versprechen und nach dem ersten Schock stellen sich für die Betroffene viele Fragen: Welchen Weg soll ich wählen? Wo finde ich Unterstützung? Ist es sinnvoll, Meinungen von mehreren Fachleuten einzuholen?

Wofür Sie sich nach kompetenter Beratung und reiflicher Überlegung auch entscheiden – eine wichtige Frage sollte lauten: *Gibt es etwas, das ich tun kann, damit ich gesund werde?* Denn, was Sie denken und fühlen, verändert über das Nervensystem, Hormone und die Immunabwehr den Zustand Ihres Körpers. Schon Hippokrates sagte, dass eine Krankheit mehr mit dem zu tun hat, was im Kopf vorgeht, als mit dem Ort im Körper, an dem sie ausbricht. Sie können also sich selbst mehr Wertschätzung entgegenbringen, die Kraft gesundheitsförderlicher Gedanken nutzen und verdrängte Gefühle verarbeiten. So wird die Psyche eine mächtige Verbündete zur Förderung der Selbstheilungskräfte.

Der weltberühmte amerikanische Krebsspezialist und Psychoonkologe Dr. Carl Simonton vertritt in seinen beiden Bestsellern „Wieder gesund werden" und „Auf dem Weg der Besserung" folgende Auffassung: „Krebs ist eine Methode des Körpers der Person mitzuteilen, dass in irgendeinem Lebensbereich Veränderung notwendig ist." Er war auch einer der ersten, der über den positiven Einfluss von psychischer Betreuung auf die Überlebenszeit Publikationen veröffentlichte. In der Folge mehrten sich die Hinweise, dass psychische Unterstützung zu einer besseren Bewältigung der Krankheit führt. Vergessen Sie daher *alle* Statistiken über Ihren Krebs. Sie sind einzigartig und Ihr Schicksal ist nicht vergleichbar mit dem einer anderen. Und schließlich kann das, was Sie tun oder nicht tun, den Verlauf der Krankheit entscheidend beeinflussen.

Ich habe viele Jahre an der Krebsstation im Wiener Wilhelminenspital gearbeitet und gemeinsam mit einem Arzt psychologisch-spirituelle Kurse für Betroffene und Angehörige abgehalten.

Hier ein paar Tipps aus meiner Erfahrung:

Finden Sie einen Arzt oder eine Ärztin, der oder die Sie kompetent und einfühlsam begleitet. Er oder sie sollte im idealen Fall auch die zentrale Stelle sein, die andere Therapien koordiniert. Seien Sie vorsichtig, wenn jemand entweder Komplementärmedizin oder Schulmedizin völlig ablehnt.

Wichtig: **Den** Krebs gibt es nicht, sondern *Sie* sind daran erkrankt. Es gibt also auch eine Therapie, die für *Sie* maßgeschneidert ist.

Ich weiß, wie schwierig es für die meisten Frauen ist, nach der Diagnose so weit Ruhe zu bewahren, dass wichtige Entscheidungen über das weitere Vorgehen getroffen werden können. Lassen Sie sich nicht zu einer sofortigen Operation drängen, wenn Sie noch unter Schock stehen. In der Regel gibt es auch in dringenden Fällen so viel zeitlichen Spielraum, dass Sie wieder Boden unter den Füßen gewinnen können.

Holen Sie eine zweite, dritte oder vierte Meinung ein. Einen Arzt oder eine Ärztin, der oder die das nicht versteht, sondern beleidigt ist, sollten Sie meiden.

Nicht immer sind hochrangige Professor/-innen die besten Behandler. Sie sind oft so „abgehoben", dass ihnen jeder menschliche Bezug abhanden gekommen ist. Achten Sie auf Mundpropaganda und scheuen Sie sich nicht zu „wechseln". Hören Sie auch auf Ihr Gefühl!

Forschen Sie genau nach, ob eine Chemotherapie wirklich nötig ist. Es ist traurige Realität, dass sie manchmal verordnet wird, obwohl Sinn und Erfolgswahrscheinlichkeit nicht gegeben sind. Natürlich gibt es bei *keiner* Behandlung Garantie für einen Erfolg. Aber bei einer Chemotherapie sollte besonders gut abgewogen werden.

Es ist für eine medizinunkundige Person sehr schwer aussagekräftige Informationen zu erhalten. Fragen Sie bei einem Komplementärmediziner/-in Ihres Vertrauens(!!), ob er oder sie für Ihren Fall Auskunft geben kann.

Für eine Frau ist es besonders hart eventuell ihre Haare zu verlieren. Eine Patientin sagte mir einmal unter Tränen, dass es für sie ganz furchtbar war, als ihr schönes langes Haar ausfiel. Das *ist* schlimm, aber in den meisten Fällen wächst es wieder nach – manchmal sogar gelockt. Kaufen Sie sich rechtzeitig eine hübsche Perücke oder malerische Tücher. Diese Perücke kann Ihrem eigenen Haar ähnlich sein oder auch völlig konträr. Einige Frauen nutzen schon diese Möglichkeit, um etwas „anders" zu machen.

Ein paar Mal habe ich auch erlebt, dass eine Frau weder eine Perücke noch ein Tuch verwendete. Sie ging mit ihrer Glatze unter Leute und eroberte sich so ein völlig neues Selbstwertgefühl. Natürlich ist das kein Patentrezept für jede Frau.

Der Verlust eines Körperteils kann besonders schmerzen. Bei den Eierstöcken oder der Gebärmutter ist nicht ersichtlich, dass sie nicht mehr da sind. Wenn eine Brust oder beide Brüste abgenommen werden müssen, kann das nicht nur große Traurigkeit auslösen, sondern auch Hemmungen in zwischenmenschlichen Begegnungen. Die Frage lautet dann: „Wann sage ich einem neuen Mann, dass mir etwas ‚fehlt'?" Oder „Findet mich mein Mann jetzt noch attraktiv?"

Auf diese Fragen gibt es keine allgemein gültigen Antworten. Ich habe erlebt, dass Männer sich von ihren Frauen kurz nach der Diagnose getrennt haben oder sie nach einer Operation verließen. Und ich habe erlebt, dass diese Erkrankung ein Paar erst richtig eng verbunden hat. Ich habe von Männern gehört, die völlig entspannt auf die Mitteilung, dass eine Brust fehlt, reagierten und von solchen, die damit nicht zurecht kamen.

Es *ist* eine Herausforderung damit zu leben, dass ein „typisch weiblicher Körperteil" nicht mehr da ist. Gehen Sie durch die Trauer, den Zorn oder den Hader mit Gott und dem Schicksal. Alle diese Reaktionen sind *völlig* verständlich. Aber dann nehmen Sie die Herausforderung an!

Aus irgendeinem Grund haben Sie „entschieden" diesmal solch eine Erfahrung zu machen. Das ist ein tapferer, mutiger Weg, auf dem aber Sie mit aller Wahrscheinlichkeit auch große Kraft finden werden. Ich habe immer wieder voll Ehrfurcht und Bewunderung Frauen begleitet, die durch diese schwere Erfahrung liebevoller, warmherziger und gütiger zu sich selbst und anderen wurden. Sie entwickelten ein Maß an Weisheit, dass nicht selten dazu führte, dass sie privat und beruflich völlig andere Wege einschlugen.

Der Verlust eines Körperteils ist traurig, aber es bedeutet nicht das Ende Ihres „weiblichen" Lebens. Sie können trotzdem lachen, lieben und dafür sorgen, dass diese Welt für Sie und die anderen zu einem freundlicheren Ort wird.

Was können Sie als Betroffene tun, wenn Sie sich mit Ihrer Erkrankung auseinandersetzen wollen?

Entwickeln Sie Selbstliebe

Der selbst erkrankte Greg Anderson schreibt in seinem Buch „Der Krebsüberwinder": „Sie müssen den Punkt erreichen, an dem Sie sagen: Ich bin wichtig und ich bin nicht mehr bereit unglücklich zu sein. Ich will mein Leben nicht länger in zerstörerischer Weise leben. Ich will mich ändern und mich lieben." Fangen Sie damit an, dass Sie die Opferrolle ein für allemal aufgeben und sagen: „Egal, wie es bisher war – ich habe die Macht mein Leben zum Positiven zu verändern. Und ich liebe mich selbst so sehr, dass ich sie auch anwende".

Nutzen Sie die Kraft der Gedanken

Es gibt eine Art zu denken, die der Gesundheit förderlich ist, und eine, die ihr schadet. Überprüfen Sie, ob die Überzeugungen in wichtigen Lebensbereichen wie Liebe, Sexualität, Gesundheit, Erfolg und Geld Ihnen Stärke geben oder nehmen. Heute sind Sie die Herrin auf Ihrem Lebensschiff und das Glas ist immer halb voll oder halb leer ...

Spüren Sie das Gefühl

Wir haben gelernt, dass es nicht *richtig* ist, negative Gefühle wie Angst, Wut, Trauer, Unsicherheit, Eifersucht, Neid, Gier oder Hass zu empfinden. So unterdrücken wir solche Emotionen, schlucken, bis der Magen schmerzt oder kehren alles unter den Teppich. Hören Sie damit auf! Gefühle gehören akzeptiert und entsprechend dem persönlichen Temperament ausgelebt. Lange andauernde Verdrängung macht krank.

Verstehen Sie die Botschaft Ihrer Krankheit.

Wenn Ihre Erkrankung sprechen könnte, was hätte sie Ihnen unter Umständen wohl zu sagen? Und fragen Sie weiter:

- Was erlaubt mir die Krankheit zu tun, was ich immer schon gerne getan hätte, mich aber nicht getraut habe?

- Was muss ich durch die Krankheit nun nicht mehr machen, was ich ohnedies nicht mehr tun wollte? Wenn Sie auf diese Fragen eine entsprechende Antwort finden, dann beschäftigen Sie sich auch gleich mit der nächsten: Welche *gesunden* Strategien kann ich einsetzen, um zum gleichen Ergebnis zu kommen?

Stellen Sie sich vor, Sie sind gesund

Die Kraft der inneren Vorstellung ist ein zentraler Punkt bei der Aktivierung der Selbstheilungskräfte.

Visualisieren Sie ein wunderschönes goldenes Licht, das Ihren Körper von allem reinigt, was dort nicht hingehört. Lassen Sie Ihren Tumor von einer erdachten Sonne schmelzen, einem Bagger abtransportieren oder von Polizisten gefangen nehmen. Wichtig ist, dass Sie sich mit Ihrem Bild wohl fühlen und diese Szene einige Male am Tag entstehen lassen.

Beschäftigen Sie sich mit Spiritualität

Unabhängig von einem Religionsbekenntnis bedeutet Spiritualität:

- Ich glaube daran, dass eine Art von Ordnung im Universum existiert und eine liebevolle Instanz („Gott") dafür verantwortlich ist. An diese Höhere Kraft kann ich mich um Hilfe und innere Führung wenden.

- Ich vertraue darauf, dass alles, was geschieht, Sinn hat, auch wenn ich ihn im Moment nicht erkennen kann.

- Sterben bedeutet nicht Versagen, aber es kommt dann, wann es kommen soll. Also entscheide ich mich dafür, bis dahin alle Möglichkeiten auszuschöpfen, die mir das Leben bietet.

- Heilung bedeutet nicht unbedingt völlig gesund zu werden, sondern inneren Frieden zu finden und das Leben trotz möglicher Behinderungen zu genießen.

Zahlreiche Studien belegen einen eindeutigen Zusammenhang zwischen der Auseinandersetzung mit der Psyche und dem positiveren Verlauf der Krankheit oder einer längeren Überlebenszeit.

Wenn Sie also die eigene Vergangenheit liebevoll(!) überdenken und sich unter Umständen für die Zukunft ganz anders orientieren, können diese Veränderungen das „Heilende an der Krankheit" werden.

Schwangerschaft

Ich habe viele Frauen während ihrer Schwangerschaft begleitet. Diese Zeit ist für manche zutiefst beglückend, für andere „ganz normal" und für einen Teil mit großen Ängsten und widersprüchlichen Gefühlen behaftet.

Es spielt natürlich eine Rolle, ob das Kind erwünscht war, die Frau in einer geborgenen Beziehung lebt, oder ob diese Lebensphase durch massive Turbulenzen gekennzeichnet ist. Manche Schwangere sind sehr jung, andere „späte Mütter" und hie und da ist der Kindesvater in der einen oder anderen Art abhanden gekommen.

Viele Frauen erleben ihre Schwangerschaft als wunderschöne Zeit ohne Belastungen. Für andere können auch folgende „Erscheinungen" auftreten:

- Der Körper stellt sich um und als Folge sind Übelkeit, Müdigkeit und Stimmungsschwankungen möglich. Unterstützen Sie Ihren Körper durch alle Maßnahmen, die Linderung verschaffen: geeignete Medikamente, genügend Ruhe, Stützstrümpfe und so viel angenehme Schwingungen wie möglich.

- Durch die Gewichtszunahme ist nicht nur Alltägliches beschwerlicher, sondern manche Frauen fühlen sich unattraktiv und hässlich. Passen Sie also einerseits Ihre Aktivitäten der geänderten Körpersituation an und betrachten Sie sich andererseits gerade jetzt mit Liebe. Das ist sicher leichter, wenn der Kindesvater Sie liebevoll unterstützt, aber eine Freundin kann Ihnen ebenfalls dabei helfen. Rufen Sie sich auch in Erinnerung, dass Sie unmittelbare Beteiligte an einem Wunder der Natur sind. Das Baby muss ja schließlich irgendwo wachsen und das tut es jetzt in Ihrem Bauch. Streicheln Sie so oft es geht über diese Wölbung und spüren Sie – trotz etwaiger Beschwerlichkeiten – diese besondere Demut, vor dem, was da geschieht.

- Ein neuer Lebensabschnitt wird eingeleitet und das bedeutet Veränderung: die Tochter wird nun selbst Mutter, das Paar ist ab der Geburt nicht mehr alleine, unter Umständen ist die Frau in Karenz und vermisst ihren Beruf, die Kontakte und die Bestätigung.

Das *sind* zweifellos Veränderungen. Aber entwickeln Sie das Vertrauen, dass Sie zur gegebenen Zeit in die jeweilige Situation hineinwachsen werden. Ständige Voraussorge schwächt und bringt gar nichts.

Wichtig: Sprechen Sie Ihre Sorgen bei einer Person an, die Ihnen in jeder Hinsicht mit Verständnis begegnet. Das kann der Partner sein, eine Bezugsperson, aber auch eine Therapeutin.

- Der Gedanke an die Geburt löst große Furcht aus. Ich habe immer wieder mit Frauen gesprochen, die konkrete Ängste vor Schmerzen oder

Zwischenfällen hatten. Aber es waren auch Schwangere dabei, die ihre Panik nicht wirklich benennen konnten. Auch das ist völlig in Ordnung! Gehen Sie davon aus, dass Gründe dafür vorhanden sind, die Ihnen nicht bewusst sind und halten Sie sich nicht für verrückt.

Verheimlichen Sie Ihre Verfassung nicht, sondern entlasten Sie sich mit guten Gesprächen.

- Es gibt Frauen, die während der Schwangerschaft Abneigungsgefühle gegen ihr Kind entwickeln. Es ist besonders schwierig so etwas zuzugeben, weil eine werdende Mutter solche Gefühle einfach nicht hat. Das versteht niemand und damit wird die betroffene Frau in die seelische Isolation verbannt.

  Finden Sie in diesem Fall eine gute Therapeutin, die mit Ihnen „hinter die Kulissen" leuchtet. Sie haben wahrscheinlich eine Verletzung (oder mehrere!) erlitten, die im weitesten Sinn mit der Mutterrolle zusammenhängt. Es ist für Sie und Ihr Baby wichtig, diese Wunden anzusehen.

- Denken Sie bei allem, was Sie belastet, daran, sich Erleichterung zu verschaffen. Sie sind mit Seele und Körper auf das Engste mit Ihrem Kind verbunden. Alles, was Ihnen zu schaffen macht, beeinflusst auch das Baby. Das soll Sie nicht ängstigen, sondern ein gesundes Gefühl für Verantwortung stärken – für das Kind, aber auch für Sie selbst.

- Es ist sicher schwierig, eine Nikotinsucht gerade dann abzulegen, wenn frau durch die Veränderungen labiler ist. Ich habe trotzdem immer wieder erlebt, dass manche Frauen das ganz unspektakulär schaffen. Lassen Sie sich dabei helfen, wenn das für Sie nicht einfach ist.

- Bleiben Sie in Kommunikation mit Ihrem Partner. Auch wenn sein Körper nicht „wächst", so stehen doch auch für ihn neue Zeiten an. Lassen Sie ihn also an diesem „Gebärvorgang" teilhaben.

  Manche Frauen berichten, dass der Mann sich von ihnen zurückzieht. Das ist während einer Schwangerschaft besonders hart. Im besseren Fall stehen eigene Ängste dahinter, im schlechteren kann er mit der Rolle des werdenden Vaters im Moment wirklich nichts anfangen. Lassen Sie das nicht auf sich beruhen, sonst wird der Groll darüber Sie zusätzlich belasten. Wenn das Gespräch mit ihm nicht zielführend erscheint, bitten Sie eine Vertrauensperson um Unterstützung. Das kann ein Elternteil, ein gemeinsamer Freund oder eine andere Bezugsperson sein.

- Sie haben große Angst, der Mutterrolle nicht gewachsen zu sein. Informieren Sie sich bei anderen Frauen, lesen Sie entsprechende Literatur und gestatten Sie sich vor allem nicht perfekt zu sein. Die perfekte Mutter gibt es nicht. Gestehen Sie sich auch widersprüchliche Gefühle zu. Es ist völlig in Ordnung einmal den Gedanken zuzulassen, ob Sie das alles wirklich wollten. Das darf sein und Sie sollten sich dafür auf keinen Fall schuldig fühlen.

In diesem Sinne: Haben Sie schon einen Namen für Ihr Baby?

Wechseljahre

Was löst dieser Begriff bei Ihnen aus? Wenn Sie noch jung sind, wahrscheinlich gar nichts. Und wenn Sie ein wenig älter sind möglicherweise: Wallungen, Hormone, keine Regel mehr, und auch keine Kinder. Es können auch traurige Vorstellungen damit verbunden sein: endgültig vorbei mit der Attraktivität, das Ende vom „Frau sein", punkto Weiblichkeit so gut wie im Grab.

Dann gibt es Frauen, die vorher keine Schreckensphantasien hatten und diesen „Wechsel" völlig unspektakulär erleben. Ihre Beschwerden sind nicht oder kaum vorhanden, sie starten noch einmal voll durch oder genießen gerade diese Lebensphase.

Diese Bandbreite an Reaktionen legt den Verdacht nahe, dass es *„die"* Wechseljahre nicht gibt. Wie diese Zeit erlebt wird, hängt also in großem Maße – wie immer – auch davon ab, wie die Einstellung dazu ist. Ich habe die Erfahrung gemacht, dass mögliche unangenehme Begleiterscheinungen wie die Auswirkung von Hormonveränderungen (Schweißausbrüche, Scheidentrockenheit, Stimmungsschwankungen, verstärkte Gewichtsprobleme etc.) umso dramatischer empfunden werden, je unzufriedener die einzelne Frau mit ihrem Leben ist. Psychischer Stress wiederum verstärkt die Symptome. Dazu kommt die Gewissheit, dass ein Teil des Frauenlebens unwiderruflich vorbei ist. Wenn eine Frau nun kein Kind bekommen hat, kann der beginnende Wechsel auch dazu führen, dass sie verstärkt darüber grübelt, ob ihre Entscheidung dagegen richtig war. Oder sie bedauert zutiefst, dass nun jede Möglichkeit, doch noch schwanger zu werden, für immer vorbei ist.

Meine Botschaft an Sie lautet: Die Wechseljahre müssen nicht dramatisch den „letzten Weg" einläuten. Natürlich gibt es Veränderungen. Aber sich damit auseinanderzusetzen ist Teil des „Spiels des Lebens". Hier werden wir „älter". Das war von Anfang an so geplant und wie Sie wissen, bedeutet es nicht wirklich etwas. Betrachten Sie also sich und diese Veränderungen wieder als spannende Herausforderung. Was bietet dieser Lebensabschnitt? Was gibt es zu entdecken, zu „lernen", zu erleben?

Auf der pragmatischen Ebene können Sie auch eine Menge tun:

- Besprechen Sie mit dem Arzt/-in Ihres Vertrauens die Möglichkeiten, die Medizin und Komplementärmedizin bieten, um körperliche Beschwerden zu bessern.

Wichtig: Überlegen Sie besonders gut, ob Sie Hormone einnehmen wollen. Es kann in Ihrem Fall notwendig sein, aber es muss nicht. Fragen Sie immer auch nach pflanzlichen Alternativen.

- Bewegen Sie sich – vor allem, wenn Sie das bisher vernachlässigt haben. Gerade in gewichtsschwereren Zeiten ist es ein Erfolgserlebnis, wenn zum Beispiel die Bauchmuskeln ein weniger härter werden.

- Betrachten Sie Ihr Leben und stellen Sie sich folgende Fragen: Was ist gut daran? Was möchte ich ändern? Gibt es etwas, das ich unbedingt erleben möchte?

Die zweite Lebenshälfte hat oft den Vorteil, dass diese Fragen mit mehr Nachdruck beantwortet werden. Sie haben natürlich in Wirklichkeit noch jede Zeit der Welt (eigentlich die ganze Ewigkeit!), aber in diesem Leben vielleicht nicht mehr so viel wie noch vor 20 Jahren. Daher gehen

Sie nötige Veränderungen eher an. Wenn Ihnen gerade diese Veränderungen Angst machen, sprechen Sie mit einer Vertrauensperson oder einer Therapeutin.

Eine glückliche Frau weiß, dass die Wechseljahre keine persönliche Strafe sind, sondern der logische Teil des Lebensprozesses. Sie unterstützt Seele und Körper, ist aber auch neugierig, was diese Zeit bringt.

„Der Blick in die Seele" – das Dunkelfeldmikroskop

Als ich bei Beate Schaffer das erste Mal durch ein solches Mikroskop sah, war ich seltsam berührt. Ich konnte die eigenartigen Gebilde zwar zunächst nicht interpretieren, aber ich fühlte instinktiv, dass hier die verborgenen Vorgänge in meinem Körper wie von Zauberhand sichtbar gemacht wurden. Als ich gleich darauf erfuhr, wie verschlackt mein ganzes System sei, dass diverse Pilze sich dort unerlaubt herumtrieben und die roten Blutkörperchen auf Teufel komm raus aneinander klebten, verging diese Verzauberung zugunsten von Unbehagen. Aber sie versicherte mir tröstend, dass jetzt schließlich Maßnahmen ergriffen werden könnten, um hier Ordnung zu schaffen.

Die Auswertung eines Dunkelfeldbildes kann auch sehr gut für die Gesundheitsvorsorge eingesetzt werden. Störungen können hier nämlich als Belastung bereits gesehen werden, *bevor* eine Krankheit ausbricht. Denn sowohl ein akutes als auch ein chronisches Geschehen sind an bestimmten Formationen und Bewegungen deutlich zu erkennen.

Herkömmliche Laboruntersuchungen geben nur Aufschluss über die Zusammensetzung des Blutes, im Dunkelfeldmikroskop wird auch der gesamte Zustand des inneren Milieus und die Funktionsfähigkeit der Blutzellen sichtbar. Das Blut kann damit also schmerzfrei und unaufwendig wesentlich genauer untersucht werden, als in einem „normalen" Labor.

Unser Blut ist auch von Kleinstlebewesen bevölkert, die normalerweise friedlich mit uns zusammenleben. Erst wenn das Gleichgewicht durch chronischen Stress, Übersäuerung, falsche Ernährung, Bewegungsmangel,

Umweltgifte oder Herde im Körper gestört ist, werden die Biesterchen krankheitsauslösend. Das bedeutet: Der Körper kann mittels seiner Selbstheilungskräfte die Vorgänge so lange regulieren, bis das innere Milieu durch ungesunde Lebensweise oder äußere Einflüsse „kippt". Dann ist er überfordert und der Mensch wird krank. Genau diese Kleinstlebewesen und ihre Auswirkungen können mit Hilfe der Dunkelfeldmikroskopie sichtbar gemacht werden. Der staunende Laie sieht ein Gewimmel von sich mehr oder weniger bewegenden Kreisen, feinen Fäden, winzigen Punkten oder klumpenartigen Gebilden. Die Art und Weise, wie diese sich zueinander verhalten, gibt Aufschluss über den Gesundheitszustand. In einem normalen Mikroskop ist davon nichts zu sehen. Durch das spezielle mikroskopische Verfahren ist es durch Früherkennung von Störungen auch möglich, rechtzeitig eine geeignete Therapie einzuleiten und ihren Erfolg zu kontrollieren.

Oft lassen sich auch Ursachen für scheinbar unklare Beschwerden im Spezialmikroskop finden. Viele Frauen leiden an heftigen Symptomen, die schulmedizinisch keinen krankhaften Befund ergeben. So werden sie oft mit der Bemerkung „Ihnen fehlt ohnedies nichts" nach Hause geschickt. Im Dunkelfeld wird sichtbar, dass zum Beispiel ein chronischer Vergiftungszustand des Körpers an Kopfschmerzen, Verkrampfungen, Blasen-, Darm-, oder Hautbeschwerden schuld sein kann. Schadstoffe oder Gifte können eventuell nur ungenügend ausgeschieden werden, und so entstehen regelrechte „Müllhalden". Im Dunkelfeld sieht man dann Gebilde, die wie Schuttberge aussehen.

Die Untersuchung hat auch einen ausgezeichneten psychologischen Effekt. Wenn Sie das in über 1.000facher Vergrößerung sehen, sind Sie wesentlich motivierter, die Lebensweise zu ändern oder eine Therapie wirklich durchzuhalten.

Es ist äußerst wichtig, dass diese Diagnosemethode nur von einem speziell geschulten Therapeut/-in vorgenommen wird, da sie neben guter Fachkenntnis auch große Sensibilität erfordert. Beate Schaffer: „Ein Blick in das Blut eines Menschen, ist für mich wie der Blick in seine Seele."

Die Dunkelfeldmikroskopie ist ein wertvolles zusätzliches Diagnoseinstrument. In einem einzigen Tropfen unseres Blutes können Krankheiten oder ihre Vorstufen erkannt werden und rasch entsprechende Maßnahmen ergriffen werden. Und der kleine Pikser mit der Nadel tut auch gar nicht weh.

„Du bist doch nur ein Hypochonder"

Haben Sie diesen Vorwurf schon einmal – oder öfter – gehört?

Vor allem Frauen werden häufig abfällig als Hypochonder bezeichnet, wenn sie über Beschwerden klagen.

Es gibt drei Möglichkeiten, warum Ihre Umwelt Sie als Hypochonder bezeichnet:

1. Sie sind gesund, machen sich aber große Sorgen krank zu sein oder zu werden.
2. Sie leiden an diversen Beschwerden, für die es nach dem momentanen Stand der Wissenschaft keine organische Erklärung gibt.
3. Ihnen ist klar, dass eine Sensibilität des Nervensystems für Ihre Beschwerden verantwortlich ist, aber deshalb sind sie trotzdem da.

Jede dieser drei Möglichkeiten sorgt dafür, dass Sie sich in einem Leidenszustand befinden, der in der Regel von anderen nicht nachvollzogen werden kann. Das ist schlimm, denn Angstgedanken, Schmerzen und unangenehme Zustände auch ohne organischen Befund können Betroffenen das Leben zur Hölle machen. Im Extremfall kreisen Angstgedanken nur mehr um Krankheit und so etwas wie „Lebensqualität" existiert kaum noch.

Ich wurde früher oft als Hypochonder bezeichnet. Das lag zum Teil daran, dass ich an so vielen unklaren Beschwerden litt, aber zweifellos suchte die innere Angst sich eben auch den Inhalt „Krankheit". So schweifte mein angstvoller Blick zum Beispiel ziellos umher, wenn die Medien das Anrollen der aktuellen Grippewelle verkündeten. Diese konnte ja bereits um die nächste Ecke schwappen und mich voll erwischen. Erzählungen darüber, dass die dritte Nichte der fünften Tante aus Amerika an Brechdurchfall erkrankt ist, trieben mir den Schweiß auf die Stirn und regelmäßig durchforstete ich Seele und Körper nach Anzeichen schwerer Erkrankungen. Dabei war ich durchaus kreativ und die Tatsache, dass ich als Psychologin auch in einem Spital arbeitete, leistete beim Hineinsteigern unschätzbare Dienste. Eine Phantasie, die als blumig bezeichnet werden muss, und ein gewisses dramatisches Temperament taten das Ihre. Mein großes Plus war schon damals, dass der Sinn für Humor mir half, die Sache einigermaßen im Griff zu haben.

Die Angst nicht gesund zu sein oder krank zu werden, kann im Einzelfall schlimme Ausmaße annehmen und das Leben extrem beeinträchtigen. Wenn sich fast alle Gedanken um das Thema Krankheit drehen, wird der Alltag zur Qual.

Jede Regung des Körpers wird extrem beobachtet und kleinste Veränderungen als Anzeichen einer schlimmen Erkrankung interpretiert. So wird aus minimalen Abschürfungen sofort Hautkrebs und ein etwas schnellerer Herzschlag zum Infarkt.

Grundsätzlich gibt es zwei Formen von Hypochondrie:

Krankheitsangst

Dabei leiden Betroffene an sehr starker Erwartungshaltung krank zu werden, die sich bis zur Panik steigern kann. So meiden sie entweder jeden Arztkontakt oder brauchen die Sicherheit, jederzeit, immer und überall einen Mediziner zur Verfügung zu haben.

Krankheitsüberzeugung

In diesem Fall sind die Patienten ganz sicher bereits krank zu sein. Sie wechseln von einem Doktor zum nächsten, damit ihre bis jetzt unentdeckte Krankheit endlich erkannt wird. Jede verfügbare Information wird gesam-

Wenn sich fast alle Gedanken um das Thema Kindheit drehen, wird der Alltag zur Qual.

Woher komme ich, wohin gehe ich?

melt und im Sinne der eigenen Überzeugung bewertet. Im Extremausmaß ist es einem hypochondrischen Menschen kaum mehr möglich, sich mit anderen Dingen zu beschäftigen. Partner, Familie und Freunde reagieren „genervt" und oft sind Rückzug und Isolation die Folge.

Auch vielfache Kontrolluntersuchungen stellen keine Beruhigung dar. Ärzte hören oft folgende Fragen:
„Sehen Sie wirklich nichts Krankhaftes?", „Wie sicher kann ich mich darauf verlassen?", „Wie lange nach dieser Untersuchung brauche ich mir keine Sorge um eine Krebserkrankung zu machen?", „Sollten wir nicht doch eine Kontrolluntersuchung in einem anderen Krankenhaus machen lassen?"

Bis heute gibt es keine wirkliche Erklärung für die Ursache von Hypochondrie. Generell existieren bei allen Betroffenen erhöhte Angst, „Katastrophendenken" und eine verstärkte Aufmerksamkeit für die Vorgänge im eigenen Körper, die negativ beurteilt werden. Ich bin überzeugt davon, dass die „Aufgabe" von Hypochondrie darin liegt sich liebevoll mit den Zusammenhängen von Seele und Körper auseinanderzusetzen, dem Thema Tod nicht auszuweichen und aus all dem trotzdem *Lebensfreude* zu beziehen. Ach ja ...

> **Tipps für „Hypochonder":**
>
> - Konsultieren Sie einen Arzt oder eine Ärztin Ihres Vertrauens und schildern Sie ihm oder ihr *alle* Symptome, an denen Sie leiden.
>
>   Achtung: Der Arzt oder die Ärztin sollte vermitteln, dass er Sie absolut ernst nimmt und in keiner Phase des Gesprächs die Augen verdrehen oder verächtlich mit den Mundwinkeln zucken.
>
> - Machen Sie sämtliche Untersuchungen, die zur Abklärung körperlicher Beschwerden nötig sind, aber vermeiden Sie es, alle Krankenhäuser der näheren und weiteren Umgebung zu frequentieren.

- Falls Sie das bis jetzt noch nicht getan haben: Freunden Sie sich mit der Möglichkeit an, dass psychische Probleme hinter den körperlichen Symptomen oder starken Ängsten stecken. Das ist *keine* Schande, sondern stellt eine gute Chance dar, an der richtigen Stelle mit Hilfsmaßnahmen zu beginnen.

- Setzen Sie sich mit einer möglichen Hochsensibilität auseinander. Für Menschen wie uns gehen die nervlichen Uhren anders und deswegen sind wir auch häufiger von Instabilitäten körperlicher und psychischer Art betroffen. Das Buch von Georg Parlow „Zart besaitet" kann mehrere AHA-Erlebnisse auslösen.

- Beschäftigen Sie sich mit den berühmten letzten Fragen: Wer bin ich wirklich? Woher komme ich, wohin gehe ich? Ist der Tod das Ende? Gibt es so etwas wie Gott und wenn ja, hat das irgendeine Bedeutung für mein Leben? Mir hat sehr geholfen zu akzeptieren, dass es hundertprozentige Sicherheit nicht gibt. Wirklich gewiss ist nur, dass jeder von uns einmal stirbt. Aber jetzt sind Sie noch da und was Sie tun, denken und fühlen hat enorme Wirkung auf die Lebensqualität.

- „Hypochonder" haben häufig echte Todesangst. Hinterfragen Sie daher Ihre Einstellung zum Thema Tod. Ich persönlich bin der festen Überzeugung, dass es danach auf jeden Fall weitergeht. Lesen Sie Literatur über Menschen, die Nahtoderfahrungen gemacht haben und lassen Sie sich von den wundervollen Berichten trösten. Es spricht nämlich wesentlich mehr dafür als dagegen, dass die Dinge beim Sterben genau so ablaufen, auch wenn die letzten Beweise fehlen. Aber die Vertreter der Auffassung: „Nachher ist alles aus" können das schließlich auch nicht beweisen.

- Entwickeln Sie Humor!! Sich mit allem Respekt ein wenig über die eigene Person lustig zu machen, wirkt ungemein befreiend.

Ich weiß aus eigener Erfahrung wie sehr frau unter „hypochondrischen" Zuständen leidet. Versuchen Sie trotzdem – so gut es eben geht – die Beschwerden nicht zu dramatisieren. Und suchen Sie wenn nötig Hilfe. Aber vergessen Sie nie, dass es im Leben auch darum geht, Spaß zu haben. Wenn Sie nicht mehr wissen, wie das geht – finden Sie es heraus!

„Ich kann nicht schlafen"

Kennen Sie das? Sie wälzen sich im Bett und ein gehetzter Blick auf die Uhr zeigt, dass es schon wieder halb drei Uhr morgens ist. Um sieben müssen Sie aufstehen und werden wieder erschöpft, unkonzentriert und kaum belastbar sein. Dann wird es Abend und Sie fürchten sich schon davor, dass es heute genauso sein wird. Und der schlimme Kreislauf von Schlaflosigkeit, Angst davor und erneuter Schlaflosigkeit hat begonnen. Nicht umsonst hat bereits Shakespeare diesen Zustand als der „Hölle Pein" bezeichnet.

Ich habe lange Jahre meines Lebens an massiven Schlafstörungen gelitten. Und das hieß, dass ich phasenweise überhaupt nicht schlafen konnte. Ich bekam oft den Rat, diese Tatsache einfach nicht zu beachten und weiter zu machen. Irgendwann würde ich so müde sein, dass mir von selbst die Augen zufielen. Dem war nicht so. Ich fühlte mich entsetzlich, mir war übel und ich konnte mich kaum mehr bewegen – aber ich schlief nicht.

Ich versuchte jedes Hausmittel, las das Physikbuch aus der Schule (für mich ein Garant für Langeweile), zählte von 100 zurück und von 0 wieder hinauf, aber es nützte nichts. Vor Schlaftabletten hatte ich Angst, weil ich nichts zu mir nehmen wollte, dass mich „zwangsweise" aus dem Bewusstsein holte.

Schließlich nahm ich doch sanfte Beruhigungsmittel und versank damit in einen sehr oberflächlichen, kurzen Schlaf.

Ich bin heute noch keine begnadete Schläferin und wache jede Nacht einige Male auf. Aber die jahrelange Dramatik rund um die Nachtruhe hat sich aufgelöst.

Ich glaube, dass Störungen des Schlafes darauf zurückzuführen sind, dass extreme seelische Anspannung nicht gelöst wird. Für diesen Zustand kann ein akutes Ereignis verantwortlich sein oder eine „alte Geschichte". Auch die Unfähigkeit innere und äußere Reize zu verarbeiten, kann die Ursache dafür sein, dass der Schlaf fernbleibt. Das ist zum Beispiel bei vielen Hochsensiblen der Fall. Bei diesen zart besaiteten Geschöpfen kann sogar durch ein freudiges Erlebnis die Körperchemie so entgleisen, dass an Schlaf nicht zu denken ist. Ich weiß, wovon ich rede.

Auf der Suche nach Hilfe bei meinen Schlafproblemen sagte mir einmal ein Medium, dass ich in einem „früheren" Leben im Schlaf ermordet wurde. Mein Unterbewusstsein würde sich daran erinnern und daher hätte ich Angst „die Augen zu schließen". Ich habe keine Ahnung, ob das stimmt, aber es könnte sein. Wie immer bei der Diskussion um Vorlebenserfahrungen geht es nur um das Hier und Jetzt. Natürlich ist es hoch interessant, wer wir einmal gewesen sind und welche Erfahrungen wir gemacht haben. So können Rückführungserlebnisse durchaus Erklärungen für Schwierigkeiten im jetzigen Leben bieten. Aber das entbindet uns nicht davon, diese *heute* zu bewältigen. Aus diesem Grund absolviere ich keine Sitzungen mehr, obwohl mich meine „vergangenen" Existenzen brennend interessieren würden. Es hat aber sicher einen Grund, dass wir nicht in Kenntnis davon sind und ich respektiere das. Außerdem bin ich der festen Überzeugung, dass das Wiedererleben einer traumatischen Erfahrung nicht automatisch Entlastung bringt. Aber das ist eine Entscheidung, die ich für mich getroffen habe. Berichten Sie mir, welche Erfahrungen Sie eventuell gemacht haben.

Wichtig: Eine Schlafstörung liegt nur vor, wenn Sie die Situation als belastend empfinden. Wenn Sie pro Nacht 5 Stunden schlafen und sich trotzdem fit fühlen, sollten Sie das akzeptieren und sich nicht an der berühmten 8-Stunden-Norm orientieren.

Wenn Sie Schlafprobleme haben, versuchen Sie einmal das „So schlafe ich gut"-Programm:

1. *Entspannung* in jeder Form. Finden Sie heraus, was Ihnen besonders gut tut – Meditation, autogenes Training, ein warmes Bad, Tee, Kuscheln, sanfte Musik, ein Gebet, beruhigende Texte, schmusen mit Ihrem Tier, eine leichte Rückenmassage, die himmelblaue Thermosflasche im Bett, Atemübungen ...

2. Machen Sie sich allfällige Probleme bewusst, bezeichnen Sie sie ab sofort als Herausforderung und entwickeln Sie kreative Lösungen. Konflikte, verdrängte Gefühle, nicht verarbeitete Kränkungen und Groll sind richtiggehende Schlafkiller! Aussprechen – auch mit professionellen Helfern – entlastet die Seele und schickt Sie vielleicht ganz schnell wieder ins Träumeland.

3. Lernen Sie die Methode der „Schönen Bilder". Stellen Sie sich so detailgetreu wie möglich einen Ort von tiefem Frieden vor, zu dem Sie immer dann gehen, wenn negative Gedanken Sie belasten. Das kann ein Platz in der Natur sein, oder einer, der nur in Ihrer Phantasie existiert.

4. Rufen Sie sich in Erinnerung, dass das Leben im Hier und Jetzt stattfindet, übermäßige Sorge niemandem hilft (Ihnen schon gar nicht!) und „Loslassen" eine Lebenseinstellung werden kann.

5. Gestalten Sie Ihren Schlafbereich liebevoll. Meine Freundin, die Feng-Shui-Expertin Claudia Fahrnik, sagt: „Das Bett sollte eine Oase der Ruhe für Sie sein. Achten Sie auf Wohlfühlfarben, eine gute Matratze, angenehme Bettwäsche und – wenn Sie mögen – viele Kuschelpolster. Vermeiden Sie elektrische Geräte (Elektrosmog!), misten Sie gründlich aus, und lassen Sie überprüfen, ob unter Ihrem Schlafplatz Wasseradern liegen. Spiegel sind ungünstig, ebenso Kästen oder Balken über dem Bett. Fabrizieren Sie in so einem Fall ein Himmelbett oder einen Baldachin."

6. Schnarchen, Licht, Atemgeräusche oder auch „dicke Luft" mit dem Partner können bei empfindlichen Personen das Einschlafen verhindern. Die Lösung: getrennte Schlafbereiche. Das führt nicht automatisch zu einer Scheidung, sondern ist ein Akt der Selbstliebe.

7. Nehmen Sie nicht wahllos Medikamente, sondern lassen Sie sich von Ihrem Arzt welche empfehlen. Geben Sie vorerst auch Baldrian oder pflanzlichen Beruhigungsmitteln eine Chance.

Absolute Dont's bei Schlafproblemen:

- Kaffee, schwarzer Tee und große Mahlzeiten am Abend.
- Aufregende Filme oder Lektüre.
- Intensiver Sport unmittelbar vor dem Zubettgehen.
- Kalte Hände und Füße.
- Zu hohe oder zu niedrige Raumtemperatur, ideal sind ca. 18 – 20 °C.
- Unbefriedigender Sex, heftiger Streit im Schlafgemach, Diskussionen, die nicht entlasten, sondern beschweren.

Viele Fragen zum Thema Schlaf sind noch nicht beantwortet. Unbestritten ist: Schlafen ist wichtig für das seelische und körperliche Wohlbefinden. Tagesreize werden verarbeitet und der gesamte Organismus erholt sich. Gehen Sie die Bewältigung Ihrer Schwierigkeiten trotzdem ruhig an. Mit Willensanstrengung und Druck ist noch niemand sanft in einen erholsamen Schlaf geglitten. In diesem Sinne: Gute Nacht!

Unerklärliche Heilungen bei Krebs

Krebskranke, die von den Ärzten aufgegeben wurden, werden wieder völlig gesund. Tumore, die erfahrungsgemäß ständig wachsen, verschwinden ohne erkennbaren Grund.

Überall auf der Welt geschehen Heilungen, die nach dem heutigen Stand der Forschung nicht zu erklären sind. Welcher „Mechanismus" ist da am Werk?

Von jeher haben mich die Geschehnisse um Krankheit und Gesundheit fasziniert. Die Tatsache, dass Heilungen geschahen, die mit heutigem Wissen nicht zu erklären sind, haben mich ermutigt auch sonst Dinge für möglich zu halten, die eigentlich „unmöglich" sind.

Während meiner Arbeit an der Krebsstation habe ich zwar keine Spontanheilungen, aber viele ungewöhnliche Krankheitsverläufe erlebt. Da war Luise, die von den Ärzten „aufgegeben" war und danach noch über 12 Jahre bei guter Lebensqualität verbrachte. Oder die schöne, tapfere Sandra, die über ihr Leben mit der Erkrankung ein Buch schrieb (Sandra Fleck: „Ich lebe, kämpfe und siege"). Als sie starb, war das Jahre nach dem Zeitpunkt, den sie nach Meinung ihrer Ärzte hätte erleben dürfen.

Aber es gibt auch Menschen, die körperlich wieder vollkommen gesund wurden, obwohl das „völlig ausgeschlossen" schien.

Mein Exchef, der international anerkannte Krebsspezialist Univ.-Prof. Heinz Ludwig erzählte mir, dass er als junger Oberarzt völlig fassungslos das Röntgenbild eines Patienten in der Hand hielt, bei dem er vor einem Jahr Nierenzellkrebs und Metastasen in der Lunge diagnostiziert hatte. Die Lebenserwartung war äußerst gering. Der Patient lehnte damals jede Behandlung ab. Nun zeigte das Bild die Lunge vollkommen frei von Metastasen. Der Tumor war auf geheimnisvolle Weise verschwunden.

Ähnlich fasziniert reagierten Ärzte in Deutschland. Nach menschlichem Ermessen hatte der Patient G. K. keine Chance auf Überleben. Ein riesiger Tumor drang von der Leiste her in die Bauchhöhle, Lunge und Leber waren voller Metastasen. Chemotherapie und Strahlenbehandlung kamen wegen des geschwächten Zustandes nicht in Frage. Ein Jahr später zeigten die Röntgenbilder keinen Hinweis mehr auf ein bösartiges Krankheitsgeschehen. Der ehemals todkranke Mann war wieder völlig gesund.

Die deutsche Krebshilfe hat über diese und andere Spontanheilungen ein sehr berührendes Video gedreht. Darauf werden Betroffene interviewt und Ärzte geben Stellungnahmen ab. Dieses Band macht unglaublichen Mut. Denn die Botschaft lautet: „Wenn diesen Menschen das geschah, dann kann es grundsätzlich auch mir geschehen."

Unerwartete Genesungen sind ein wichtiges Thema und doch erhalten sie bisher nicht die Beachtung, die sie verdienen. Vor unser aller Augen läuft ein unglaublicher Heilungsprozess ab, von dem die Ärzte noch wenig wissen. Wie bilden sich bösartige Tumore plötzlich ohne erkennbaren Grund zurück? Warum verlässt der Krebs den Körper ebenso geheimnisvoll, wie er einst Besitz von ihm ergriffen hat? Gibt es eine unbekannte Kraft, die der Krebszelle den Befehl gibt „Stirb!"? Prof. Ludwig: „Bei unserem heutigen Forschungsstand können wir diese Fragen nicht beantworten. Aus irgendeinem Grund beginnen die Krebszellen sich selbst zu vernichten. Die Mechanismen, die diesen Vorgang auslösen, sind aber unbekannt. Wir können eine Spontanheilung daher weder erzwingen noch willentlich herbeiführen. Es ist inzwischen bekannt, dass Methoden wie Psychotherapie, Meditation und Autosuggestion das allgemeine Befinden verbessern. Ob es dadurch eher zu einer spontanen Heilung kommt, ist aber ungewiss."

Ein Tumor verschwindet scheinbar von allein. Obwohl dieses Phänomen unglaublich spektakulär ist, haben bis jetzt wenige Forscher versucht, dem Geschehen auf den Grund zu gehen. In Deutschland gab es 1997 in Heidelberg erstmals einen Kongress zum Thema „Spontanheilungen", auf dem Wissenschaftler ihre Erkenntnisse zu diesem Thema diskutierten. Nach gründlicher körperlicher und seelischer Untersuchung von Geheilten kamen sie zu folgenden grundlegenden Ergebnissen:

- Es gibt einen bisher unbekannten Mechanismus, der die Krebszelle veranlasst, sich selbst zu zerstören.

- Die Psyche hängt mit dem Immunsystem in weit größerem Ausmaß zusammen als bisher angenommen. Daher spielen das Denken und Fühlen des Patienten sowie Eigenverantwortung und Eigeninitiative eine äußerst wichtige Rolle.

Fast alle Menschen mit spontanen Rückbildungen hatten ihr Leben nach der Diagnose in wichtigen Punkten geändert. Sie lernten sich selbst zu lieben, Gefühle auszudrücken und die Krankheit nicht als unabänderlich, sondern als Herausforderung zu sehen. Sie glaubten auch an eine höhere Macht, bei der sie Hilfe und inneren Führung finden können.

Es gibt einen Ort, an dem seit über hundert Jahren Heilungen geschehen, die sogar nach den strengen Kriterien der Kirche als Wunder anerkannt werden - Lourdes. Über drei Millionen Menschen fahren jährlich zu der berühmten Grotte, in der 1858 Bernadette Soubirous eine Marienerscheinung hatte. Der kleine Ort am Fuße der Pyrenäen wurde seitdem zur Pilgerstätte für Menschen aller Nationalitäten und Religionen.

Tausende Kranke, die zum Teil liegend transportiert werden, beten vor der Grotte um Linderung oder Heilung ihrer Leiden. Jedes Jahr werden Menschen auf unerklärliche Weise nach einem Besuch in Lourdes gesund. Ein internationales Ärzteteam untersucht die einzelnen Fälle und dokumentiert sie in einem Archiv. Die Heilung wird erst dann anerkannt, wenn die Krankheit organisch war, die Gesundung plötzlich und im Zusammenhang mit Lourdes einsetzte und außerdem von Dauer ist. Und das sind immerhin ca. 20 (!) pro Jahr.

Obwohl ich nicht katholisch bin, hat mich der Besuch in Lourdes tief berührt. Am Abend war der Platz vor der großen Kirche überfüllt mit Menschen. Alle, auch die meisten Kranken auf ihren Bahren hielten kleine Laternen in den Händen und sangen aus tausenden Kehlen das berühmte „Ave Maria".

Spontane Heilungen sprechen für das Vorhandensein einer verborgenen Kraft, die auf keinem Röntgenschirm auftaucht und die sich nicht messen und berechnen lässt. Sie sind selten, aber es gibt sie. Vielleicht werden wir ihren Mechanismus einmal verstehen, möglicherweise bleiben sie auch ein Geheimnis wie das Leben selbst.

Auf jeden Fall wäre es äußerst wichtig, Forschungen auf diesem Gebiet zu intensivieren, denn offenbar kann im Körper etwas erzeugt werden, dass Heilung bei Krebs auslöst. Wenn ein Mensch über Selbstheilungskräfte verfügt, die Tumore zum Verschwinden bringen, dann sollte die Erforschung dieses Vorganges eines der wichtigsten Anliegen sein. Die Ärzte haben sich bis jetzt mehr auf das Verhalten der Tumore konzentriert, als auf mögliche Verhaltensweisen von Menschen, die unerwartet gesund wurden. Was haben diese Patienten gedacht, gefühlt, getan? Lassen sich vielleicht Übereinstimmungen finden, die auch anderen Kranken helfen?

Die Diagnose Krebs wird auch heute noch häufig als Todesurteil verstanden, verbunden mit Schmerzen und würdelosem Sterben. Aber die Botschaft heißt: Krebs verläuft nicht automatisch tödlich. Mehr als die Hälfte der Patienten werden mit den Methoden der heutigen Medizin geheilt oder können trotz Erkrankung ein gutes Leben führen. Hoffnung gibt es immer. Und es ist ein tröstlicher Gedanke, dass gegen alle Logik, Erfahrung und Statistik überall auf der Welt Menschen spontane Heilungen erleben.

Aber was wirkt wirklich in Lourdes und anderen Wallfahrtsorten? Greift Gott hier ein oder kommt es durch die innere Haltung von Hoffnung, Freude und Erwartung zu diesen Heilungen? Selbst wenn es so ist, wäre dieser Beweis für die Macht der Psyche schon ein Wunder an sich. Auch beim so genannten Placeboeffekt ist schließlich nur die tiefe Überzeugung, ein starkes Schmerzmittel einzunehmen dafür verantwortlich, dass harmlose Zuckerpillen entsprechend wirken. Wir wissen (noch) nicht, warum der eine Mensch gesund wird und der andere nicht. Aber die Tatsache, dass eine Heilung offenbar auch dann möglich ist, wenn sie unmöglich ist, sollte uns auffordern bisherige „Regeln" in Frage zu stellen. Was kann noch geschehen, wenn *das* geschehen konnte?

Kann Glaube heilen?

Die Antwort lautet: Ja, wenn man auch nicht weiß, wie und warum es nicht immer geschieht. Forschungsergebnisse rund um die Welt zeigen, dass Menschen, die sich mit Gott in irgendeiner Art verbunden fühlen, eher gesund werden als andere. Und Kranke, die körperlich nicht genesen, haben eine höhere Lebensqualität, weil sie sich in der Seele „heil" fühlen.

Obwohl die medizinische Wissenschaft für dieses Phänomen keine Erklärung findet, kann Krebsspezialist Ludwig diese Erkenntnisse nur bestätigen: „Ich kann immer wieder beobachten, dass Patienten, die an eine höhere Macht glauben, entweder die Krankheit besser bewältigen oder schneller gesund werden. Ich kenne auch Untersuchungen, die belegen, dass Menschen, die beten und für die gebetet wird, länger leben."

Spirituelle Menschen glauben an eine göttliche Kraft, die alle menschlichen Vorstellungen übersteigt und durch deren Eingreifen sich ungeahnte Möglichkeiten eröffnen. Damit geht auch das befreiende Gefühl einher, dass im Krisenfall nicht nur der Patient selbst oder der Arzt oberste Instanz ist, sondern dass es da eine höhere Macht gibt, die helfen kann.

Stärke kann frau auch in der Erkenntnis finden, dass jedes Leid seine Bedeutung hat. Im Gegensatz zu Sigmund Freud, der Glaube als „schwächliche Krücke für emotionale Krüppel" bezeichnete, erkannte der KZ-Überlebende und Erfinder der Logotherapie Viktor Frankl die Suche nach Sinn im Leben *und* im Leid als äußerst heilsam. Er sagte den kryptischen Satz „Wer leuchten will, muss sich verbrennen lassen". Und der bekannte Autor Dan Millman schreibt in seinem Buch „Die goldenen Regeln des friedvollen Kriegers": „Du brauchst den Schmerz nicht zu suchen, aber wenn er kommt, wird der Weg durchs Feuer dir Weisheiten offenbaren, die du anders nicht erfahren hättest." Ja, ja, lieber Dan, so ist es.

Manchmal ist der Sinn einer Leid-Erfahrung offensichtlich. Es kann sein, dass es darum geht, krankmachende Beziehungen zu lösen, tief sitzenden Groll aufzugeben, selbst schädigende Gewohnheiten abzulegen oder einfach zu lernen sich selbst zu lieben. Manchmal erkennt man aber auch erst viel später, dass man auf genau diesem Weg durch die Hölle Eigenschaften entwickelt hat, die wichtig sind – echte Stärke, tiefes Mitgefühl (nicht Mitleid!) und eine Angstfreiheit, die man nie für möglich gehalten hätte.

Glaube, der heilt, bedeutet also:

- Ich gehe davon aus, dass es eine liebevolle höhere Macht gibt (Gott, wie ich ihn – oder sie – verstehe), die gütig ist, alles versteht und nicht verurteilt. Ich weiß, dass ich geborgen bin und nie tiefer fallen kann als in Gottes Hand.

- Ich kann mich jederzeit an Gott wenden und um Unterstützung bitten. Natürlich auch, um zu danken (!).

- Ich akzeptiere, dass auch Krankheit und Leid Sinn haben und auch wenn ich dagegen hadere, öffne ich mich dafür, ihn zu erfahren.
- Ich weiß, dass ich gewählt habe hier zu sein – um einen Auftrag zu erfüllen, zu „lernen", aber auch um mich am Leben zu freuen und Feste zu feiern. Glaube im heilenden Sinne hat nichts zu tun mit der sonntäglichen Pflichterfüllung des Kirchganges oder dem routinemäßigen Gesichtsbad vor dem Altar. Und wirklich krank machen kann die Überzeugung, dass Gott ein strenger Vater ist, der nur auf einen Fehler von mir wartet, um sich grausam zu rächen. Menschen, die eine Erkrankung als Strafe Gottes ansehen, können mit diesem „Glauben" ihre Genesung ernsthaft behindern.

Wie kann der Einzelne nun seinen Glauben finden? Dafür gibt es kein Rezept und jeder muss sich aufmachen, einen eigenen Weg zu suchen. Für mich persönlich hat sich die Idee einer „Freundschaft mit Gott" sehr bewährt. Ich erzähle ihm Tagesereignisse, ersuche eindringlich um Aufmerksamkeit und rege mich auf, wenn etwas nicht so geschieht, wie ich das gerne hätte. Ich hadere, rebelliere, lobe und danke. Sehr oft verstehe ich ihn absolut nicht, aber kleine Geheimnisse sollte man ihm wohl lassen. Und obwohl ich nicht im kirchlichen Sinne gläubig bin, fühle ich mich Gott so verbunden, dass meine Gespräche mit ihm täglich stattfinden.

Zum Thema Gottesbeweis hat der Physiker Blaise Pascal bereits im 17. Jh. folgende Fragen formuliert: „Kann man beweisen, dass es Gott gibt? Kann man beweisen, dass es ihn nicht gibt?" Nachdem seriöserweise beide Fragen mit „nein" beantwortet werden müssen, stellt er eine dritte: „Wäre es hilfreich, an Gott zu glauben?" Wenn das bedeutet, sich beschützt, angenommen und geliebt zu fühlen, mag sich jeder über die Antwort seine eigenen Gedanken machen.

Der berühmte Arzt Dr. Herbert Benson, der 30 Jahre lang zum Thema Glaube und Gesundheit geforscht hat, sagt: „Ob Gott nun wirklich existiert oder lediglich Einbildung eines Gehirns ist, das sich nach ihm sehnt – auf jeden Fall werden die, die an ihn glauben, gesünder."

„MEINE MUTTER MACHT MICH KRANK"

Kennen Sie die Aussage „Meine Mutter macht mich wahnsinnig" oder „Meine Mutter ist nicht zum Aushalten"? Es vergeht kein Tag, an dem ich diesen Seufzer nicht in der Praxis oder in den Kursen höre. Und auch ich selbst habe ihn in unterschiedlichen Graden der Verzweiflung schon ausgestoßen.

Die Beziehung (oder „Nicht-Beziehung") zur Mutter ist für fast jede Frau ein Thema. Wenn Sie sich auf dem Weg zur glücklichen Frau befinden, ist es wichtig, dass Sie erkennen, wie dieses besondere Verhältnis Sie geprägt hat und in welcher Weise es heute noch Ihr Leben bestimmt. Denn durch Worte, das Familienklima oder einfach durch Vorleben vermittelt eine Mutter ihrer Tochter *den* Ansatz zur Lebensgestaltung. Und je nach ihrer eigenen Vorgeschichte und Persönlichkeit sind das leichte, heitere Töne oder doch eher dumpfes Moll.

Warum ist eine Mutter so selten einfach nur froh über die Tatsache, dass es uns gibt, auch wenn wir nicht genauso sind, wie sie das gerne hätte? Und wie sollten wir denn idealerweise sein, damit es für sie passt? Warum gibt es in kaum einer mitmenschlichen Verbindung so viel Kritik, Abwertung, Nicht-Akzeptanz, Kälte, Unverständnis oder schlicht und ergreifend Ablehnung? Was veranlasst eine Mutter dazu, ihr eigenes Kind in einer Form seelisch und/oder körperlich zu misshandeln, dass ein erklärter Feind es nicht schlimmer könnte? Wieso scheint es oft so zu sein, dass sie es auf einer tiefen Ebene nicht ertragen kann, dass es uns gut geht? *Warum kann sie uns nicht einfach nur lieben??* Wunden, die einem von der Mutter zugefügt werden, sitzen tief. Oft laufen wir ein Leben lang hinter ihrer Liebe her, auch wenn sie zig Male bewiesen hat, dass sie zu den Gefühlen, die wir uns von ihr wünschen, einfach nicht in der Lage ist. So verhalten wir uns instinktiv in einer Weise, von der wir wissen, dass sie „erwünscht" ist, oder tun genau das Gegenteil. In beiden Fällen sind wir nicht frei nach eigenen Maßstäben zu handeln. Und in beiden Fällen fühlen wir uns irgendwie schlecht.

Der Hauptvorwurf Nummer 1 an meine Mutter war immer der, dass ich mich von ihr emotional nicht unterstützt fühlte. Ich wollte wachsen, neue Wege finden, eingefahrene Gleise verlassen und Regeln auch einmal brechen. Ich hätte mir eine Mutter gewünscht, die mich nicht nur dabei ermutigt, sondern lachend und fröhlich auf diesem Weg vorangeht. Sie selbst war aber von starken Ängsten erfüllt, die ihr das nicht erlaubten. Immer wenn ich meinen Kopf hob, um etwas anders zu machen als bisher, sorgte sie durch Bemerkungen, Liebesentzug oder heftige Kritik dafür, dass ich „klein" blieb. Später tat ich dann zwar trotzdem oft, was ich für richtig hielt, aber es kostete mich enorme Kraft. Außerdem konnte ich meinen „Erfolg" nicht genießen, sondern fühlte mich einfach nur bedrückt und seltsam schuldig. Vorwurf Nummer 2 bezog sich darauf, dass für meine Mutter die Gefühle anderer Leute immer wichtiger waren als meine. Sie konnte sich taglang den Kopf darüber zerbrechen, was ein Herr X, mit dem ich einen Konflikt hatte, wohl empfand, ohne auch nur im Geringsten besorgt zu sein, was die Angelegenheit bei *mir* auslöste. So fühlte ich mich alleine und von ihr im Stich gelassen. Noch heute spüre ich instinktiv einen tiefen Schmerz, wenn ein vertrauter Mensch nicht zu „mir" hält, sondern sich auf die Seite „der anderen" stellt.

Meine eigene Mutterschmerzgeschichte begann sehr früh. Als Kind klammerte ich mich mit tränenüberströmtem Gesicht ans Fenstergitter, wenn sie das Haus verließ, um die Zähne irgendwelcher Leute zu reparieren. Ich fühlte mich völlig verlassen und der Herrschaft eines Kindermädchens ausgeliefert, das ich aus vollem Herzen verabscheute. Als ich sechzehn war, wurde die Beziehung sehr schwierig. Die erste Welle der Frauenbewegung hatte unser Land erfasst und begeistert brachte ich das entsprechende Gedankengut nach Hause. Obwohl meine Mutter für ihre Generation eine emanzipierte Frau war, wollte und konnte sie nicht so weit mit den Traditionen brechen, wie ich das gerne gesehen hätte. Ich nannte sie die „gehorsame Dienerin" meines Vaters, dessen strenge Ansichten sie zwar nicht teilte, gegen die sie aber auch nicht wirklich ankämpfte. Mit achtzehn machte ich sie für alles verantwortlich, was in meinem Leben schief ging. Stürmische Auseinandersetzungen waren an der Tagesordnung. Ich fühlte mich unverstanden und als ewiger Außenseiter einer Familie, in der alle anderen im gleichen Takt tickten. Mit fünfunddreißig begann ein Aussöhnungsprozess, der uns wieder näher brachte. Sie besuchte Seminare, die ich als Psychologin leitete und begann auch über sich selbst nachzudenken. In vielen Gesprächen wurde mir klar, wie sehr ich sie eigentlich liebte und konnte endlich Teile meines Zorns loslassen. Aber noch Jahre später flackerte dieser Zorn bei bestimmten Gelegenheiten immer wieder auf. Auf eine geheimnisvolle Weise schien sie genau zu wissen, welchen „Knopf" sie drücken musste, damit er erneut aktiviert wurde. Ich merkte dabei jedes Mal, dass die alten Wunden von „Du verstehst mich nicht" noch immer nicht ganz verheilt waren.

Heute benutze ich solche Vorfälle, um mir noch einmal den alten Schmerz anzusehen, der dahinter steht. Ich weiß, dass er in dieser Form hoch kommt, damit ich eine neue Chance habe, ihn mit meinen jetzigen Möglichkeiten zu verarbeiten. Ich gehe dabei folgendermaßen vor:

- Ich nehme alle Gefühle wahr – Wut, Ohnmacht, Traurigkeit, Verzweiflung, Hoffnungslosigkeit, Schuldgefühle – und höre zu, was sie mir zu sagen haben. Das könnte so aussehen: „Jetzt hat sie *schon wieder* nicht kapiert, worum es mir geht. Wie kann sie mich *schon wieder* so kränken, missverstehen, übergehen, benachteiligen, nicht wahrnehmen? Verdammt, was ist mit dieser Frau los? Jetzt weiß sie *schon wieder* alles besser, will mich kontrollieren und mir damit zeigen, wie unfähig ich eigentlich bin. Das ist doch nicht zu fassen! Das hat sie immer so gemacht und es tut immer noch so weh. Jetzt fühle ich mich wieder schuldig, weil ich sie so angefahren habe. Wieso tut sie das? Es hat ja doch keinen Sinn. Das wird sich nie ändern. Warum habe ich nicht eine Mutter, die mich ermutigt, tröstet und liebevoll begleitet?"

- Dann finde ich heraus: Worum geht es bei dieser Auseinandersetzung *wirklich?* Ist der jetzige Anlass die Ursache oder berührt er eine uralte Wunde? Meist ist das der Fall!

Wichtig: Es ist egal, worum es sich im Einzelnen handelt. Denn immer geht es um die Frage: Wie sehr liebst du mich? Warum liebst du mich noch immer nicht? *Bitte, bitte liebe mich.*

❱ Dann frage ich mich: Wie kann ich mit diesem Schmerz anders umgehen als bisher? Welches Werkzeug habe ich *heute* im Gegensatz zu früher, damit ich nicht immer wieder in die gleiche Falle gehe?

Solche Werkzeuge sind: die Fähigkeit, Gefühle zu spüren und auszudrücken – auch Zorn, ein klärendes Gespräch zu führen, sich damit auseinanderzusetzen, dass wir uns die Eltern „aussuchen", um mit ganz bestimmten Herausforderungen konfrontiert zu sein, vor diesem Hintergrund mit Schuldzuweisungen aufzuhören, Akzeptanz und Loslassen zu praktizieren, therapeutische Hilfe in Anspruch zu nehmen, auf gleicher Ebene miteinander zu kommunizieren und nicht länger das „kleine Mädchen" zu sein.

❱ Von dieser „Erwachsenenposition" aus versuche ich zu verstehen, warum meine Mutter so handelt, wie sie es tut. Das nimmt nicht den vergangenen Schmerz, aber es kann helfen, mit dem gegenwärtigen besser umzugehen.

❱ Dann versichere ich mir aus tiefstem Herzen: „Es ist in Ordnung, dass ich ein Leben nach *meinen* Vorstellungen führe. Ich muss mich dafür nicht rechtfertigen oder immer wieder Erklärungen abgeben. Ich kann ein Gespräch auch abbrechen, das nach einem alten Muster immer wieder in die gleiche Richtung geht. Oder vorübergehend Distanz halten, wenn das für mein Wohlergehen wichtig ist."

Ich kann meine Mutter lieben und ohne Schuldgefühle trotzdem das tun, was ich für richtig halte.

Die – problematischen – Geschichten über Mütter und Töchter füllen Bibliotheken. Denn wenn eine Frau eine andere auf die Welt bringt, sind beide offensichtlich auf besondere Weise miteinander verbunden. Und manchmal erzeugen Liebe, Schmerz und enttäuschte Erwartungen auch eine Verwirrung der Gefühle, die oft ein Leben lang anhält.

Es ist von großer Bedeutung, dass Sie sich klarmachen, wie viel und in welcher Form Ihre Mutter Liebe geben und zeigen kann. Wenn Sie immer wieder das Unmögliche erwarten, wird Ihre Enttäuschung niemals enden. Im Regelfall sind Sie auf Ihrem Heilungsweg ein großes Stück weiter, wenn Sie erkennen können, was zwischen Ihnen und Ihrer Mutter möglich ist und was nicht. Dann werden Sie zwar vielleicht noch immer ihre Liebe vermissen, aber nicht mehr mit der gleichen wilden oder todtraurigen Verzweiflung. Und Sie können dann auch klarer sehen, was diese Beziehung trotz allem an Gutem enthält.

Es gibt natürlich Mütter und ihre weiblichen Kinder, die versichern, sich ausschließlich innig zu lieben, Konflikte nur vom Hörensagen zu kennen und in immerwährendem seelischem Gleichklang glücklich durchs Leben zu gehen. Die Regel ist das nicht. Ich habe als Therapeutin noch kaum Sitzungen erlebt, in denen wir nicht früher oder später beim Thema „Mama" gelandet sind. Einige Zitate aus Therapiestunden: „Ich laufe heute noch der Anerkennung nach, die sie mir nie gegeben hat", „Immer wenn ich sie brauchte, hat sie mich im Stich gelassen", „Ständig hat sie an mir herumkritisiert, nichts war richtig", „Sie wollte immer alle beherrschen, das will sie heute noch", „Wenn ihr etwas nicht passt, bekommt sie sofort Herzbeschwerden", „Ich fühle mich heute noch schuldig, wenn ich etwas tue, was ihr nicht recht ist", „Mir kommt vor, dass sie richtig neidisch auf mich ist und mir deswegen alles kaputt machen will".

Gelitten wird unter der kalten, schwachen, kontrollierenden, erpresserischen oder dominierenden Mutter. Und es ist absolut verständlich, dass ihr diesbezügliches Verhalten einen wahren Gefühlswirrwarr auslösen kann.

Wichtig: Sie können Ihrer Mutter von Zeit zu Zeit sogar Hassgefühle entgegenbringen und sie *trotzdem* lieben. Diese beiden Gefühle können nebeneinander existieren.

Wenn Sie in der einen oder anderen Art schwer misshandelt wurden, werden Sie unter Umständen feststellen, dass die negativen Gefühle bei weitem überwiegen. Aber es ist viel gesünder, sich Zorn einzugestehen, als ihn zu verdrängen. Es ist für Seele und Körper nicht förderlich, im Dauerzustand von Groll zu existieren. Suchen Sie therapeutische Hilfe, wenn der Zorn auf Ihre Mutter zum Grundgefühl Ihres Lebens geworden ist.

Naturgemäß ist es im Falle „Mutter" besonders schwierig, sich aggressive Gefühle einzugestehen. Das „darf" einfach nicht sein und wird fast als eine „Entheiligung" empfunden. Denn es gibt den Mythos von der sich grenzenlos verströmenden Mutterliebe und auch in nichtreligiösen Kreisen den bedingungslosen Glauben an das Gebot „Du sollst Vater und Mutter ehren". Einer meiner fortschrittlicheren Lehrer pflegte dazu trocken zu bemerken: „Sie müssen aber auch danach sein." Sowohl der Mythos, als auch die Forderung, dieses Gebot niemals zu brechen, verhindern, dass problematische Gefühle gespürt, akzeptiert und verarbeitet werden können. Denn wie in den meisten Beziehungen gibt es auch zwischen Mutter und Tochter Widersprüche, Lügen und neben aller Zuneigung uneingestandene Gefühle von Zorn, Neid und Schuld.

Auch wenn sie von außen betrachtet total verschieden leben, übernehmen Töchter auf einer unbewussten Ebene Ängste, Sorgen, Einstellungen und Reaktionen ihrer Mutter. Denn, egal, wie wir das Netz von Emotionen zwischen uns und anderen weben, häufig ist es geprägt von dem Muster, das zwischen ihr und uns besteht. Viele der Beziehungen, die wir als Erwachsene führen, enthalten Elemente der Mutter-Tochter-Beziehung. Entweder spielen wir die Rolle des Kindes und machen die andere Person zur „Mutter" oder wir übernehmen ihre Rolle. Partner reagieren häufig nicht auf das, was sich zwischen ihnen abspielt, sondern auf unverheilte Wunden der Vergangenheit.

Welche Gefühle aus der Mutter-Tochter-Beziehung können nun das Leben der Tochter erschweren?

- Schuldgefühle: Eine Mutter sendet oft widersprüchliche Botschaften. Sie sagt das eine, tut das andere und fühlt etwas Drittes. Das erzeugt bei der Tochter große Verwirrung. Häufig gleicht das Leben der Tochter dann einem misstönenden Kompromiss, weil sie versucht alle Teile der gespaltenen

Botschaft auszuleben. Und so weiß sie nicht, was sie tun soll, denn irgendwie scheint es nie das Richtige zu sein. Sie fühlt sich seltsam schuldig und kann keinen Grund dafür angeben.

- Übernahme von Ängsten: Ist die Mutter ängstlich, ist es wahrscheinlich, dass das furchtgetönte Klima die Tochter beeinflusst. Sie lernt unbewusst: „Diese Welt ist ein Angst erregender Ort." Viele Ängste, die ein mangelndes Selbstwertgefühl zur Folge haben, sind darauf zurückzuführen. Die Mutter fürchtet, dass die Tochter in eine gefährliche Situation geraten, sich mit einer falschen Entscheidung ihre Zukunft verbauen oder in schlechte Gesellschaft geraten könnte. So ist die Spannung zwischen dem Kind, das Freiheit haben will, und dem schützenden Elternteil unvermeidbar.

- Minderwertigkeitsgefühle: Sie können entstehen, wenn der Tochter nicht vermittelt wird: „Du bist wichtig. Was du denkst, fühlst und tust ist *von großer* Bedeutung. So wie du bist, ist es *in Ordnung!*" Die Folge davon ist, dass die Tochter große Schwierigkeiten damit hat, Selbstliebe zu entwickeln.

Wenn Sie die Beziehung zu Ihrer Mutter untersuchen, ist es wichtig, die Belastungsfaktoren, unter denen Sie heute noch leiden, zu erkennen. Es geht bei schwierigen Verhältnissen auch darum zu klären, ob eine Verbesserung der Beziehung möglich ist oder durch anhaltende zerstörerische Mechanismen verhindert wird. S. Cohan schreibt in ihrem Buch „Meine Mutter macht mich ganz verrückt": „Erwachsene Töchter, die versuchen das Verhältnis zu einer lieblosen Mutter „hinzukriegen", lassen sich mit jenen Menschen vergleichen, die in ein vegetarisches Restaurant gehen und Roastbeef bestellen. Die Mutter, von der sie liebevolles Umgehen erwarten, hat das wahrscheinlich von ihren eigenen Eltern nie bekommen. Sie hat dieses Verhalten einfach nicht in sich und kann es daher auch nicht geben. Sobald Sie das wirklich erkannt haben, wird alles ein wenig leichter. Die eigene Mutter zu sehen, wie sie wirklich ist und nicht durch eine Brille unrealistischer Forderungen, ist ein Riesenschritt in Richtung innerer Friede. Die Macht der Mutter, der Tochter immer wieder Schmerz zu bereiten, verringert sich. Wenn Sie klar erkennen, was sie geben kann und was nicht, freuen Sie sich über das, was eventuell doch möglich ist." Für Mütter: Hören Sie Ihrer Tochter zu, bitten Sie für vergangene Fehler um Entschuldigung und behandeln Sie sie als eigene Persönlichkeit. Für Töchter: Versuchen Sie ein früheres problematisches Verhalten der Mutter vom heutigen Blickpunkt aus zu verstehen. Versuchen Sie, nicht im Vorwurf „Was du mir angetan hast" stecken zu bleiben, auch wenn Sie das volle Ausmaß der Blockaden durch die Erziehung erkannt haben. Verwenden Sie eine schlechte Mutter-Tochter-Beziehung nicht als Ausrede dafür, dass Sie Ihr Leben nicht in die eigenen Hände nehmen. Vielleicht hat sie bisher noch Macht über Sie gehabt, aber das muss nicht so bleiben! Eine glückliche Frau weiß, dass die Beziehung zu ihrer Mutter unter Umständen Elemente enthält, die die Entfaltung ihres vollen Potentials hemmen. Sie setzt sich liebevoll und geduldig damit auseinander, damit die damit verbundenen Schmerzen endlich heilen können. Denn sie hat klar erkannt, dass Verbitterung, unterdrückter Groll und die Opferrolle sie in ihrem Zustand festhalten.

Es bedeutet seelische Anstrengung sich aus einer Verstrickung zu lösen, die vielleicht das ganze bisherige Leben überschattet hat. Gelingt das aber, werden Sie lächeln, wo früher Tobsuchtsanfälle angesagt waren und mit der Schulter zucken, wenn Ihnen früher heftige Magenkrämpfe zu schaffen machten. Und Sie werden ein unglaubliches Gefühl von Freiheit spüren, wenn die gewohnte Kritik zum ersten Mal keine kränkende Spur mehr hinterlässt. Endlich fühlen Sie: „Ich kann ich selbst sein, eigene Entscheidungen treffen und die Kontrolle über mein Leben übernehmen."

Das 4-Schritte-Programm für Mütter:

1. Akzeptieren Sie, dass Ihre Tochter die Vergangenheit anders empfunden hat als Sie und eventuell noch heute an damals erlittenen Verletzungen leidet.
2. Geben Sie Fehler zu.
3. Suchen Sie das Gespräch – immer und immer wieder.
4. Vergessen Sie die Liebe nicht!!!

Das 8-Schritte-Programm für Töchter

1. Versuchen Sie die Mutter aus ihrer eigenen Geschichte heraus zu verstehen und ihr zu vergeben. Vergeben bedeutet *nicht (!)* unrechtes Verhalten zu entschuldigen, sondern die eigene Energie herauszunehmen. Und es bedeutet aufzuhören, sich eine bessere Vergangenheit zu wünschen.

2. Fragen Sie sich ehrlich: Leide ich darunter, dass ich von ihr unbewusst Ängste, Einstellungen, Abneigungen oder Wünsche übernommen habe?

3. Ziehen Sie ohne schlechtes Gewissen eine Grenze zwischen sich und Ihrer Mutter, wo das für Ihr Seelenheil nötig ist.

4. Entrümpeln Sie aktuelle Beziehungen zu Partnern, Kindern oder anderen Menschen von altem Ballast. Frage: Reagiere ich noch immer unbewusst *wie* meine Mutter oder *auf* sie?

5. Sehen Sie die Mutter mit Ihren heutigen Augen und nicht als die übermächtige Person Ihrer Kindheit.

6. Bejahen Sie innerlich: „Ich bin kein abhängiges Kind mehr und bin fähig, ohne Schuldgefühle meinen Weg zu gehen."

7. Sehen Sie auch die positiven Seiten Ihrer Mutter und konzentrieren Sie sich darauf.

8. Vergessen Sie die Liebe nicht!!

„OH – MEIN PAPA"

Der erste Mann in unserem Leben ist in der Regel der Vater. Interessanterweise spielt er meist auch dann eine sehr große Rolle, wenn er nicht oder nicht lange vorhanden war. Wenn Sie sich auf Ihrem Weg zum Glück befinden, werden Sie Daddy also in der einen oder anderen Form am Wegesrand sitzen sehen. Gehen Sie dann nicht vorbei, sondern bleiben Sie stehen. Denn auch er hat das Leben seiner Tochter geprägt und tut das manchmal selbst dann noch, wenn er schon verstorben ist.

Ich wollte immer Vatis kleines Mädchen sein. Wenn ich Filme sah, in denen die Tochter für den Vater quasi der Mittelpunkt der Welt war, gab es mir jedes Mal einen Stich. Freundinnen, deren Väter sie vergötterten, wurden heftig beneidet. Und ich tat jahrzehntelang nichts anderes, als der Liebe meines Vaters nachzulaufen, auch wenn es von außen betrachtet vielleicht nicht so aussah.

Er war in eine Zeit und eine Familie hineingeboren, in der Leistung und Pflichterfüllung oberste Priorität hatten. Gefühle gab es entweder nicht oder sie hatten gefälligst beherrscht zu werden. In diesem Geiste ging er auch mit mir um. Ich betrachte es heute als kosmischen Witz, dass gerade er mit einer extrem emotionalen Tochter gesegnet ist, die keine Gelegenheit vorbeigehen lässt, ihre Gefühle auszudrücken.

Früher hatte er dann immer fluchtartig den Raum verlassen, weil ihm meine Wesensart äußerst suspekt war. Dazu kam, dass er ein so genanntes Familiengeheimnis mit sich herumtrug, dass bei Lichte besehen nicht schlimm war, ihn aber jahrzehntelang belastete. Sein Stressberuf Unfallchirurg, unbewältigte Kriegserlebnisse und ein unausgeglichenes Temperament sorgten auch dafür, dass er unter ständiger Anspannung stand. So litt ich als Kind einerseits unter seinem unterkühlten Umgang mit mir und andererseits den plötzlich auftretenden cholerischen Ausbrüchen.

Durch diese Vor-Erfahrungen waren viele meiner späteren Beziehungen von dem Muster „emotional nicht erreichbarer Mann" geprägt. „Zufällig" kam ich immer wieder an Partner, die in irgendeiner Weise gefühlsmäßig nicht „zu haben" waren.

Damit wiederholte ich mein Vaterthema, mit dem Wunsch, doch endlich einmal „zu siegen". Wenn ich im weitesten Sinne nur gut genug war, dann würde ein bestimmter Mann X mir alles geben und meine Urwunde könnte endlich heilen. Mit diesem Muster belastet wählte ich natürlich immer Männer aus, die mir genau das *nicht* geben konnten, was ich mir so sehr wünschte. Und so versuchte ich immer weiter Liebe zu erhalten, litt und „musste" bleiben – ein Muster, das mir aus der Kindheit vertraut war.

Wichtig: Als Kind haben wir wirklich keine Wahl. Wir müssen bleiben, auch wenn wir Schmerzen erfahren. Aber als Erwachsene bleiben wir häufig, obwohl wir gehen könnten.

Betrachten Sie daher das Verhältnis zu dem ersten Mann in Ihrem Leben und das Muster, in dem es gestrickt war. So können Sie bewusst entscheiden, ob Sie es wirklich immer aufs Neue wiederbeleben möchten.

Häufige Konstellationen, die zu unbefriedigenden Lebenssituationen führen, sind:

Der gefühlsmäßig nicht verfügbare Vater

Er ist wohl anwesend, aber eigentlich nicht wirklich. Er geht in seinem Beruf auf, hat ein intensives Hobby, ist viel im Ausland oder interessiert sich einfach nicht für das Seelenleben seiner Tochter. Auf die Frage, ob er sie liebt, antwortet er selbstverständlich mit „ja". Und ist entrüstet, dass irgendjemand – eventuell auch seine Tochter – das in Frage stellt. Von ihm lernt sie, dass sie seine Aufmerksamkeit nicht erregen kann – egal, was sie tut oder nicht tut. Aber nie verliert sie die Hoffnung, dass das eines Tages doch der Fall sein könnte. Wenn sie nur gut genug, schön genug oder fürsorglich genug ist ...

Der dominante Vater

Er ist präsent und wie! In seiner Gegenwart erstirbt buchstäblich jeder (Eigen-) Lebenshauch und das tut das zarte Lüftchen auch, wenn er einmal außer Haus ist. Denn seine Dominanz reicht um jede Ecke und über jede Straße. Die gesamte Familie ist eingeschüchtert, weil er laut, rücksichtslos, manchmal auch mit körperlicher Gewalt engstirnig seine Prinzipien vertritt. Die Tochter erfährt von ihm, dass Männer Furcht erregende Wesen sind, vor denen sie sich ein Leben lang in Acht zu nehmen hat.

Der schwache Vater

Er ist der Dominanz seiner Frau oder Mutter hilflos ausgeliefert und steht damit als „Beschützer" der Tochter nicht zur Verfügung. Sie lernt, dass Männer keine stabilen Ansprechpartner sind und sie daher das Ruder immer und überall in der Hand haben muss.

Der „überfürsorgliche" Vater

Dieser Typ Vater ist der Meinung, dass seine Tochter vor der bösen Welt bewahrt werden muss und impft ihr dieses Gedankengut ununterbrochen ein. Andere Männer werden als „Konkurrenten" oder als „nicht gut genug" für sein Schätzchen betrachtet. Dabei geht es jedoch nicht wirklich um das Wohlergehen der Tochter, sondern nur um seinen Egoismus. Er will sie besitzen, nicht teilen und sie soll für immer nur für ihn da sein. Die Tochter lernt: Damit ich seine Aufmerksamkeit bekomme, muss ich nur tun, was er sagt. Sonst ist er verletzt, beleidigt oder wendet sich von mir ab.

Achtung: Auch ein missbrauchender Vater tritt manchmal unter dieser Kategorie in Erscheinung.

Der suchtkranke Vater

Ein Alkoholiker, Spielsüchtiger oder anders suchtkranker Vater steht für die Tochter meist kaum zur Verfügung. Wenn doch, kann sie nie darauf vertrauen, wie seine „Stimmung" gerade ist. So lernt sie wie ein Luchs auf

Gesichtsausdruck, Stimme oder Verhalten zu achten, damit die Unberechenbarkeit ein wenig berechenbarer wird. Für Kinder von Suchtkranken gibt es so etwas wie Sicherheit nicht und so wachsen sie auf einem Boden auf, der niemals „trägt". Töchter solcher Väter leiden später häufig an der „Sucht gebraucht zu werden" und verstricken sich immer wieder in Beziehungen, in denen der Mann in irgendeiner Form gerettet werden muss.

Der nicht vorhandene Vater

Mädchen, deren Vater die Familie verlassen hat oder die ihn nie kennen gelernt haben, befinden sich entweder ein Leben lang auf Vaterersatzsuche, sind mit einem eventuell von der Mutter übertragenen Männerhass aufgewachsen oder idealisieren den unbekannten Erzeuger. In allen drei Fällen geht es darum, Beziehungen zum anderen Geschlecht aufzubauen, die auf realem Boden wurzeln.

Der „zerstörerische" Vater

Dieser Vatertyp ist für jede Tochter wirklich schlimm. Er lässt keine Gelegenheit vorbeigehen ihr zu vermitteln, wie dumm, unfähig oder sogar hässlich sie ist.

Meine Klientin Beate hörte von ihrem Vater ständig, dass ihr Busen zu klein und ihr Bauch zu dick sei. Er verspottete sie deswegen und meinte, sie würde nie einen Mann finden. Wenn die Familie gemeinsam unterwegs war, wies er sie immer auf andere Mädchen hin, die seiner Meinung nach eine tolle Figur hatten. Auch an ihren schulischen Leistungen ließ er kein gutes Haar. Beate wuchs also in einem Zustand völliger Verunsicherung auf. Sie hatte kein Selbstwertgefühl und zog automatisch Männer in ihr Leben, die diese Misshandlung fortsetzten. Erst mit steigender Selbstliebe konnte sie die Mechanismen durchschauen, denen sie ausgesetzt war.

Zu diesem Typ gehören auch Väter, die ihre Töchter körperlich und/oder sexuell misshandeln. Es ist ein entsetzliches Erlebnis von einem Menschen solch einen Schmerz zu erfahren, der eigentlich für Schutz und Sicherheit zuständig wäre. Wenn Sie das betrifft, sehen Sie besonders sorgsam hin, in welchen Bereichen Ihr Leben davon beeinträchtigt ist. Das können körperliche Beschwerden jeder Art, massive Selbstwertprobleme, tiefe Ängste, Depressionen, Magersucht und Beziehungsunfähigkeit sein. Auch eine exzessiv betriebene Sexualität ohne eigentlichen Lustgewinn kann solch einen Hintergrund haben. Missbrauchte Frauen leiden oft auch an diffusen Scham- und Schuldgefühlen, können ihre „weiche" Seite nicht zulassen oder verstecken sie hinter Übergewicht. Manche spalten auch ihre Gefühlswelt komplett ab, weil das für ihr seelisches Überleben damals notwendig war.

Wichtig: Setzen Sie sich behutsam mit einer Missbrauchsvergangenheit auseinander, aber lassen Sie nicht zu, dass diese Erfahrung Ihr Leben für immer verdunkelt. Es war furchtbar, nicht auszuhalten, aber es war. Trauern Sie, seien Sie wütend oder verzweifelt, hassen Sie ihn, aber dann lösen Sie sich in Ihrem Tempo davon. Im Dauerzustand von Verbitterung und Hass zu leben, schadet *Ihnen,* nicht ihm.

Dann existieren – früher vereinzelt, heute Gott sei Dank immer mehr – auch die guten Väter. Es hat ein Umdenken eingesetzt, und immer mehr Männer kapieren, dass zum Vatersein mehr gehört, als ein paar Tropfen Samen an geeigneter Stelle loszuwerden. Speziell die Männer einer bestimmten Generation waren auf ihre Aufgabe in keiner Weise vorbereitet. Sie setzten Kinder in die Welt, ohne auch nur eine Ahnung davon zu haben, was diese benötigten, um gesund aufzuwachsen. Und vielleicht interessierte sie es auch nicht wirklich, weil „Gefühle" so und so Frauensache waren. Außerdem: Welcher Mann gab (gibt?) schon zu, dass er etwas nicht kann?

Ein guter Vater nimmt seine Tochter so wahr wie sie ist und geht darauf ein. Er widmet ihr Zeit, Aufmerksamkeit und unterstützt sie, wo und wie er nur kann. Niemals entmutigt er sie oder wertet ihre Weiblichkeit in irgendeiner Weise ab. Im idealen Fall zeigt er ihr die männliche Seite der Welt in einer positiven Art und vermittelt ihr seine Hochachtung gegenüber Frauen. Dann kann die Tochter ein stabiles Selbstwertgefühl aufbauen und wird nicht anfällig sein für Partner, die sie schlecht behandeln.

Ganz herzliche Gratulation, wenn Sie so ein Prachtexemplar an Vater hatten. Aber es ist keinesfalls alles verloren, wenn dem nicht so war.

Beherzigen Sie einfach das „Vater-Aussöhnungsprogramm":

- Erkennen Sie *Ihr* Vaterthema und machen Sie sich klar, inwieweit es Ihr Leben und Ihre Beziehungen beeinflusst.

  Wie auch immer Ihre Kindheit und Jugend vatermäßig gelaufen ist – Sie müssen nicht in dem alt vertrauten Käfig sitzen bleiben! Es gibt eine Möglichkeit die rostigen Eisenstangen zu verlassen, wenn Sie sich selbst – geduldig – mehr lieben und entschlossen sind glücklicher zu werden.

- Formulieren Sie, wie Sie sich die Beziehung zu einem Mann heute wünschen und achten Sie sorgsam auf die „Differenzen" mit Ihrem Vater. Das macht Sie schon sorgsamer, wenn Sie jemanden kennen lernen.

- Spüren Sie nach all den Gefühlen, die der Gedanke an Ihren Vater auslöst – Wut, Enttäuschung, Verrat, Traurigkeit, Sehnsucht – und geben Sie ihnen eine Stimme. Das können Sie für sich machen, aber auch in Gegenwart eines vertrauten Menschen oder Therapeut/-in.

- Wenn es geht, sprechen Sie mit Ihrem Vater darüber. Ich weiß, dass das nicht immer möglich oder sinnvoll ist. Wenn keine Chance auf ein gutes Gespräch besteht, nehmen Sie davon Abstand und schreiben Sie einen Brief. Sie können dann immer noch entscheiden, ob Sie ihn abschicken wollen. Vielleicht ist es Ihnen aber auch wichtig, dass er auf jeden Fall einmal hört, was Sie zu sagen haben. Dann schadet es nicht vorher ein wenig zu „üben". Sehr wahrscheinlich ist diese Situation sehr aufwühlend und da lohnt ein wenig Vorbereitung. Überlegen Sie auch alle möglichen Varianten seiner Reaktion, damit Sie nicht überrascht werden können. Und wenn, dann nur positiv.

Elisabeth hatte so ein Erlebnis. Als sie nach langem Zögern beschloss, den Vater mit ihrem Schmerz zu konfrontieren, war er zutiefst betroffen. Er entschuldigte sich bei ihr und begann sogar zu weinen. Das Verhältnis war von da an zwar nicht supergut, aber doch so entspannt, dass Elisabeth sehr entlastet war.

- Seien Sie nicht entmutigt, wenn das in Ihrem Fall nicht so läuft, sondern beschäftigen Sie sich auch hier mit Akzeptanz, Loslassen und den spirituellen Hintergründen der „Elternwahl".

- Sie können Schwierigkeiten mit Ihrem Vater haben und ihn *trotzdem* lieben. Es geht nur darum ungesunde Verstrickungen zu lösen und sinnlose Erwartungshaltungen aufzugeben. Dann haben Sie zumindest von Ihrer Seite – unabhängig von den Erlebnissen der Vergangenheit – den Boden für ein besseres Verhältnis unter heute Erwachsenen(!) gelegt.

MUTTER UND VATER VERZEIHEN

Für Ihr Dasein als glückliche Frau ist es wichtig, dass Sie für sich einen Weg finden sich mit ihren Eltern auszusöhnen. Das kann besonders unmöglich erscheinen, wenn Sie schlimmen seelischen oder körperlichen Misshandlungen ausgesetzt waren oder noch aktuell unter dem Verhalten eines Elternteils leiden. Aber solange Sie Ihrer Mutter und Ihrem Vater nicht vergeben haben, erzeugen Sie den alten Schmerz immer wieder aufs Neue. Es ist also ein Akt der Selbstliebe Vergebung zu praktizieren. Um alle Missverständnisse auszuräumen, immer und immer wieder:

Vergeben heißt nicht schlimmes Verhalten zu entschuldigen, sondern es bedeutet:

- Ich erkenne, wie stark bestimmte Gegebenheiten in meiner Kindheit auch heute noch dafür sorgen, dass meine Lebensfreude in irgendeiner Weise getrübt ist.

- Ich weiß, dass ich verletzt wurde und damals nichts dagegen tun konnte. Heute bin ich ein „großes Mädchen" und kann dafür sorgen, dass diese Verletzungen nicht immer wieder geschehen. Ich werde die Situation unter diesem Aspekt neu beurteilen, auch wenn ich im Moment noch nicht genau weiß, wie ich sie ändern kann. Aber ich werde es wissen!

- Ich sehe meine Eltern nicht länger als die übermächtigen Personen meiner Kindheit, sondern als Menschen mit guten und weniger guten Seiten. Dadurch vergesse ich zwar wahrscheinlich nicht, dass sie mir weh getan haben, aber vielleicht kann ich sie besser verstehen.

- Ich suche das Gespräch, aber nicht um jeden Preis. Wenn abzusehen ist, dass dadurch nur weitere Aufregungen entstehen, kann ich diesen „Prozess" auch ohne sie durchlaufen. Das gilt auch, wenn die Eltern schon verstorben sind.

- Ich versuche nicht, den Schmerz, der mit meiner „Elterngeschichte" verbunden ist, zu umgehen. Denn ich weiß, dass ich ihn nur loslassen kann, wenn ich akzeptiere, dass er da ist.

- Die Grundlage für meinen Aussöhnungswunsch ist nicht die Tatsache, dass ich eben ein edler Mensch bin, sondern die tiefe Überzeugung, dass ich es *verdiene* glücklich zu sein.

  Und deshalb lasse ich – liebevoll! – jeden alten Schmerz los. Zu meiner Zeit, in meinem Tempo und in meiner Art.

- Mir ist klar, dass ich auf diesem Weg auch „Rückschläge" erleiden werde, auch wenn ich denke, ich habe es schon geschafft. Das macht nichts! Das ist kein Misserfolg, sondern nur ein Zeichen dafür, dass es noch Bereiche zu diesem Thema gibt, die der Heilung bedürfen. Und das wird möglicherweise immer wieder der Fall sein. Aber ich befinde mich auf der richtigen Straße, selbst wenn ich hie und da ein paar Schritte wieder „zurückgehe".

- Ich setze mich mit meiner „Elternwahl" auseinander. Jede(r) von uns sucht sich vor der Geburt Mutter und Vater unter ganz bestimmten Aspekten aus. Im Seeleland bestimmen wir *gemeinsam,* durch welche Erfahrungen wir gehen wollen, und legen sozusagen die „Rollen" fest. Jedes „Familienmitglied" gibt an, was es diesmal an „Lektionen" bewältigen möchte und die anderen erklären sich damit einverstanden.

  Dann vergessen wir diese Vereinbarung und stehen vor Herausforderungen, die wir uns bewusst wohl niemals ausgesucht hätten. Aber die Seele als unsere weise Instanz wusste, was sie tat, als sie sich für genau diese Familienkonstellation entschied.

Lernen Sie loszulassen – Altlasten bedrücken die Seele.

*Wer die Last der Vergangenheit Stück für Stück ablegt,
reinigt Seele und Körper.*

Wenn Sie das konsequent durchdenken, gibt es keine „Schuldigen" mehr, weil ohnedies alles abgesprochen war.

Das nimmt nicht eventuelles Leid, aber es ändert die Beurteilung der Sache. Überlegen Sie, auf welche Eigenschaften oder Persönlichkeitsmerkmale Sie besonderes Augenmerk legen mussten (oder das tun sollten!), um Ihre Familiensituation „gut" zu bewältigen. Bei mir waren das Vertrauen, Selbstliebe, Leben im Hier und Jetzt, Loslassen ...

Verstehen Sie? Keine andere Konstellation hätte mich so perfekt mit meinem „Mangel" an diesen Dingen konfrontiert, wie die Gegebenheiten in meinem Elternhaus.

- Unter diesem geänderten Blickwinkel sehe ich auch das Schöne und Gute, das heute mit Mutter und Vater möglich ist.

Ich freue mich, dass sie noch da sind oder kann meine Einstellung ändern, wenn sie schon verstorben sind.

Eine glückliche Frau ist sich darüber im Klaren, dass sie die Bedingungen in ihrem Elternhaus auf einer anderen Ebene selbst gewählt hat. Das entbindet sie aber nicht davon schwierige Verhältnisse „hier" zu klären, damit sie ihr volles Potential ausschöpfen kann. Sie tut das geduldig, aufmerksam und liebevoll mit sich selbst. Wenn nötig, sucht sie sich Unterstützung, weil dieser Weg schmerzvoll sein kann.

Als Belohnung winken mehr Lebensfreude und ein offenes Herz. Denn wer die Last der Vergangenheit Stück für Stück ablegt, entlastet Seele und Körper in unglaublichem Ausmaß.

KINDER – JA ODER NEIN?

Dieses Thema ist nicht nur außerordentlich wichtig, sondern auch von vielen Mythen überlagert. Eine Frau mit ihrem Baby im Arm ist ein nahezu heiliges Bild. Und die Frage „Mutterschaft – ja oder nein" hat für fast jede von uns eine tiefere Bedeutung.

Ich habe keine Kinder, obwohl der Wunsch immer wieder aufgetreten ist. Aber offensichtlich standen „diesmal" andere Aufgaben an. Ich war lange Zeit im wahrsten Sinne des Wortes mit Überleben beschäftigt, so dass ich für ein Kind nicht die Bedingungen hätte schaffen können, die ich mir gewünscht hätte. Es hatte also alles seine Ordnung, obwohl mir angesichts von den kleinen Geschöpfchen manchmal ganz unvermutet die Tränen kommen.

Manche Frauen wollen unbedingt ein Kind, andere auf keinen Fall. Und wieder andere setzen Kinder in die Welt, ohne sich auch nur ein wenig Gedanken zu machen, was dies für das kleine Wesen, aber auch für sie selbst bedeutet. Es gibt Mütter, die Liebe und Wärme verströmen, und es gibt kühle Naturen, die das nicht tun.

Und dann gibt es eine Menge Frauen, die sich nicht sicher sind, ob sie diese Aufgabe in ihrem Leben willkommen heißen wollen oder nicht. Es gibt jugendliche Mütter und solche, die erst sehr spät ein Baby bekommen. Wieder andere lauschen dem Ticken der biologischen Uhr und setzen sich damit unter gewaltigen Druck.

Wie immer gibt es auch beim Thema Kind kein „Richtig" oder „Falsch". Es ist nicht „richtig" ein Kind zu haben und „falsch" kinderlos zu sein. Es ist auch nicht „falsch" sich ganz bewusst gegen ein Baby zu entscheiden. Wer allerdings das Gefühl hat, ohne ein Kind sei alles sinnlos, sollte sich ein wenig Gedanken über das „Warum" machen.

Margarete war 36 und wollte unbedingt schwanger werden. Sie sorgte dafür, dass ihr Mann und sie zu den „richtigen" Zeitpunkten miteinander schliefen und es gab kein Gespräch, das nicht in Kürze bei ihrem Kinderwunsch endete. Aber es klappte einfach nicht und Margarete wurde immer verzweifelter.

Ich bat sie für mich zu formulieren, warum sie sich ein Kind wünsche. Sie war von dieser Frage völlig verunsichert und sagte schließlich: „Es gehört irgendwie dazu und außerdem möchte ich jemanden haben, wenn ich alt bin."

Natürlich *muss* keine Frau begründen, warum sie ein Kind möchte. Dieser Wunsch kann von jeher da sein oder auch einfach so entstehen. Aber es ist für Ihr Glück und das Ihres zukünftigen Kindes wichtig, dass Sie ein paar Überlegungen anstellen, bevor Sie „zur Tat" schreiten bzw. völlig verzweifeln, wenn Sie trotz heftigen Bemühens nicht schwanger werden.

Haben Sie zum Beispiel folgende Überzeugungen?

- Ich bin als Frau nur etwas „wert", wenn ich Kinder in die Welt setze.

- Wenn ich Kinder habe, werde ich niemals alleine sein.

- Ein Kind wird unsere Beziehung retten.

- Wenn ich Kinder habe, muss ich nicht arbeiten gehen.

- Meine Beziehungen haben mich immer enttäuscht. Ich möchte jemanden haben, dem ich meine ganze Liebe geben kann.

- Wenn ich kein Kind haben kann, hat mein Leben keinen Sinn.

- Mir geht es oft schlecht und ich denke mit einem Kind würde es mir besser gehen.

Wenn das Argumente für Ihren Kinderwunsch sind, sollten Sie noch einmal über die Verwirklichung nachdenken. Denn Kinder sagen weder etwas über Ihren Wert aus, noch schützen Sie automatisch vor Einsamkeit. Sie sind keine Garantie, dass ein bestimmter Mann auf jeden Fall „bei Ihnen" bleibt, selbst wenn er nicht wirklich geht. Sie sind auch keine Quelle der Versorgung oder sollten als Partnerersatz dienen. Und schon gar nicht dürfen sie Therapie oder der einzige Sinn Ihres Lebens sein. Das würde jedes Kind überfordern und von vornherein schlechte Starbedingungen schaffen.

Aus den „falschen" Gründen unbedingt ein Kind zu wollen kann viele Probleme schaffen. Klären Sie also für sich, welche Glaubenssätze Sie in Bezug auf ein Baby haben. Und dann überlassen Sie die Sache Gott. Wenn Sie überhaupt nicht damit zu Recht kommen, nicht Mutter zu werden, fragen Sie eine einfühlsame Therapeutin um Rat. Dieser Zustand des unerfüllten Kinderwunsches kann extrem quälend sein und es hilft darüber zu reden.

Wenn Sie keine Kinder wollen, sind Sie unter Umständen Anfeindungen oder spitzen Bemerkungen ausgesetzt. Aber jede Frau sollte selbst entscheiden, wie Sie Ihr Leben führen möchte. Möglicherweise stehen für Sie in diesem Leben andere Aufgaben zur Bewältigung an, als sich um ein Kind zu kümmern. Vielleicht wären Sie mit einem Baby nicht in der Lage, diesen Aufgaben genug Aufmerksamkeit zu widmen, oder es gibt eben diesmal andere Prioritäten. Aber es ist auch völlig in Ordnung, wenn Sie sich für Kinderlosigkeit entscheiden, weil Sie Ihr Leben nach Ihrem eigenen Rhythmus führen wollen. Sie sind deshalb nicht weniger wert und brauchen auch keine Schuldgefühle wegen Ihres „Egoismus" zu haben.

Es kann im Einzelfall nämlich mindestens so egoistisch sein, ein Kind zu bekommen, wie es nicht zu tun. Und es ist nichts Schlechtes daran zuzugeben, dass Ihre Wertigkeiten in anderen Lebensbereichen liegen.

Das Leben mit Kindern bedeutet für viele Frauen auch eine große Herausforderung. Es gibt keine „Ausbildung" in Elternschaft (leider!) und so ist es manchmal eine schmale Gratwanderung, die Bedürfnisse des Kindes so zu befriedigen, dass die eigenen nicht völlig auf der Strecke bleiben. Es gibt dafür kein Patentrezept, aber am besten fahren Sie, wenn Sie sich klar machen, dass Ihr Leben als weiblicher Mensch viele Facetten hat: Sie sind Mutter, Ehefrau, Lebenspartnerin, Geliebte, aber Sie sind auch ein Wesen mit Wünschen, die unter Umständen Ihre Selbstverwirklichung, Ihre Kreativität, Ihre Karriere oder andere Aspekte Ihres Weges betreffen. Sich als Mutter total aufzuopfern, wird Sie ziemlich sicher ins Burn-out und nicht in die Zufriedenheit führen. Unbestritten ist es nach wie vor eher ein frauenspezifisches Problem alle diese Facetten unter einen Hut zu bringen, ohne vor Erschöpfung tot umzufallen.

Ein Kind ist *das* Wunder der Natur. Es ist unglaublich süß und sein verzücktes Gesichtchen beim Anblick der Mami ist zum Niederknien. Kinder zu haben ist in vieler Hinsicht eine Bereicherung und kann ohne jeden Zweifel zum Glück beitragen. Kinder sind aber auch eine Herausforderung und eine lebenslange Aufgabe. Diese Tastsache soll natürlich keine Frau davon abhalten ein Baby zu bekommen. Aber es lohnt darüber nachzudenken. Denn jedes Kind verdient, dass es wichtig ist. So viel Leid und Elend entsteht aus dem Gefühl „unwichtig" zu sein. Im Endeffekt lässt sich fast jede spätere „Störung" im Selbstwert, in der Partnerschaft, im Beruf oder wo auch immer auf die Frage zurückführen: „Wie viel bedeute ich dir?" Vermitteln Sie Ihrem Kind: „Was du denkst, fühlst und willst, ist mir wichtig. Ich setze mich damit auseinander." Ein Kind, das wichtig war, wird es später auch verkraften, wenn es das als Erwachsener einmal nicht ist. Wer dieses Gefühl nie oder nicht in ausreichendem Maß bekam, wird ein Leben lang dahinter herlaufen. Also, ich kenne das nur zu gut von mir selbst. Und Sie?

Wichtig: Verwenden Sie nie die Ausrede: „Ich habe das selbst nicht bekommen, also kann ich es auch nicht geben." Wenn Sie am eigenen Leib erfahren haben, wie es sich anfühlt vernachlässigt zu werden, sollten Sie *alles* Ihnen nur Mögliche machen, damit Sie das Ihrem Kind *nicht* antun.

Sehen Sie sich also Ihre eigenen emotionalen Wunden an und leiten Sie einen Heilungsprozess ein. Denn wenn Sie das nicht tun, werden Sie das „kühle Erbe" immer weitergeben.

Das Wichtigste, was Sie Ihrem Kind mitgeben können, ist Liebe in Form von Wärme, Akzeptanz, Unterstützung, Trost und Ermutigung. Wie würde es Ihnen wohl heute gehen, wenn Sie all das bekommen hätten?

Eine glückliche Frau will ihrem Kind in erster Linie Liebe geben. Sie weiß, dass nichts so gut für das Leben und seine Kämpfe vorbereitet, wie Selbstvertrauen und eine ruhige Stärke. Daher entwickelt sie diese Gefühle in sich selbst und gibt sie weiter. So eigenartig das auch klingt: Selbstliebe ist *die* Voraussetzung für Liebe zu einem anderen. Wer sich selbst liebt, kann auch Kompromisse schließen, ohne sich sofort zurückgesetzt zu fühlen oder intuitiv entscheiden, wann es angebracht ist, die Bedürfnisse eines anderen an die erste Stelle zu setzen. Eine glückliche Frau tut das dann von einer Position der inneren Stärke aus und nicht aus „Pflicht" oder Angst vor Liebesverlust. *Nur* unter dieser Voraussetzung wird „Geben" nicht zum ständigen Kräfteverschleiß, sondern zum Akt der Liebe. Ihr Kind verdient so eine Mutter und Sie hätten sie auch verdient.

Eine glückliche Frau überlegt gut, ob sie Kinder bekommen will oder nicht. Sie bindet nicht das ganze Leben an die Mutterrolle, sondern sieht ihr Dasein als Fülle von Möglichkeiten. Sie „benutzt" ein Kind nicht – weder als emotionale Quelle, noch als Mittel, um einen Partner zu halten.

Sie sieht ein kleines Wesen auch nicht als therapeutisches Werkzeug, um ihr eigenes Leben in den Griff zu bekommen und schon gar nicht, um in ihren alten Tagen versorgt zu werden. Einerseits geht diese Rechung so und so nie auf und andererseits ist das schlicht und ergreifend Missbrauch.

Das alles soll Sie nicht unter Druck setzen, sondern zum Nachdenken anregen. Die perfekte Mutter gibt es nicht. Aber wenn Sie gelernt haben sich selbst glücklich zu machen, stehen die Chancen gut, dass Ihr Kind das später auch kann.

„MISSERFOLG" – DIE GROSSE CHANCE

Was ist ein Misserfolg? Überlegen Sie einmal, was dieser Begriff für Sie bedeutet: Einen Fehler machen, Versagen im Beruf, Schüchternheit beim anderen Geschlecht, eine Scheidung, Zurückweisung in jeder Form, eine verpasste Beförderung, die Unfähigkeit Freundschaften oder Beziehungen aufzubauen, krank zu sein? Oder ganz etwas anderes?

Für mich bedeutete Misserfolg lange Zeit eine Panikattacke zu bekommen und unter der Vielzahl von körperlichen Beschwerden zu leiden, die mir den Alltag unglaublich erschwerten. Die Frage, die sich unbarmherzig stellte, war folgende: Konnte ich diese oder jene Unternehmung starten, *ohne* dass es mir so schlecht ging, dass ich absagen oder „flüchten" musste? Würde die vor mir liegende Stunde irgendwie erträglich sein oder wie viel zu oft wieder einmal eine einzige Katastrophe? Ich konnte phasenweise nicht arbeiten, Migräne, chronische Übelkeit, Schwächezustände, Neurodermitis und schmerzhafte Verspannungen hielten mich umklammert und unspezifische Angst überflutete schon am Morgen mein Gehirn. Und kein Arzt oder Therapeut wusste wirklich einen Ausweg. Diese Tatsache quasi als „untherapierbar" zu gelten, verstärkte noch das Gefühl, ein Misserfolg zu sein. Wenn ich wieder mit der Aussage: „Ich kann Ihnen leider nicht helfen" konfrontiert war, empfand ich Scham, weil ich der armen Frau oder dem armen Mann solche Unannehmlichkeiten bereitete. Dazu kam, dass ich auch jahrelang in beruflicher Hinsicht meinen Platz nicht finden konnte. Ich studierte dies und das, war sieben (!) Flüge lang Flugbegleiterin bei der AUA (dann schlug die Klaustrophobie zu), jobbte auf Messen und irrte noch durch so manche Profession. In meinen Beziehungen klappte es auch nicht so recht und Geld hatte ich nahezu keines. Also Misserfolge, wohin das blaue Auge glitt – privat, beruflich, gesundheitlich, finanziell.

Als ich begann, mich mit der Selbstliebe auseinanderzusetzen, überlegte ich: Was bedeutete eigentlich Erfolg für mich? In meiner Familie ging es immer nur um Leistung. Wer im Definitionsrahmen leistete, war „gut", wer es nicht tat ein Versager. Und dieser Rahmen bezog sich ausschließlich auf Pflichterfüllung. Bezeichnenderweise lautete das Lieblingsgedicht meiner Mutter folgendermaßen:

> *„Ich schlief und träumte das Leben wäre schön.*
> *Ich erwachte und sah – das Leben war Pflicht.*
> *Ich handelte und siehe:*
> *Die Pflicht war Freude."*

Na ja. Der gute alte Tagore hatte das für sich einmal so formuliert und daraus wurde die geistige Nahrung für meinen Bruder Peter und mich. In diesem Text ist hinter der offensichtlichen Botschaft auch eine andere enthalten: Das Leben ist nicht schön und wenn dann nur im Traum. In diesem Denken wuchs ich auf und es war klar, dass ich damit nicht erfolgreich sein *konnte*. Aufgrund der Angstzustände und Beschwerden war ich häufig nicht in der Lage, meine Pflicht in dem geforderten Sinne (= Arbeit) zu erfüllen. Und schön war das Leben sowieso nicht. Damit war die Versagerin geboren und sie „starb" erst, als die Selbstliebe Einzug bei mir hielt. Plötzlich war mir klar, dass erbrachte Leistung natürlich zu wunderschönen Erfolgserlebnissen führen kann, aber auch emotionale Gegebenheiten einen Wert darstellen – Güte, Toleranz, Liebe, die fördert und nicht fordert, Mitgefühl, Wärme, Verständnis, Lebensfreude, Humor, Gelassenheit, Zuversicht, aus einer Krise gestärkt hervorgehen, das Stehen zu den Gefühlen, friedvolle Akzeptanz von Unabänderlichem, Loslassen, Vertrauen, Tierliebe.

Menschen, die auch diese Eigenschaften als wichtig ansehen, sind die wirklich Erfolgreichen. Damit will ich natürlich nicht sagen, dass Geld, berufliche Anerkennung und andere Annehmlichkeiten nicht zählen oder erstrebenswert sind. Ich *liebe* es, in diesem Sinne erfolgreich zu sein, aber wenn es da sonst nichts gibt, ist das Ganze trotzdem eine leere Geschichte. Denken Sie bloß an all die Stars, die schön, reich und berühmt sind. Sie müssten demnach ja im Glück schwimmen. Tatsache ist, dass gerade unter den „celebrities" Drogensucht, Alkoholismus, Depression und Lebensüberdruss häufig *das* Thema sind. Sie haben mehr Geld, als sie in fünf Leben ausgeben können, sind schön wie die Sünde und werden von Millionen angebetet.

Früher habe ich mich manchmal geärgert, wenn ich hörte, dass die Filmschauspielerin X oder das Model Y darüber klagte, dass das Leben keinen Sinn hätte oder von einem Zusammenbruch in den nächsten schlitterte. Was wollten die denn nur? Schließlich ist ja bekannt, dass es sich trotz allem leichter in ein seidenes Kissen weint, als in einen Strohsack und wer zur Ablenkung mal schnell nach New York oder an den Privatinselstrand jettet, hat doch auf jeden Fall die besseren Karten. Logischerweise ist die Befreiung von Geldsorgen schon eine tolle Sache. Aber zum Glück trägt sie ganz offensichtlich nicht zwingend bei. So wurde Robbie Williams einmal gefragt, wann seine Faszination darüber, dass er sich alles kaufen konnte, nachließ. Er sagte: „Das ging sehr, sehr schnell."

Heute habe ich zu der ganzen Erfolgsgeschichte eine klare Meinung:

1. Es gibt keinen Misserfolg, sondern nur Chancen. Wenn etwas (noch nicht) gelingt, ist das kein Drama, sondern möglicherweise der Hinweis darauf, dass Sie es anders versuchen sollten, oder Sie im tiefen Inneren gar nicht wollen, dass Ihre Wünsche Realität werden.

Ich habe eine Klientin, die mir, seit ich sie kenne, versichert, dass sie *unbedingt* eine Partnerschaft möchte. Und so surft Hanni im Netz, besucht Singletanzkurse und hält auch sonst die suchenden Augen offen. Aber wie der Teufel (?) es will – es gelingt einfach nicht. Entweder findet sie gar keinen Kontakt oder nach einem ersten Treffen verläuft die Angelegenheit im Sande. Sie ist dann völlig verzweifelt und beschließt nach jedem neuerlichen „Misserfolg", die Sache nun wirklich bleiben zu lassen. Sehr zur Freude ihrer Mutter, die es gar nicht so toll findet, dass Hanni sich verselbständigen möchte. Der Vater war früh gestorben und so hat die Mutter ihr Kind als Partnerersatz erkoren. Sie kann nicht schlafen, wenn die Tochter unterwegs ist, und sie weint, wenn ein Wochenende mit der Freundin geplant ist. Und so kommt es, dass Hanni sich zwar eine

Partnerschaft wünscht, aber gleichzeitig das Gefühl hat, der Mutter gegenüber einen „Treuebruch" zu begehen. So kommen Beziehungen entweder gar nicht erst zustande oder werden unbewusst blockiert. Hanni konnte im Laufe der Zeit erkennen, dass sie nicht ein Fehlschlag in Bezug auf Männer war, sondern ihre ambivalente Einstellung „Ich will, aber kann ich das meiner Mutter auch antun?" für ihre Lage verantwortlich war. Sie nützte die Chance, die in dieser Situation lag, um die ungesunde Abhängigkeit von ihrer Mutter zu lösen.

Wenn also ein scheinbar inniger Wunsch so gar nicht in Erfüllung geht, fragen Sie immer, ob Sie das Ersehnte *wirklich* möchten. Oft sind nämlich uneingestandene Ängste dafür verantwortlich, dass sich dann ein so genannter „Misserfolg" manifestiert.

Und dann ist es Zeit sich zu fragen: „Worum geht es wirklich?" Um Akzeptieren, Loslassen, Aktivwerden, Ändern von Einstellungen, mehr Selbstliebe entdecken ...

2. Versuchen Sie alles zu verwirklichen, was Sie möchten, aber bedenken Sie auch: Wenn etwas absolut nicht gelingen will, dann soll es vielleicht nicht sein und es wartet etwas Besseres auf Sie.

Lora arbeitete auf Wunsch ihrer Eltern als Buchhalterin und war seit jeher in diesem Beruf unglücklich. Sie war zwar sehr tüchtig, aber im Endeffekt war ihr die Welt der Zahlen zu nüchtern und sie wollte eigentlich mit Menschen zu tun haben.

Dann ging ihre Firma in Konkurs. Sie hatte große Angst vor dem Zustand der Arbeitslosigkeit und suchte fieberhaft eine neue Stelle. Aber es war wie verhext. Entweder die Firma reagierte überhaupt nicht oder sie sollte wesentlich weniger Lohn erhalten als zuvor. Einmal bekam sie die Stelle, aber sie fühlte sich so unwohl, dass sie nach der Probezeit wieder ging. Schließlich konnte sei den Gedanken zulassen, dass diese „Misserfolge" sie darauf hinweisen könnten, dass sie schlicht und ergreifend nicht am richtigen Platz war. Nach einer kurzen Zeit der Arbeitslosigkeit machte sie eine Ausbildung zur Kindergärtnerin und ist nun hoch zufrieden.

Beherzigen Sie also den berühmten Spruch: „Kapriziere dich nicht auf den Golf, wenn der Mercedes gleich um die Ecke steht."

3. Lösen Sie sich generell von den Begriffen Erfolg und Misserfolg und verwenden Sie stattdessen das Wort „Erfahrung". Das wertet nicht und macht in keinem Fall ein Versagensgefühl. Wir sind hier, um Erfahrungen zu machen. Und um uns durch jede einzelne davon immer besser daran zu erinnern, wer wir wirklich sind – ein unsterblicher, bereits vollkommener Teil von Gott, der nur aus Liebe besteht. Was ist unter dem Aspekt ein Misserfolg? Sie haben alle Zeit der Welt, was also soll der Druck, die ewige Anspannung und ein extrem leistungsorientiertes Denken? Entspannen Sie sich! In Wirklichkeit können Sie gar nicht „versagen", weil Sie ohnedies vollkommen sind. Sehen Sie Ihr Leben also als Bühne, wo Sie das oder jenes probieren. Durchaus engagiert und auch leidenschaftlich, aber immer mit einem kleinen Augenzwinkern.

Eine glückliche Frau hat erkannt, dass es für ihre Lebensqualität sehr wichtig ist, wie sie zu dem Thema Misserfolg steht. Sie weiß, dass Erfolg ihr im Endeffekt gewiss ist, wenn auch vielleicht anders, als sie das erwartet hätte. Wenn etwas „schief" läuft, versteht sie, dass auch das einen guten Grund hat. Sie will nichts erzwingen, sondern vertraut ihrer inneren Weisheit, die sie immer zu dem Platz bringt, an dem sie gerade sein soll. Sie gibt Ihren Wünschen Gewicht, spürt aber, wenn eine Kurskorrektur notwendig ist. Sie jammert nicht über verpasste Chancen, weil sie schon lange erkannt hat, dass es so etwas gar nicht gibt. Spielerisch genießt sie die Reise, aber auch Pausen und „Umwege". Sie vertraut darauf, dass Ihre Seele sie führt und ihr nichts geschehen kann, auch wenn auf der Bühne gerade Drama angesagt ist. Sie denkt nicht mehr in den Kategorien Erfolg und Misserfolg, weil sie weiß, dass *jedes* Erlebnis ihr auf die eine oder andere Weise hilft, sich besser an ihr wahres Wesen zu erinnern.

EWIG GEKRÄNKT?
NEIN DANKE!

Kennen Sie das? Jemand sagt etwas oder sagt es nicht, ein Gespräch verstummt, wenn Sie den Raum betreten, eine Person verhält sich lieblos, Sie werden übergangen, benachteiligt oder in irgendeiner anderen Weise schlecht behandelt. All das kann tatsächlich geschehen oder Sie interpretieren die Vorgänge in dieser Weise. Auf jeden Fall ist eines glasklar: Sie sind zutiefst gekränkt. Meist ziehen Sie sich dann zurück, weinen und verbringen viele Stunden damit darüber zu grübeln, warum Ihnen das (wieder einmal!) angetan wurde. Wenn Rückzug nicht möglich ist, verfallen Sie in Schweigen und Miene und Körpersprache zeigen deutlich Ihre Verfassung. Sollten Sie überhaupt in der Lage sein, mit jemandem über den Vorfall zu sprechen, verwenden Sie Sätze wie „Das hat mich so verletzt", „Wie konnte er oder sie das nur tun?", „Das war ja so gemein", „Warum sind die Leute so gefühllos?", „So etwas passiert immer mir". Ihre Stimme ist leise, gepresst und hat einen jammernden Unterton.

Zwischen den einzelnen Worten schwimmen Ihre Augen in Tränen oder Sie beginnen zu schluchzen. Meist sind Sie nicht zu trösten und Ihre Überzeugung, dass Sie dazu geboren sind, dass andere auf Ihnen herumtrampeln, verfestigt sich immer mehr. Gleichzeitig sehen Sie sich außerstande dagegen etwas zu unternehmen. Sie fühlen sich als hilfloses Opfer, das einer grausamen Umwelt für alle Zeiten ausgeliefert ist.

Mir war dieses Szenarium lange Jahre äußerst vertraut. Als Krebsfrau hatte ich ohnedies die besten Chancen auf den WM-Titel „Miss Ständigbeleidigt". Wenn es auch nur den geringsten Anlass gab, sich verletzt zu fühlen, dann tat ich es. Ich kränkte mich über dies, das und jenes. Allerdings sah der Auslöser für meinen gekränkten Zustand meist keine Notwendigkeit mich nun besonders liebevoll zu behandeln, oder verstand gar nicht, warum ich so reagierte. Oft war er oder sie auch gar nicht in Kenntnis dessen, was da für mich Schlimmes geschehen war, weil ich nicht darüber sprach und die betreffende Person nicht in Gedankenlesen ausgebildet war. Es kam natürlich auch vor, dass ich mich gekränkt fühlte, obwohl keiner mich verletzten wollte. Aber ich interpretierte die Geschehnisse eben entsprechend. Und so verbrachte ich einen Großteil meiner Zeit mit Seufzen, Klagen und Weinen. Das schien mir die einzige Möglichkeit, weil ich nicht den Mut hatte, mich anders zu „wehren". Bis ich erkannte, dass mir dieses Verhalten außer roten Augen, Magenbeschwerden und einer inneren Haltung von völliger Hoffnungslosigkeit überhaupt nichts brachte.

Wichtig: Natürlich ist es völlig in Ordnung, sich durch Menschen, Situationen oder Umstände verletzt zu fühlen und alle dazugehörenden Gefühle zu spüren. Aber bleiben Sie nicht bis ewig und dreihundert Jahre in diesem Zustand. Das kostet enorm Energie, Sie schwächen Seele und Körper und für einen blühenden Teint gibt es auch Besseres. Außerdem bleibt es eine unbestreitbare Tatsache, dass sich dadurch nicht das Geringste verändert.

Meine Klientin Nora kränkte sich sehr über das Verhalten ihrer Tochter. Katharina war geschieden, hatte ein kleines Mädchen und arbeitete als Architektin. Sie war beruflich sehr engagiert und sah es als selbstverständlich an, dass ihre verwitwete Mutter sich um das Kind kümmerte. Es kam vor, dass Nora an einem bestimmten Abend etwas vorhatte und Katharina ihr ohne vorige Ankündigung Sara vorbeibrachte. Das war seit langem sozusagen Gewohnheitsrecht und sie sah auch keinen Anlass sich besonders zu bedanken. Nora merkte zwar, dass sie unangenehm berührt war, wenn sie ihre Pläne kurzfristig ändern musste, wagte aber nicht das Thema anzusprechen. So wurde sie nicht nur immer unzufriedener, sondern fühlte sich stets wieder aufs Neue verletzt, wenn Katharina einfach über sie verfügte. Als sie zu mir kam, war sie nicht nur verzweifelt, sondern litt auch an stark erhöhtem Blutdruck. Als wir die Situation besprachen, wurde ihr klar, dass sie große Angst davor hatte, Streit zu provozieren, wenn sie nicht den Wünschen ihrer Tochter entsprach. Katharina war eine sehr dominante Frau und ähnelte damit der Mutter von Nora. Diese hatte ein strenges Regiment geführt und duldete keinen Widerspruch. Nora hatte also früh gelernt, dass Einspruch zwecklos war und sie passte sich in allem an. Dieses Verhalten hatte sie zuerst auf ihren Mann und später auf ihre Tochter übertragen. Ihre einzige „Waffe" zur Gegenwehr war gekränkt zu sein. Sie schwieg demonstrativ, sprach mit leidendem Unterton und verbreitete damit schlechte Stimmung. Natürlich hoffte sie immer wieder, dass die anderen erkennen würden, wie tief sie getroffen war und daraufhin ihr Verhalten ändern würden. Im Laufe der Beratung erkannte sie, dass sie heute andere Möglichkeiten hatte damit umzugehen, wenn jemand sich über sie und ihre Bedürfnisse hinwegsetzte. Sie war nicht mehr das kleine, abhängige Mädchen, das vor Angst zittert, wenn es einem starken Willen begegnet.

Letztendlich führte sie mit ihrer Tochter ein offenes Gespräch, das zu wirklich erfreulichen Ergebnissen führte. Katharina fiel aus allen Wolken, als sie erfuhr, wie ihre Mutter sich fühlte. Sie hatte es einfach wortwörtlich genommen, als diese ihr sagte, sie würde sie „jederzeit" unterstützen. Es gab dann auch noch ein Dreiergespräch in meiner Praxis. Darin wurde für die Zukunft festgelegt, wie diese Unterstützung von nun an aussehen könnte, ohne dass Nora auf der Strecke bliebe.

Glauben Sie mir, es lohnt nicht ein Übermaß von Zeit und Energie mit Verletztsein zu verbringen. Versuchen Sie stattdessen das „6-Punkte-Programm" für den Umgang mit Kränkung:

1. Nehmen Sie zunächst zur Kenntnis, was dieser bestimmte Vorfall bei Ihnen auslöst.

2. Spüren Sie alle Gefühle – Schmerz, Angst, Zorn, Hilflosigkeit, Vernichtungsgefühl …

3. Drücken Sie Ihre Betroffenheit aus. Je nach privater oder beruflicher Gegebenheit können Sie so reagieren: „Das hat mich jetzt wirklich verletzt. Hast du das wirklich so gemeint?", „Was jetzt geschehen ist, hat mich sehr getroffen. Ich empfinde das nämlich so, dass mir Unrecht geschieht, ich keine Wertschätzung bekomme, ich mich übergangen fühle …."
Ich habe mit dieser Vorgangsweise die besten Erfahrungen gemacht. Entweder konnte ein mögliches Missverständnis

sofort ausgeräumt werden oder es war genauso gemeint, wie es gesagt wurde. Dann können Sie immer noch entscheiden, wie Sie mit der Situation umgehen wollen.

4. Lösen Sie sich aus der Opferrolle. Jemand tut etwas, dass Sie verletzt. Das ist unerfreulich, aber kein Grund sich für alle Zeit als Schaf zu fühlen, das andere zur Schlachtbank führen. Sie *können* immer etwas tun – entweder die äußeren Bedingungen oder Ihre Einstellung verändern. Wenn beides nicht möglich ist, ist es *Ihre* Wahl zu einer bestimmten Situation „*nein*" sagen.

5. Überlegen Sie, ob wirklich der aktuelle Anlass zu der Kränkung geführt hat oder eher eine uralte Wunde (das ist meist der Fall!). Sehen Sie es dann als Chance, diesen verborgenen Schmerz wieder zu fühlen und durch anderen Umgang damit zu heilen. Lassen Sie sich ruhig dabei helfen, wenn Sie alleine Schwierigkeiten haben, die „Urwunde" zu identifizieren.

6. Beschäftigen Sie sich mit dem Thema Selbstliebe. Wenn Sie sich lieben, wissen Sie, dass Sie es verdienen gut behandelt zu werden und werden Missbrauch an Ihrer Person nicht dulden. Im Zusammenleben mit anderen lassen sich Verletzungen nicht immer vermeiden. Aber als glückliche Frau vertrauen Sie auf Ihre Fähigkeit damit so fertig zu werden, dass Sie zum Schluss gestärkt daraus hervorgehen.

Wichtig: Bleiben Sie sich selbst gegenüber sensibel und schützen Sie wenn nötig Seele und Körper. Machen Sie aber in Ihrem Interesse auch ein Ziel daraus, übergroße Empfindlichkeit langsam abzulegen. Andere sind nicht nur darauf aus Sie zu verletzen, sondern ein bestimmtes Verhalten hat oft gar nichts mit Ihnen zu tun. Nehmen Sie also nicht sofort alles persönlich!

Ich weiß aus eigener Erfahrung, dass diese Haltung speziell für sensible Naturen eine Herausforderung ist. Aber ich habe es geschafft und das werden Sie auch.

DER STRENGE RICHTER

Kennen Sie diesen Herrn? Also in meinem Leben war er viele Jahre ein gefürchteter Begleiter, den ich erst dann loswurde, als ich begann mich mehr zu lieben.

Vielleicht haben Sie ja auch solch einen ungebetenen Gast. Er macht sich entweder dann bemerkbar, wenn Sie sich gerade ausrasten wollen, Spaß haben möchten, endlich nein gesagt haben oder einen anderen wichtigen Schritt auf Ihrem Selbstliebeweg vorangekommen sind. Es kann auch sein, dass er als dunkelgraue Eminenz im Hintergrund lauert und Ihnen genaue Anweisungen gibt, was geht und vor allem was nicht geht. Unter seiner autoritären Herrschaft erstirbt das Lachen, unbeschwertes Fröhlichsein verbietet sich von selbst und er sorgt dafür, dass immer ein diffuser Druck auf Ihrer Brust lastet. Sie fühlen sich auf jeden Fall immer irgendwie schuldig und ein Teil von Ihnen glaubt auf tiefer Ebene „Strafe zu verdienen". Sie werden dann vielleicht krank, wichtige Unternehmungen finden nicht statt oder werden blockiert. Oft begegnet er Ihnen auch als dominanter Chef, humorloser Partner oder Freund, der Sie abwertet. Der strenge Richter duldet keine Veränderungen. Er hasst Ihren Wunsch nach Freude und immer, wenn Sie sich nach den Sternen strecken, sorgt er dafür, dass Sie weiter mutlos und verzweifelt bleiben. Ununterbrochen flüstert er Ihnen zu, dass jeder Versuch etwas anders zu machen sinnlos ist und Sie genau dort bleiben sollen, wo Sie sind. Dieser Richter ist gnadenlos und gibt Ihnen zu verstehen, dass es kein Entkommen gibt. Glauben Sie ihm nicht! Wenn Sie sich tapfer über seine negativen Einflüsterungen hinwegsetzen oder es gar schaffen ihn auszulachen, haben Sie schon fast gewonnen. Je stärker Sie sich selbst lieben, umso mehr schrumpelt der Mann regelrecht dahin. Schließlich verschwindet er komplett. Und sollte der Kerl doch wieder einmal versuchen, sich wichtig zu machen, registrieren Sie zwar seine Anwesenheit, schenken ihm aber nicht zu viel Aufmerksamkeit. Dann wird er so leiden, dass er freiwillig flüchtet. Der Unmensch nährt sich nämlich von Minderwertigkeitskomplexen, Selbstabwertung und Schuldgefühlen. Daher fürchtet der strenge Richter nichts so sehr wie einen Menschen, der sich selbst liebt. Da verhungert er regelrecht. Ich bin ja sonst nicht für solch drakonische Maßnahmen, aber in diesem Falle …

Meine innere Richterin klang immer verdammt ähnlich wie meine Mutter. Es gab nahezu keine Situation, in der ich nicht „ihre" Kommentare hörte. Als Kind hatte sie mir gesagt, dass Frauen wie Veilchen sein sollen, die im Verborgenen blühen. Demnach war es „nicht gut", dass ich Regeln in Frage stellte, Autoritäten angriff, gegen die Vorstellungen der Leute handelte, unangepasste Meinungen vertrat oder in irgendeiner Art aus dem Rahmen fiel. Sie hatte für sich beschlossen, dass das die beste Art war, ungeschoren durchs Leben zu kommen und das gab sie an mich weiter. Der Effekt war, dass ich jedes Mal die größten Schuldgefühle hatte, wenn ich mich nicht in diesem Sinn verhielt.

Identifizieren Sie „Ihre" strenge Richterstimme. Der Kerl kann einem mit seinen überflüssigen Kommentaren das Leben ganz schön verleiden. Das gilt natürlich auch für jede Richterin.

Eine glückliche Frau findet zu Ihrer eigenen Moral und löst sich von den bestimmenden und einengenden Einflüsterungen vergangener Autoritäten. Sie hat herausgefunden, was für sie in Ordnung ist und was nicht und handelt ausschließlich danach. Wenn das noch nicht gelingt, ist sie vorläufig zumindest in der Lage, die Stimme des „Richters" von ihrer eigenen zu unterscheiden.

„DU NIMMST MIR MEINE KRAFT" – UMGANG MIT ENERGIEVAMPIREN

Sie sind mit einem „Energievampir" konfrontiert, wenn eine oder mehrere Aussagen von Ihnen stammen könnten:

„Er saugt mich völlig aus", „Wenn ich mit ihr zusammen bin, fühle ich mich total erschöpft, gereizt oder möchte nur weg", „Sie hat so etwas Klebriges, als ob sich irgendein Netz um mich legt", „Sie ist so voller Negativität, das ist richtig beklemmend", „Eigentlich ist er ja recht nett. Aber dann hat er plötzliche aggressive Ausbrüche – das macht mich fertig", „Sie ruft mich immer abends an und will stundenlang über ihre Probleme reden. Und sie ist dabei nicht zu bremsen, obwohl ich immer wieder sage, dass ich nun aufhören muss", „In meiner Familie herrscht ständig ein Klima von Angespanntheit und Vorwurf. Ich kann kaum atmen", „Mit allem, was sie tut oder sagt, erzeugt sie Schuldgefühle und vermittelt den Eindruck, dass ich auf jeden Fall etwas falsch mache", „Wenn ich mich nicht so verhalte, wie er möchte, macht er Terror. Davor habe ich Angst und so ‚bewege' ich mich kaum noch", „Sie findet immer einen Weg mich zu beeinflussen. Entweder durch Kritik, Weinkrämpfe oder stundenlange Diskussionen. Oder sie bekommt Herzbeschwerden", „Ich weiß schon gar nicht mehr, was ich eigentlich will. Irgendwie bringt er mich dazu in vorauseilendem Gehorsam immer seine Wünsche zu erfüllen".

Wenn Sie bei manchen Menschen so oder ähnlich empfinden, haben Sie wahrscheinlich die Bekanntschaft eines „Energiesaugers" gemacht oder sind diesbezüglich schon familiär vorbelastet. Natürlich zapft *jede(r)* von uns manchmal in zu hohem Maße die „Energiequelle Mitmensch" an. Denken Sie doch nur an die Zeiten von Liebeskummer, depressiver

Verstimmung, Krankheit, finanzieller Sorgen, familiärer Probleme oder welche persönlichen Schwierigkeit auch immer. Zwei Methoden kommen dabei zum Einsatz:

1. Die „direkte" Methode

Eine Person spricht von nichts anderem als dem Thema X. Ununterbrochen, (mehrmals?) täglich, über lange Zeit und ohne jede Rücksicht auf das Gegenüber. Der andere wird „nieder" geschildert und all seine Protestversuche wie „Jetzt muss ich aber wirklich aufhören" werden gnadenlos überhört. Wer so agiert, holt sich Energie offen, unübersehbar und mit einer gewissen Brutalität, auch wenn „Schwäche" im Vordergrund steht. Ich habe mich als Betroffene auf der anderen Seite manchmal gefragt, ob dem Monologisierer auffallen würde, wenn ich plötzlich in Ohnmacht sinke. Oder ob er oder sie einfach weiter sprechen würde …

Eine andere Methode der direkten Energiebeschaffung besteht darin zu kritisieren oder abzuwerten. Der andere ist verunsichert und schon fließt der kostbare Saft in Richtung des „Nörglers".

2. Die „indirekte Methode"

Dieser Vorgangsweise bedienen sich Menschen, die sich auf direktem Wege nicht „trauen". Aber die Art, wie sie Energie holen, ist vielleicht noch schlimmer:

Sie vermitteln dem anderen Schuldgefühle, indem sie sich schweigend zurückziehen, zum „richtigen" Zeitpunkt krank werden, emotionale Erpressung einsetzen „Wenn ich dir wichtig wäre, würdest du oder würdest du nicht …" oder als lebendiger Vorwurf durch den Tag wandeln. Diese Form von verdeckter Aggressivität ist oft zerstörerischer als die direkte Art, weil sie auf den ersten Blick nicht als aggressiver Akt erkannt wird.

Aber ich sage es klar und deutlich: Alle diese Methoden sind Terror! Wenn Sie Ihnen begegnen, seien Sie sich darüber im Klaren, dass Sie Opfer von Psychoterroristen sind, die sich von Ihrer Energie nähren.

Wir alle lassen Energie im Umgang mit anderen. Aber wenn Sie im Kontakt mit einer bestimmten Person das Gefühl haben, auf der Strecke zu bleiben oder es Ihnen immer schlechter geht, sollten Sie sich die Beziehung auf ungesunden Energieraub hin ansehen.

Zwei Fragen können Ihnen bei der Klärung helfen:

1. Herrscht beim „Leidmitteilen" im Großen und Ganzen Ausgewogenheit oder ist die Geber- und Nehmerrolle einseitig verteilt?

2. Bilden Sie mit anderen so genannte „Notgemeinschaften", in denen Sie zwar gemeinsam Ihr Elend beklagen, es aber sonst keine Themen gibt?

Wenn Sie immer nur die „Geberin" sind, wird Ihr Energiekonto früher oder später leer sein. Und wenn Jammergemeinschaften für Sie einen Reiz ausüben, trägt das auch nicht dazu bei, Ihren Kraftlevel zu erhöhen.

Auch auf die Gefahr hin, dass ich Sie langweile: Wenn Sie sich selbst mehr lieben, wird sich auch in puncto Energiehaushalt einiges in Ihrem Leben ändern. Sie werden zwar immer noch für andere da sein, aber nicht mehr um den Preis der Selbstzerstörung. Und Klagerunden werden immer mehr an Attraktivität verlieren, weil Sie spüren, dass Sie der Aufenthalt dort nicht einen Schritt weiter bringt. *Natürlich* sollen Sie Ihren Freundinnen oder Freunden erzählen, was in Ihrem Leben los ist und wie es Ihnen geht. Sie können sich beschweren, um Rat fragen oder einfach nur Ihre Gefühle teilen. Aber mit sich überschlagender oder ersterbender Stimme immer und immer wieder den gleichen Text zu erzählen, wird Sie dann nicht mehr befriedigen.

Es gibt natürlich auch eine Art sich selbst die Energie zu rauben. Nachdem es mir über weite Strecken fast immer nur schlecht ging, hatte ich natürlich das Bedürfnis, diesen Tatbestand vertrauten Menschen mitzuteilen. Außerdem war es eine traurige Tatsache, dass ich auch kein anderes Thema hatte als meine „Zustände". Ich war mit Überleben beschäftigt und das über Jahre. Einerseits stellte ich dadurch sicherlich für meine Umwelt eine energetische Belastung dar, andererseits brachte mir das ununterbrochene Wiederholen des Schreckens, in dem ich lebte, keine wirkliche Erleichterung. Jedes Mal, wenn ich wieder über Panikzustände, Migräne, Übelkeit, Depressionen oder Liebeskummer erzählte, wurde die jeweilige Verfassung erneut genährt. So fühlte ich mich häufig nach diesen „Aussprachen" noch schwächer als vorher. Wenn ich heute im weitesten Sinne „leide", teile ich meiner näheren Umgebung die Eckdaten dahinter mit. Aber es passiert nur mehr selten, dass ich stundenlang darüber jammere. Auch Selbstmitleid gibt es kaum, wobei ich immer mehr zum Selbsthass tendiert hatte.

Wichtig: In Bezug auf sich selber leid tun (und natürlich auch Selbsthass!), gebe ich immer folgende Empfehlung: Verbringen Sie 15 Minuten damit, wenn es ganz schlimm ist, eine halbe Stunde. Sollte eine Art Weltuntergang passiert sein, eine Stunde. Aber dann hören Sie auf! Sie haben keinerlei Nutzen davon und können Ihrer Energie dabei zusehen, wie sie verschwindet.

Wenn Sie Ihr Leben auf die Existenz von Energievampiren durchforsten, kann es sein, dass in der Folge solche Freundschaften abhanden kommen, deren Basis der gemeinsame Aufenthalt unter der Brücke war. Die Menschen merken, dass Sie sich verändern und vereintes Klagen nicht mehr zu Ihren Lieblingsbeschäftigungen zählt. Das gilt auch für unbeschränktes Monologisieren.

Ihre Energie steht dann sozusagen nicht länger zur freien Verfügung und so „zerbrechen" solche Beziehungen oft.

Stellen Sie sich diesem natürlichen Prozess nicht entgegen.

Ich höre dann häufig: „Ja, aber diese Bekannte habe ich schon seit der Volksschulzeit. Ich wollte sie zwar ohnedies schon länger nicht mehr wirklich treffen, aber das kann ich doch nicht machen." Was ist aber die Alternative?

Sie verbringen Ihre Zeit mit jemandem, mit dem es nicht nur nicht „passt", sondern der auch Ihre Energie verspeist.

Wir treffen Leute, gehen eine Zeit lang zusammen und dann biegt einer rechts ab. Das ist vollkommen natürlich und kein Grund für Schuldgefühle. Sie haben nicht nur „Pflichten" anderen gegenüber, sondern auch gegen sich selbst.

Es kann natürlich schwierig sein sich zurückzuziehen.

Lassen Sie eine bestimmte Bekanntschaft also „einschlafen", wenn Sie sich noch keine direktere Vorgangsweise zutrauen.

Wirklich tapfer und ehrlich ist natürlich eine sanfte Form der Wahrheit, ohne den anderen regelrecht zu vernichten. Wer die sanfte Form allerdings nicht versteht, muss mit Klartext rechnen. Das ist zweifellos sehr unangenehm, aber denken Sie immer daran, dass Sie Ihre Energie mit Sicherheit im eigenen Leben sehr gut gebrauchen können.

Ein wenig schwieriger gestaltet sich die Abgrenzung von Vampiren in der Familie. Die Beziehungen sind meist verstrickter und eventuell von starken Schuldgefühlen und Ängsten überlagert. Aber Energiesaugen bleibt Energiesaugen, auch wenn es von nahe stehenden Menschen durchgeführt wird. Daher ist es sehr wichtig, dass Sie sich ehrlich eingestehen, dass so ein Vorgang stattfindet, auch wenn Sie dafür „heilige Kühe" näher betrachten müssen. Erst dann können Sie etwas dagegen unternehmen. Und das sollten Sie, um Seele und Körper zu entlasten! Das kann bedeuten, die Dynamik in der jeweiligen Beziehung direkt anzusprechen und das Unbehagen daran zu äußern. Es kann im extremen Fall aber auch heißen, eine gewisse Distanz zwischen sich und den anderen zu legen. Auch wenn es die Mutter sein sollte, der Partner, ein erwachsenes Kind oder ein anderer Verwandter.

Welche Schutzmaßnahmen helfen gegen Energievampire?

1. Die selbstliebende Einstellung, dass Sie es verdienen Menschen in Ihrem Leben zu haben, die Sie gut behandeln.

2. Die tiefe Überzeugung, dass Sie zu zerstörerischen Mechanismen „nein" sagen und daher für terroristische Aktionen nicht mehr zur Verfügung stehen – egal, von wem sie kommen!

3. Ganz pragmatisches „Werkzeug":

    ▸ Ein Kommunikationsstil, der folgende Vokabeln und Sätze enthält:
    „Es tut mir leid, ich muss dieses Gespräch jetzt beenden."
    (Und es auch tun!)
    „Ich möchte dir mitteilen, dass ich mich ab sofort nicht mehr manipulieren, abwerten oder in einer anderen Form schlecht behandeln lasse." (Und es auch so meinen!)
    „Fällt dir eigentlich auf, dass immer nur du redest??"
    „Ich habe keine Zeit."
    „Ich kann dir da leider nicht helfen."
    „Ich fühle mich damit überfordert."

    ▸ Ein Gespräch, das immer wieder in derselben unbefriedigenden Form abläuft, gar nicht beginnen oder mit einer Begründung abbrechen, ohne vor Schuldgefühlen völlig fertig zu sein (denn: siehe Punkt 1!).

    ▸ Beziehungen, die sich nicht zum Besseren verändern, lassen, in ihrer Gesamtheit hinterfragen und wenn nötig beenden.

4. Das Spiegelgesetz beachten. Das schon bekannte Gesetz sagt, dass Sie nichts in Ihrer Umwelt finden, das als Thema nicht auch in Ihnen ist. Tja, Ihr Lieben, so ist es. Immer wieder unpopulär, immer wieder heftig bestritten und dennoch immer wahr! Wer also Psychoterroristen auf seinem Weg

findet, ist auf irgendeiner Ebene auch einer. Und wenn Sie im Umgang mit anderen sogar Terroristisches an sich finden können, überlegen Sie, ob Sie sich diese Behandlung nicht selbst angedeihen lassen.

Ich habe mein Leben lang darunter gelitten, dass es so einfach ist, mir Schuldgefühle zu machen. Bis zu jenem ehrlichen Moment, als ich mir eingestand, dass es auch eine meiner bevorzugten Methoden war, andere genau damit zu beglücken. Ab diesem Zeitpunkt tat ich mein Möglichstes damit aufzuhören. Überlegen Sie einmal, wie Sie sich fühlen, wenn jemand Ihnen vermittelt, dass Sie „schuld" sind, wenn Sie das tun möchten, was Sie wollen, und ob Sie diesem Menschen positive Gefühle entgegen bringen. Mit Sicherheit nicht, weil Sie sich instinktiv vor dieser negativen Energie schützen möchten. Ich wusste also „live", wie es sich anfühlt Ziel von Manipulationen dieser Art zu sein – nämlich verdammt schlecht. Und so beschloss ich auch aus „egoistischen" Gründen diesen terroristischen Akt aus meinem Kommunikationsrepertoire zu streichen. Denn ein Mensch, der sich mir gegenüber schuldig fühlt, wird mich dafür nicht lieben, sondern eher Distanz suchen. Hat er davor Angst oder schafft es nicht, werde ich trotzdem in Form von Gereiztheit, Aggressivität", schlechter Laune, sexueller Unlust oder anderen Unerfreulichkeiten „büßen". Und das, was ich eigentlich wollte, erreiche ich so garantiert nicht. Fazit: Schuldgefühle erzeugen wirkt nicht, nützt nicht und ist daher eine Verhaltensweise, die absolut entbehrlich ist.

Wichtig: Natürlich ist es absolut wichtig und ein Zeichen von Reife, wenn Sie dort Verantwortung übernehmen, wo wirklich etwas daneben gegangen ist. Jede(r) von uns macht Fehler oder verursacht unter Umständen emotionalen oder materiellen Schaden. Sagen Sie bei so einer Gelegenheit: „Es tut mir wirklich leid, dass ich dich verletzt, übergangen, vergessen, ignoriert, ausgenutzt, falsch verstanden habe. Wie kann ich das wieder gut machen?" Oder Sie begleichen Schäden, die durch Ihr Verhalten entstanden sind.

Eine beliebte Methode mit dieser Form von „Schuld" umzugehen, ist häufig ein Angriff. Jemand hat etwas verursacht und versucht es dem anderen in die Schuhe zu schieben oder auf jeden Fall die Verantwortung für die Geschehnisse abzuwälzen. Das ist nicht clever, sondern nur fies.

Auf Ihrem Weg zur glücklichen Frau werden Sie nicht umhin können, das Thema „Wer nimmt mir meine Energie?" ganz in Ruhe anzusehen. Und Sie werden diesen Zustand nicht länger „anstehen" lassen, sondern individuelle Lösungen finden. Ach ja: Niemand hat je gesagt, dass das leicht ist …

„PIEPS" – DIE SPRACHE DER FRAUEN

Es *gibt* eine frauenspezifische Art mit anderen zu reden. Das ist mehrfach wissenschaftlich untersucht worden. Ich will Sie aber jetzt nicht mit diversen Studien plagen, sondern ermutigen Ihr Sprachverhalten einmal zu betrachten.

Die Art und Weise, wie Sie mit anderen kommunizieren, sagt eine Menge über Ihre persönliche Geschichte, Ihre Erfahrungen und über den Stand Ihrer Selbstliebe aus.

Über den Zusammenhang zwischen psychischer Verfassung und Sprache existieren wie oft bei wichtigen Dingen schon Aussagen aus dem so genannten Volksmund: „Ich habe vor Angst kein Wort hervorgebracht", „Jedes Wort ist mir erstorben", „Meine Kehle war wie zugeschnürt – ich habe nicht einen Pieps herausbekommen", „Mir hat es die Sprache verschlagen", „Wes Herz voll, des Mund geht über" und auch ein Ausspruch den Jesus getätigt haben soll: „Deine Rede sei ja, ja oder nein, nein".

Checken Sie sich in Bezug auf folgende „Sprachpunkte":

- sehr leise
- jammernder Unterton
- dramatisch
- fast immer den Tränen nahe
- piepsige Stimme
- bei Wunschäußerungen am Satzende immer mehr mit der Stimme hinaufgehen

- eine Beschwerde wenn überhaupt so äußern, dass es einer Entschuldigung gleicht
- völlig unemotional
- lachen, wo es nichts zu lachen gibt
- superfreundlich, in Situationen, in denen das nicht angebracht ist
- Groll als Grundstimmung, was durch ständige Nörgelei, Besserwisserei oder Gereiztheit zum Ausdruck kommt
- keine direkte Aussage, sondern „drum herumreden"
- ja sagen und nein meinen
- Energie-Vampiren endlos zuhören und dann völlig erschöpft sein
- schweigen, wo es eine Menge zu sagen gäbe
- vorwurfsvolles Schweigen, das die Atmosphäre im Umkreis von 10 Kilometern vergiftet
- sagen „Ich kann nicht", wenn es heißen müsste „Ich will nicht"
- ewig unter Konflikten leiden, statt sie anzusprechen
- Dinge hinunterschlucken und dann Magenbeschwerden oder einen völlig verspannten Rücken haben
- Übergriffe immer wieder dulden und trotzdem lächeln
- lieber sterben als einmal einen Wutanfall zu bekommen und so richtig laut zu werden
- allein der Gedanke an eine öffentliche Rede löst Panik aus
- bei jeglicher Form der Kommunikation vermitteln: „Ich tue dir nichts. Ich bin völlig unbedrohlich. Also bitte hab mich lieb!"

Auf mich haben früher nahezu alle diese Punkte zugetroffen.

Mit wachsender Selbstliebe konnte ich mit der Zeit immer authentischer werden und auch sprachlich und ausdrucksmäßig zu dem stehen, was ich eigentlich wollte.

Wichtig: Authentisch zu sein muss nicht zwingenderweise bedeuten, einen Konflikt auszulösen. Aber es *kann!*

> **Das ist für Sie dann nicht mehr so Angst auslösend, wenn Sie folgende Meinung über sich haben:**
>
> - Es ist in Ordnung, dass ich sage, was ich empfinde.
> - Es ist in Ordnung „nein" zu sagen.
> - Ich habe ein Recht darauf, eine bestimmte Einstellung zu haben und sie zu äußern.
> - Ich bin nicht dazu da, die Bedürfnisse anderer auf jeden Fall zu erfüllen.
> - Sollte sich deswegen jemand über mich ärgern, dann ist das auch keine Tragödie.

Grundsätzlich gilt aber der alte Spruch: „Leg dem anderen die Wahrheit wie einen Mantel um die Schulter und schlage sie ihm nicht wie einen Lappen ins Gesicht." Ich persönlich bin eine große Verfechterin von Diplomatie, außer es überzeugt mich jemand durch sein Verhalten, dass diese Methode in keiner Weise angebracht ist. Dann habe ich heute Werkzeug, um diesem Jemand eine unmissverständliche Grenze zu setzen.

Je mehr Sie sich selbst lieben, umso leichter werden Sie Ihren Kommunikationsstil in „so direkt wie möglich" ändern.

Versuchen Sie folgende Anregungen:

- Sprechen Sie mit einer Stimme, die gehört werden kann und vermeiden Sie lispeln. Wenn Ihnen das noch sehr schwer fällt, tun Sie so „als ob".

- Halten Sie Augenkontakt, besonders wenn Sie sich unsicher fühlen.

- Sprechen Sie speziell in Situationen, die Sie aufregen, mit ruhiger Stimme und werden Sie langsamer, statt schneller. Wenn das noch nicht von selbst geht – handeln Sie „als ob".

- Vermeiden Sie „Beschwichtigungsgesten" wie ständiges Kichern, eingefrorenes Lächeln, Haare drehen oder Augen senken.

- Scheuen Sie sich nicht vor deutlichen Worten oder lauter Stimme, wenn die Situation danach verlangt.

- Erlauben Sie sich zu gehen, wenn Sie beleidigt, angeschrieen oder abgewertet werden.

- Wer Ihnen ständig ins Wort fällt, immer wieder nicht zuhört, überhaupt nicht auf Sie eingeht, unvermittelt ein sehr wichtiges Thema wechselt oder Sie durch tagelanges Schweigen straft, ist auf Dauer kein (Kommunikations-)Partner für Sie.

- Sprechen Sie Konflikte an!

Eine glückliche Frau weiß, dass sie wahrscheinlich auch nicht ganz frei von spezifischen „Frauensprachverhaltensweisen" ist. Sie bringt sich dafür Verständnis entgegen, übt aber immer wieder authentisch zu sein. Der Weg dorthin heißt „Liebe dich selbst immer mehr. Dann hast du etwas zu sagen und tust es auch."

Scheuen Sie sich nicht, Konflikte anzusprechen.

*Werfen Sie Geld nicht zum Fenster hinaus,
horten Sie es aber auch nicht. Es ist da, um zu fließen.*

„WEIL ICH ES MIR WERT BIN" – FRAUEN UND GELD

Machen Sie einmal einen Schnellcheck: Was löst das Wort „Geld" bei Ihnen aus? Wahrscheinlich besteht weltweit Einigkeit darüber, dass es besser ist welches zu haben, als das Gegenteil. Ich nehme an, Sie sind da keine Ausnahme. Aber was wirklich zählt, sind die Feinabstimmungen. Was denken Sie *genau* über Geld? Ist es zum Beispiel in Ordnung viel davon zu haben? Ich meine wirklich viel? Ich weiß von mir selbst und anderen Frauen, dass sie diese einfache Frage nicht selbstverständlich mit „ja" beantworten. Viele von uns haben eigenartigerweise tiefe Glaubenssätze, die dazu führen, dass der Geldfluss nur tröpfelt, im Schlamm versickert oder ruht. Einer davon ist „Geld verdirbt den Charakter", was im Klartext bedeutet: Reiche Leute haben zwar alles, aber sie sind menschlich mies. Und arme Leute haben nichts, aber sie sind edel und gut. Tja, Ihr Lieben, ist das so? Also ich kenne Zeitgenossen, die über reichlich Moneten verfügen und netter sind als solche, die ständig Geldsorgen haben. Andererseits gibt es natürlich auch das Gegenteil. Das soll heißen: Sie *können* Geld haben und charakterlich trotzdem in Ordnung sein. Sie können edel und gut sein, wenn das für Sie einen Wert darstellt, sich spirituell entwickeln und über Geld verfügen. Armut adelt nicht (!) und Sie sind nicht automatisch ein besserer Mensch, nur weil sie immer wieder nicht oder gerade so über die Runden kommen.

Wenn Sie zu den Frauen gehören, die überzeugt, sind, dass sie kein Geld benötigen, um glücklich zu sein, haben Sie damit natürlich Recht. Aber es gibt noch einen Spruch, der eine ausgesprochene Berechtigung hat: „Geld macht nicht glücklich, aber es beruhigt". Das Leben kann hart genug sein, Mädels, und da wäre es doch ein gutes Gefühl, wenn zumindest *der* Teil kein echtes Problem darstellt. Mit Geld können Sie keine Liebe kaufen bzw. sollten Sie den Mann, den Sie dafür bekommen, gar nicht wirklich wollen. Auch innerer Friede, Klarheit, Zufriedenheit und schönes Wetter sind käuflich nicht zu erwerben. Aber: Sie können eine Putzhilfe organisieren, sich massieren lassen, ein nettes Outfit erstehen, mehrere Male auf Urlaub fahren, chic essen gehen, für das Alter vorsorgen, eine Krankenzusatzversicherung abschließen, im Garten das süße Holzhaus aufstellen und die nette Villa gleich dazu, im Sommer in den eigenen Pool springen, die Kinder unterstützen, eine Ausbildung Ihrer Wahl beginnen, obwohl Sie aus dem „Alter heraus sind", eine Weltreise machen, Implantate anfertigen lassen, statt die Zähne ins Glas zu legen, Kosmetikerin, Friseur, Fußpflege- *und* Nagelsalon aufsuchen, in einem schönen Fitnessstudio mit Pflanzen trainieren, den Flugschein machen, ein Segelboot kaufen, mit einem schicken Handy kommunizieren, die Riesenpalme für das Wohnzimmer erwerben und einen schönen Springbrunnen als Draufgabe dazu, die Dachgeschoßwohnung beziehen, von der Sie immer schon geträumt haben, einen Abenteuerurlaub in Grönland absolvieren, den Tauchkurs auf den Malediven machen oder ein Häuschen am Meer bewohnen. Sie können noch tausend und drei andere Dinge tun, kaufen oder organisieren.

Geld macht also nicht automatisch glücklich, aber Sie können damit das Leben einfacher, bequemer oder schlicht lustiger gestalten. Und das sind schlagende Argumente sich damit auseinanderzusetzen, welche Einstellung Sie in Bezug auf den Mammon haben.

Gerade Frauen blockieren ungemein, wenn es um einen potentiellen Überfluss geht. Sie sind bereit, „gerade genug" Geld zu wollen, aber alles, was in Richtung Luxus geht, ist ihnen irgendwie suspekt. So bleiben Sie bis zur Pensionierung in schlecht bezahlten Jobs, streben Berufe an, in denen sie keine Entwicklungsmöglichkeiten haben oder verkaufen sich als Freiberuflerinnen unter Wert. Ich weiß noch, in welche Nöte mich früher diese Frage stürzte: „Was verlangen Sie dafür?" Einmal nannte ich einen dermaßen niedrigen Betrag für einen Artikel, dass sogar der bekannt geizige Chefredakteur mitleidig schaute. Es geht nicht darum nur in Luxusgütern zu schwelgen, aber diesen Gedanken auch nicht unbedingt für unanständig zu halten.

**Überprüfen Sie also Ihre Überzeugungen,
die Sie in Bezug auf Geld haben:**

- In meiner Familie gab es immer Geldknappheit, also ist es bei mir auch so.
- Zu Geld kommt frau nur, wenn sie sich in irgendeiner Weise verkauft – das kommt für mich nicht in Frage!
- Lieber arm und anständig, als reich und verdorben.
- Ich habe nicht die Persönlichkeit, um bei „denen da oben" mitzumachen.
- Wenn ich mehr Geld hätte, würden die anderen mich ausnutzen.
- Die einzige Möglichkeit zu Geld zu kommen, ist einen reichen Mann zu finden.
- Ich kann nicht mehr Lohn fordern, weil mein Chef sich das nicht leisten kann.
- Die Gesellschaft lässt Frauen ohnedies nicht hoch kommen.
- Oft ist mit mehr Geld auch mehr Verantwortung verbunden – davor habe ich Angst.
- Wer nicht mit einem goldenen Löffel im Mund geboren ist, hat ohnedies keine Chance.
- Ein spiritueller Weg und Geld schließen sich aus.

Wenn Sie nachdenken, finden Sie wahrscheinlich noch einige Glaubenssätze, die Sie blockieren und einschränken. Ich bin fest davon überzeugt, dass der Geldfluss im Kopf entspringt und nirgendwo sonst. Erst, wenn Sie es für denkmöglich und vor allem in Ordnung halten, dass er bei Ihnen vorbeiströmt, werden sich Chancen auftun. Denn wenn Sie im Armutsdenken verhaftet bleiben, kann *die* Über-Mega-Chance kommen und Sie werden sie nicht nutzen.

Als ich das erste Mal davon hörte, dass hinderliche Überzeugungen dazu führen können, dass Moneten geradezu einen Bogen um einen machen, dachte ich: „So ein Blödsinn." Dann begann ich aber doch meine Einstellungen zu überprüfen und stieß auf eine Menge geistigen Schrott, der zwischen mir und den Scheinchen stand. Und so deklamierte ich positive Affirmationen, schrieb sie auf Zettelchen und klebte selbige überall hin. Ich las Bücher über finanziellen Erfolg und die Lebensgeschichten von Tellerwäschern, die es zum Millionär gebracht hatten. Aber es nützte alles nichts – die klingende Münze blieb mir fern. Eine Änderung trat erst ein, als ich begann mich mit der Selbstliebe zu beschäftigen. Nach vielen Anläufen und „Misserfolgen" finde ich es nun wirklich vollkommen richtig, dass sich der Eurofluss zumindest in meine Richtung bewegt. Ich bin jetzt überzeugt davon, dass ich es verdiene finanziellen Spielraum zu haben und nicht nur gerade „so irgendwie" mein Geld-Dasein zu fristen.

Eine große Hilfe für mich war, dass ich aus einem Beruf meine Berufung gemacht habe. Ich kann Ihnen die „Methode" nur wärmstens ans Herz legen. Außerdem ist diese ganze Berufungsgeschichte ohnedies eng mit der Selbstliebe verknüpft. Es ist *nicht* egal, was Sie jobmäßig tun, sondern hat großen Einfluss auf Ihre Lebenszufriedenheit. Wenn Sie *„Ihr Ding"* gefunden haben, löst das nicht alle Probleme, aber es hilft ungemein. Wenn Sie das, was Sie tun mit Leidenschaft machen, werden Sie immer einen Anker haben, selbst wenn die Welt um Sie versinkt. Und Sie werden automatisch so viel Geld haben, wie Sie benötigen oder mehr.

Es ist dabei vollkommen unerheblich, welchen Beruf Sie ausüben. Ich kenne eine Blumenbinderin, die mit leuchtenden Augen ihre Kreationen anbietet und eine Putzdame, die mit Freuden sauber macht. Es muss nicht die Ärztin sein, die in Afrika Leben rettet oder eine Dschungelpilotin, die Menschen aus brennenden Urwäldern fliegt. „Berufung" ist so ein großes Wort wie „Lebensziele" und macht vielen Frauen Angst. Manche wissen schon als Kleinkind, welcher Aufgabe Sie später nachgehen wollen, andere – so wie ich – gehen zahlreiche Wege, bevor sie ihren Platz gefunden haben. Bevor ich Psychologin und Schriftstellerin wurde, war ich Flugbegleiterin, Tierpflegerin, Fernsehredakteurin, Messehostess, Assistentin eines Zauberers (!) und so manches mehr. Und ich war über dreißig, als ich ungefähr wusste, was ich beruflich wollte. Vorher hätte man mich auf den Kopf stellen können – ich hätte es beim besten Willen nicht sagen können! Setzen Sie sich also auf keinen Fall unter Druck. Vertrauen Sie darauf, dass Sie zum richtigen Zeitpunkt wissen werden, wohin Ihr beruflicher Weg Sie führt. Zwanghaftes Nachdenken bringt gar nichts, außer Sorgenfalten und Magendruck. Und wer will das schon. Glauben Sie mir: Wenn Sie sich für Ihre Berufung wirklich öffnen, können Sie sie nicht verpassen. Sie wartet geduldig am Wegesrand, bis Sie vorbeikommen. Manchmal müssen allerdings noch innere Blockaden beseitigt oder äußere Hindernisse entfernt werden, bevor Sie Ihrer wahren Aufgabe begegnen. Das einzige, was Sie in der Zwischenzeit tun können, ist die Selbstliebe nicht aus den Augen zu verlieren und der oberen Regie Ihre Bereitschaft zu bekunden. Mehr können Sie nicht machen, aber das ist ohnedies genug.

**Außerdem können Sie auch das
„Geld – komm in mein Leben"-Programm üben:**

1. Halten Sie für möglich, dass Geld in Ihre Richtung fließt. Eventuell auch viel Geld!

2. Machen Sie sich klar, dass Sie es *verdienen*, diesbezüglicher Sorge enthoben zu sein.

3. Werfen Sie Geld nicht zum Fenster hinaus, aber horten Sie es auch nicht. Es ist da, um zu fließen.

4. Sehen Sie Geld als Mittel zum Zweck Ihren Lebensunterhalt zu bestreiten oder vernünftig(!) vorzusorgen, aber auch, um sich Wünsche zu erfüllen. Belohnen Sie sich oder geben Sie es für Dinge aus, die Ihnen *nur* Spaß bringen.

Wichtig: Das letzte Hemd hat keine Taschen!

5. Finden Sie heraus, welche Tätigkeit Ihnen wirklich Freude macht und überlegen Sie, wie sich damit Geld verdienen lässt. Entgegen einer weit verbreiteten Meinung muss Arbeit nicht den trockenen Ernst des Lebens bedeuten, sondern kann durchaus auch lustvoll sein!

6. Denken Sie dabei nicht zu eng, sondern in großen Zusammenhängen. Eine Klientin von mir ist Schneiderin. Von jeher hatte sie in einer Änderungsschneiderei gearbeitet, weil sie nie an etwas anderes gedacht hatte. Grundsätzlich gefiel ihr der Beruf, aber nur Änderungen durchzuführen war ihr zu eintönig. Jetzt arbeitet sie in einem Theater und kümmert sich dort kreativ um die Kostüme.

7. Erzählen Sie nicht jedem, dass Sie kein Geld haben, finanziell am Ende sind oder sich das oder jenes nicht leisten können. Nicht weil das eine Schande ist, sondern weil Sie dieser Zustand damit energetisch quasi einzementiert. Natürlich können Sie mit vertrauten Menschen über Ihre Situation sprechen. Aber im idealen Fall nicht nur um zu klagen, sondern um eventuell Lösungen zu finden. Oft sehen wir selbst einen neuen Weg nicht, den ein anderer klar erkennen kann.

8. Wenn Sie Schulden machen, tun Sie es nach reiflicher Überlegung und mit den Beinen auf der Erde. Dann vertrauen Sie darauf, dass Sie in der Lage sein werden, Ihre Rückzahlungen zu leisten. Wenn Sie sich wirklich verplant haben, scheuen Sie nicht davor zurück, eine Schuldnerberatung aufzusuchen.

9. Investieren Sie in einen Selbstliebekurs oder in eine Therapie. Dann können Sie Ihre Glaubenssätze in Bezug auf Geld untersuchen und bei Bedarf ändern. Für die Zeit bis dahin: „Ja, ich habe Geldsorgen. Aber das heißt nicht, dass das nächste Woche noch so ist oder in einem halben Jahr."

10. Genießen Sie das Leben, auch wenn Sie (noch) Geldsorgen haben. Sie können trotzdem lachen, fröhlich sein und rund herum die Schönheit sehen. Alles wird sich zu seiner Zeit finden.

Ich hatte immer große Angst davor völlig mittellos zu sein. Diese Sorge legte sich neben den gesundheitlichen Schwierigkeiten wie eine schwarze Wolke über das ganze Leben. Da ermutigte mich eine spirituelle Lehrerin zu einem Gedankenexperiment. Was würde geschehen, wenn all meine Befürchtungen tatsächlich wahr werden würden? Ich sah mich unter einer Brücke, umgeben von anderen Obdachlosen. Es roch nach Urin, Schweiß und Essensresten. Ich hatte alles verloren – meine Wohnung, die Arbeit, jeden Bezug zu meinem alten Leben. Zunächst war diese Vorstellung so entsetzlich, dass mir fast die Luft wegblieb. Dann kamen mir vor lauter Verzweiflung die Tränen. Ich hatte immer schon eine sehr lebhafte Phantasie und sah die Szene mit allen schlimmen Details vor mir. Aber in der Tiefe des Entsetzens begann sich etwas zu verändern. Ich *wusste* plötzlich mit scharfer Klarheit, dass ich einen Weg finden würde, um mein Schicksal zu verbessern. Es würde mir etwas einfallen, eine Fügung eintreten oder von einer Seite Hilfe kommen, die ich nicht erwartet hatte. Ich merkte voll ungläubigem Erstaunen, dass ich darauf *vertraute,* auch mit dieser Situation umgehen zu können. Verstehen Sie mich bitte richtig: Ich hatte niemals so etwas wie Urvertrauen – ganz im Gegenteil! Aber plötzlich war ich sicher, auch auf dem Tiefpunkt meiner Existenz eine Lösung finden zu können.

Ich bin überzeugt, dass meine Auseinandersetzung mit spirituellem Gedankengut und der Selbstliebe dazu geführt hat, denn in die Wiege gelegt wurde mir das nicht.

Ich habe mich seither nie mehr vor einem finanziellen Desaster gefürchtet. Diese Vorstellung des „schlimmsten Falles" hat vielmehr dazu geführt, dass ich nach vielen „kindlichen" Jahren mehr Verantwortung für meine Finanzen übernommen habe.

Eine glückliche Frau weiß, was sie für Geld bekommt und was nicht und räumt daher freudig alle Blockaden weg, die einstellungsmäßig zwischen ihr und den Scheinchen stehen. Sie ist aber auch in der Lage das Leben zu genießen, solange dieses „Programm" noch läuft.

„ICH PFLEGE EINEN ANGEHÖRIGEN" – FRAUENSACHE?

Ich habe viele Klientinnen (es *ist* nämlich zum größten Teil Frauensache!), die Mutter, Vater oder ein anderes Familienmitglied betreuen. Und ich weiß, welch Wirrwarr an Gefühlen so eine Situation auslösen kann.

Karin hatte einen Job in einem Reisebüro, zwei Kinder und einen Ehemann. Dann erkrankte ihre Mutter und nachdem sie aus dem Spital entlassen wurde, stand fest, dass sie Pflege benötigen würde. Karin zögerte nicht einen Moment. Für sie war klar, dass sie sich um sie kümmern würde. Das war die Aufgabe einer Tochter und so wurde die Mutter in einem Zimmer bei der Familie einquartiert.

Als Karin zu mir kam, war sie am Ende ihrer Kraft. Sie schlief kaum, weil sie auch in der Nacht gebraucht wurde, mit ihrem Mann gab es Spannungen und sie konnte kaum mehr die Anforderungen ihres Berufes bewältigen. Ständig hatte sie ein schlechtes Gewissen, weil sie wusste, dass entweder ihr Mann, die Kinder oder die Mutter auf der Strecke blieben. Eine Person vergaß sie dabei und das war sie selbst.

Diese Situation ist typisch. Zu nahezu 100 % übernehmen *Frauen* die Pflege eines Angehörigen und in fast dem gleichen Prozentsatz gehen sie beinahe daran zugrunde. So habe ich häufig erlebt, dass sie selbst erkrankten oder jede Lebensfreude verloren. Dazu kommt, dass sie sich Unmutsgefühle kaum eingestehen und durch den inneren Konflikt noch mehr geschwächt werden.

Wichtig: Bitte verstehen Sie mich nicht falsch – es ist großartig, wenn Sie das Bedürfnis haben, in der Not zu helfen. Daran ist nichts verkehrt. Aber gerade Frauen neigen dazu, dermaßen über ihre eigenen Grenzen zu gehen und sich mit Schuldgefühlen zu zermürben, dass sie sich selbst dabei zerstören. Und so ist das von der oberen Regie bestimmt nicht gedacht. Wenn Sie das betrifft, halten Sie einmal inne und machen Sie sich alle möglichen Belastungsfaktoren einer solchen Situation bewusst:

Zeit

Pflege beansprucht enorm viel Zeit, die in der Regel zusätzlich zu anderen Pflichten aufgebracht werden muss. Dazu kommt, dass sich die Bedürfnisse eines Kranken nicht nach der Uhr richten, sondern naturgemäß jederzeit und immer auftreten können. Wenn Sie dafür zur Verfügung stehen, haben Sie an anderen Ecken und Plätzen zu wenig Zeit – für Ihre eigene Familie, für den Beruf, für Freizeitaktivitäten und *für sich selbst*.

Verpflichtungsgefühl

„Ich kann sie doch nicht im Stich lassen", „Ich muss mich doch um ihn kümmern", „Es ist meine Aufgabe sie zu pflegen". Ich höre diese Sätze immer wieder von Frauen, die mir bleich und zutiefst erschöpft gegenübersitzen. Ihre Kraft schwindet mit jedem Tag, aber nichts kann sie aus dieser „Pflicht" entlassen. So kümmern sie sich bis zum Zusammenbruch um eine Mutter, die ihnen keine Wärme gab, oder um einen Vater, der eigentlich nie für sie da war. Einmal erhielt ich auf die Frage, was diese Stahlkette aus Pflicht lockern könnte, folgende Antwort: „Wenn sie stirbt."

Das klingt erschütternd, bringt aber klar zum Ausdruck, was viele Betroffene fühlen. Verurteilen Sie sich nicht, wenn Sie solche Gedanken haben. Das ist unter diesen Umständen verständlich. Aber machen Sie sich klar, dass Ihre Mutter oder Ihr Vater nicht sterben muss, damit Sie wieder Ihr eigenes Leben führen können. Es ist Ihr Recht auf sich zu schauen und sich nicht bis zur Selbstaufgabe zu opfern. Das darf niemand von Ihnen verlangen, auch Gott nicht. Aber der denkt ohnedies nicht im Traum daran, das zu tun. Verlangen Sie es aber auch nicht von sich selbst.

Keiner kann uns so unter Druck setzen wie wir selbst. Die pflegebedürftige Mutter von Gerlinde ermutigte ihre Tochter immer wieder auszugehen und für sich etwas Gutes zu tun. Aber Gerlinde lehnte ab. Die Vorstellung sich zu amüsieren, während ihre Mutter zu Hause im Bett lag war, einfach absurd. Sie musste leiden, weil ihre Mutter litt.

Aber auch wenn ein Angehöriger Ihre ständige Gegenwart einfordert, sind Sie nicht dazu verpflichtet ständig präsent zu sein. Die Pflichten, die Sie haben, umfassen nämlich auch die Fürsorge für *Ihr* Leben.

Unterdrückter Groll

Wenn uns ein Mensch oder eine Situation die Luft zum Atmen nimmt und wir uns gleichzeitig außer Stande sehen uns dagegen zu wehren, entsteht Groll. In einer Pflegesituation kommt es auch häufig dazu, dass Sie für die Zuwendung keinen Dank erhalten, sondern mit Beschimpfungen des Pflegedürftigen konfrontiert sind. Das wird von vielen Frauen als besonders schlimm empfunden. Wenn Sie nun Groll spüren, machen Sie sich klar, dass Sie ein Recht auf dieses Gefühl haben und versuchen Sie damit umzugehen. Das kann in einer therapeutischen Situation geschehen oder auch im Gespräch mit einer Vertrauensperson. Viele Frauen erlauben diesem Unmut jedoch nicht einmal bis ins Bewusstsein zu dringen. Allein der Gedanke, Sie könnten Ihrer Mutter oder Ihrem Vater grollen, löst heftige Abwehr aus.

Nach dem Motto: Das darf einfach nicht sein und daher ist es auch nicht. Damit nehmen Sie sich die Möglichkeit, konstruktiv mit diesem Gefühl umzugehen. Nicht eingestandener Groll vergiftet aber auf Dauer Psyche und Körper.

Der Wunsch wegzulaufen

Einmal sagte mir die Schwester einer Krebspatientin, die sie daheim pflegte: „Manchmal stelle ich mir vor, dass ich aus der Türe gehe und einfach nicht wieder komme. Ich halte es nicht mehr aus." Einen kranken Menschen zu pflegen stellt an Sie als Angehörigen allerhöchste Ansprüche.

Sie sind mit dem Leid des Betroffenen konfrontiert, aber auch mit Ihren eigenen Gefühlen von Sorge, Angst, aber auch Hilflosigkeit oder Zorn. Dazu kommt, dass manche pflegerische Handlungen auch Ekel auslösen können. All das kann den Wunsch hervorrufen aus der Situation fliehen zu wollen. Das ist vollkommen verständlich! Entwickeln Sie in diesem Fall keine Schuldgefühle, sondern suchen Sie Entlastung in jeder Form. Das können praktische Hilfeleistungen sein, aber auch Aussprachen und Zuspruch.

Überlegen Sie auch, ob Sie die Pflege überhaupt übernehmen wollen. Seien Sie dabei ganz ehrlich zu sich selbst. Nicht jede Frau ist eine Mutter Theresa oder möchte das sein. Zwischen einer Heimbetreuung (was natürlich für den Betroffenen oft sehr hart ist) und Ihrem alleinigen Engagement gibt es zum Beispiel die Lösung, eine Pflegerin oder einen Pfleger zeitweise oder ganz ins Haus zu nehmen. Wenn finanzielle Überlegungen ein Faktor sind, denken Sie an Unterstützung durch Pflegegeld oder an Hilfe durch mehrere Angehörige.

Ich weiß, wie heikel so eine Situation sein kann und wie viele Gefühle dabei eine Rolle spielen. Aber lassen Sie nicht zu, dass für Sie alles außer Kontrolle gerät und Sie nur mehr als Pflegeperson „funktionieren". Wenn Sie sich erlauben, Ihr eigenes Leben nicht nur zu wollen, sondern zu leben, wird sich auch in Ihrem Falle eine Lösung finden. Aber wenn Sie Ihre Ansprüche nicht anmelden, wird auch niemand sie berücksichtigen.

Eine glückliche Frau hilft anderen, aber nicht um den Preis ihres eigenen Lebens. Sie weiß, dass sie nicht die Managerin des Universums ist und es Lasten geben kann, die für ihre Schultern zu schwer sind. Sie schwächt sich daher nicht mit endlosen Schuldgefühlen, sondern vertraut darauf, dass sich genau die richtige Lösung finden wird. Und diese Lösung kann auch zunächst so aussehen, dass sie sich professionelle Unterstützung sucht, um den Wirrwarr ihrer Gefühle zu ordnen.

WIE FRAU FREUNDE, FREUNDINNEN GEWINNT

Seien wir einmal ganz ehrlich: Jede von uns hätte gerne Menschen um sich, die Wärme geben, Anteil nehmen, mit uns lachen, aber auch trösten können. Dr. Albert Schweitzer hat einmal gesagt: „Wir sind vielleicht mit Menschen zusammen und doch sterben viele von uns vor Einsamkeit."

Warum fällt es manchen Frauen leicht tragfähige Beziehungen aufzubauen und andere haben dabei große Schwierigkeiten? Viele wissen einfach nicht, welche Fähigkeiten nötig sind, um ein wirklich gutes Verhältnis aufzubauen. Und einige Menschen lassen andere nicht an sich heran, weil sie tief drinnen Angst haben verletzt zu werden. Natürlich kann einem jemand Schmerz zufügen, aber *wirklich* leiden werden Sie, wenn Sie erkennen, dass durch Kontakte alles viel besser, intensiver, aufregender hätte sein können, als es war. Denn wenn Sie sich hinter einer Mauer verstecken, kommt vielleicht kein Schmerz herein. Aber der Aufenthalt hinter turmhohen Ziegelwänden ist auch verdammt einsam.

Es ist toll, Menschen um sich zu haben, die einem wirklich verbunden sind. Lernen Sie aber auch, zwischen Bekannten und Freunden zu unterscheiden. Beide erfüllen eine Funktion in Ihrem Leben, aber wenn Sie die einen mit den anderen verwechseln, kann es problematisch werden. Ein Freund ist ein echter Weggefährte, bei dem ich immer so sein kann, wie ich wirklich bin. Er liebt mich, wenn ich erfolgreich und glücklich bin, aber auch wenn die Wimperntusche unter meinen Tränen verrinnt. Humorvoll formuliert: Er kennt mein wahres Wesen und liebt mich trotzdem. Bekannte lassen wir nicht so tief in uns hineinblicken, was nicht heißt, dass wir mit ihnen nicht Spaß haben, über die Weltprobleme diskutieren oder hinter irgendeiner Art von Ball herlaufen können. Andererseits werden sie vielleicht keine Ansprechpartner für diffizile seelische Probleme sein.

Im Umgang mit anderen haben wir immer die Wahl zwischen verschiedenen Verhaltensweisen, aber die meisten von uns bewegen sich in den ewig alten Geleisen.

Wir verwenden alte Muster, die ohnedies noch nie wirklich funktioniert haben und verteidigen sie, als ginge es ums Leben. Wenn also etwas bisher nicht das gewünschte „Beziehungsergebnis" gebracht hat – *tun Sie etwas anderes.*

Wie können Sie nun Freunde, Freundinnen und Bekannte finden?

Unternehmen Sie so viel als möglich

Auf dem Weg zwischen Fernseher und Kühlschrank trifft man selten interessante Menschen. Bevor Sie eine Einladung ablehnen, sagen Sie sich: Ich prüfe jedes Angebot. Es könnte die Chance meines Lebens sein. Und wenn in puncto Angebote traurige Leere herrscht, werden Sie selbst initiativ: Fitness, Selbsthilfegruppen, Tanz, Internet ...

Selbstliebe!!

Ändern Sie die Einstellung „Wenn ich nur ein paar Menschen finde, die mich mögen, werde ich glücklich sein". Andere können dazu beitragen, dass wir uns bereichert fühlen, aber wirkliche Stärke finden wir nur in uns selbst.

Heraus aus der Opferrolle

Wer sich anderen gegenüber immer ausgeliefert und ohnmächtig fühlt, kann keine echten Freundschaften aufbauen. Vergessen Sie nie: Sie haben immer eine Wahl. Tatsächlich suchen wir uns vieles im Leben aus – die Arbeit, den Partner, die Bekannten. Dale Carnegie schreibt in seinem Buch „Wie man Freunde gewinnt": „Wir sagen oft: Es war schlimm, aber ich konnte einfach nichts machen. In Wirklichkeit stimmt es jedoch nicht, dass wir nichts tun konnten, sondern dass wir einfach nichts *taten*. Glückliche Menschen haben trotz Schwierigkeiten Erfolg, nicht weil sie keine Schwierigkeiten haben." Auch wenn Sie noch so einen schlechten Start im Leben hatten – beschließen Sie, dass es dennoch an Ihnen liegt etwas dagegen zu unternehmen.

Wenn *Sie* Ihr Leben und die Beziehungen nicht in Ordnung bringen, wer soll es dann tun?

Vermitteln Sie Positives

Wir alle sehnen uns nach Anerkennung. Wenn Sie Freunde gewinnen oder behalten wollen, sagen Sie nette Dinge über sie. Keine plumpen Schmeicheleien, sondern ernst gemeinte Komplimente. Das kann die Frisur betreffen, ein Kleid, eine gute Eigenschaft oder Verhaltensweise.

Ermutigen Sie andere auch, an ihre Stärke zu glauben. Das macht Mut und kann Unglaubliches bewirken.

Hören Sie zu

Wie fühlen Sie sich, wenn Sie jemandem etwas erzählen und der andere beobachtet dabei die Vögel, den Fernseher oder die Fingernägel? Wer echte Bindungen aufbauen möchte, gibt dem anderen die Aufmerksamkeit, die er selbst gerne hätte.

Zeigen Sie Mitgefühl und Einfühlungsvermögen

Ein indianisches Sprichwort sagt: „Du kannst einen anderen nicht beurteilen, bevor du nicht ein Jahr in seinen Mokassins gegangen bist." Versetzen Sie sich also zumindest geistig in die Schuhe des Freundes. Warum reagiert er jetzt wohl so? Was macht ihm zu schaffen? Was können Sie tun, um in dieser Situation zu helfen? Wir alle wollen verstanden und erfühlt werden. In einer echten Freundschaft lernen wir die Verfassung des anderen zu spüren und entsprechend zu handeln. Das ist es, was letztlich warme Geborgenheit schafft. Der schwerste Weg wird leichter, wenn das tiefe Verständnis eines anderen uns auffängt.

Seien Sie tolerant

Wir alle ärgern uns über manche Eigenschaften unserer Mitmenschen. Aber wenn wir zu viele Bedingungen für das Verhalten der anderen stellen, landen wir in der Einsamkeit. Tun Sie sich selbst einen Gefallen und sehen Sie die Dinge nicht ganz so eng. Das gilt natürlich nicht für echten seelischen oder körperlichen Missbrauch! Aber es kann zum Beispiel sein, dass ein chronisch unpünktlicher Mensch auf der anderen Seite so witzig ist, dass Sie aus dem Lachen nicht herauskommen. Wir alle haben unterschiedliche Temperamente und Prioritäten. Aber erweisen Sie den anderen genügend Respekt, um sie das Leben auf ihre eigene Weise erfahren zu lassen. Üben Sie Toleranz. Nicht, um ein besserer Mensch zu sein, sondern ein glücklicherer. Und denken Sie daran: Sie können sich über alles Mögliche aufregen, verpflichtet sind Sie dazu nicht.

Sagen Sie, was Sie fühlen

Wenn Sie traurig sind, Ängste oder Probleme haben, nicht weiter wissen – teilen Sie sich mit. Nur ein solches Verhalten schafft echte Nähe. Und wenn Sie jemanden mögen – sagen Sie es um Gottes willen! Wir alle hören so etwas gerne und trotzdem beißen sich manche eher die Zunge ab, als „Ich hab dich lieb" oder „Ich mag dich sehr" herauszubringen.

Frauen und Männer

Eine wirklich gute Freundin ist ein absoluter Gewinn für jede Frau. Es gibt wohl keinen Gleichklang der Seelen, der diesem Verbundenheitsgefühl nahe kommt. Sollte so ein Wesen in Ihrem Leben nicht existieren, dann hören Sie nicht auf sich danach umzusehen oder sich dafür zu öffnen.

Also, ich habe eine solche Freundin. Keine von der Sorte, die einen an Grippetagen anschaut und sagt: „Du siehst einfach großartig aus, Liebste" oder hinter dem Rücken süffisant eine neuerliche Gewichtszunahme kommentiert. Wir marschieren durch Täler, Berge und wilde Wasser. Nicht immer im gleichen Schritt, aber in Sichtweite. Wir teilen die kleinste Regung des Herzens, die dunkelste Tiefe der Verzweiflung und auch mal den verbotenen Kaffee, auf den wir beide allergisch sind. Sie stand mit mir am Spitalsbett meiner Mutter und die Kirche, in der sie nicht auch für mich eine Kerze anzündet, gibt es nicht.

Natürlich gab es auch in dieser Beziehung Krisen. Wir hatten schon einige Male massive Konflikte, die zu einer Entfremdung führten, aber wir haben uns immer wieder gefunden. Jedes Mal mit mehr Verständnis und größerer Toleranz für sich selbst und die andere.

Ein besonderes Kapitel ist die Freundschaft zwischen Mann und Frau. Sie ist nicht häufig und entsteht meist nur dann, wenn einer von beiden eigentlich mehr möchte und sich dann doch „nur" mit einer Freundschaft zufrieden gibt. *Achtung:* Daraus können viele Spannungen entstehen. Der so in seine Schranken Gewiesene (egal, ob Sie das sind oder der andere) entwickelt oft Groll, der verdeckt zum Ausdruck kommt. Sie sind dann zwar „beste Freunde", aber die unerfüllten Wünsche des einen sorgen in der einen oder anderen Art dennoch für Unfrieden.

Ich freue mich seit fast zwanzig Jahren über die Präsenz von zwei Männern in meinem Leben, mit denen mich neben viel seelischem Austausch wirklich nur platonische Liebe verbindet. Beide waren früher „unglücklich" in mich verliebt, haben das aber längst überwunden. So können wir heute alles besprechen und das tut allen Beteiligten gut.

Nehmen Sie sich Druck

Andere haben feine Sensoren dafür, wenn jemand „aus Not" Kontakte sucht. Diese innere Bedürftigkeit teilt sich mit, auch wenn Sie nicht ein Wort darüber verlieren. Das kann bewirken, dass Menschen sich aus scheinbar unerklärlichen Gründen immer wieder von Ihnen zurückziehen. Gehen Sie es daher ruhiger an.

Freundschaft kann frau genauso wenig erzwingen wie Liebe. Sie entsteht oder nicht und gehorcht ihren eigenen Gesetzen. Jede Form von Druck, Pflicht und Zwang wird sie vertreiben oder dafür sorgen, dass sie entschwindet.

Seien Sie selbst ein Freund

Das ist immer noch eines der besten Rezepte, wenn man Menschen nahe kommen will. Humor, Großzügigkeit und Einfühlungsvermögen sind Fähigkeiten, die Sie dafür entwickeln sollten. Aber sonst brauchen Sie nicht anders zu werden, als Sie sind. Legen Sie einfach ein paar Schichten ab und zeigen Sie mehr von dem, was wirklich in Ihnen ist. „Ihre" Gefährten wollen dann ohnedies in Ihrem Leben bleiben. Und andere können Sie auch durch endlose Verbiegeakrobatik nicht halten.

10 Fragen zur Freundschaftsfähigkeit:

- Bin ich zuverlässig?
- Kann ich über mich selbst lachen?
- Halte ich häufig Monologe?
- Rede ich immer wieder nur über dieselben Themen? (Gesundheit, Geld, Partner ...)
- Bin ich ein guter Zuhörer?
- Jammere ich zu viel?
- Kann ich auf andere eingehen?
- Macht es Spaß, mit mir zusammen zu sein??
- Habe ich Angewohnheiten, die Distanz bewirken? (zu elegante Kleidung, Kühle, Aufdringlichkeit, ...)
- Kann ich meine eigenen Angelegenheiten auch zurückstellen und auf andere eingehen?

Und um Sie ein ganz klein wenig neidisch zu machen, hier noch ein Text von meiner Freundin Babsi:

„Weil du ein Teil meines Herzens geworden bist,
und ich dich darin behutsam und achtsam mit mir trage,
im Bewusstsein, dass du kostbar bist,
weil du meine Seele tief berührst,
weil ich dir unendlich vertraue,
weil du mein Leben reich machst,
weil es, seit es dich für mich gibt,
nie mehr ganz dunkel wird,
sondern ein Licht den Alltag erhellt,
weil du mit mir schwingst und mich verstehst,
weil ich mich bei dir geborgen fühle,
weil meine Seele bei dir ein Stück Heimat gefunden hat,
weil ich mit dir lachen kann,
und auch meine Tränen bei dir gut aufgehoben sind,
weil ich so sein darf, wie ich bin,
und durch dich so werde, wie ich sein kann,
weil du mich förderst und forderst,
weil du ein Lebenselixier für mich bist,
deshalb und aus tausend Gründen mehr,
liebe ich dich."

Eine wirklich tiefe Freundschaft verbindet mich mit Tieren. Ich habe Zeit meines Lebens mit ihnen gelebt und möchte das nicht anders haben. Bei uns daheim gab es durch die Jahre Hunde, Katzen, Schildkröten, Vögel, Meerschweinchen, Hasen und einmal ein Frettchen. Das Getier löste sich teilweise ab, aber es kam auch vor, dass fünf Exemplare das Haus bevölkerten. Ich liebe Tiere! Dafür akzeptiere ich widerspruchslos herumliegende Hundehaare und rege mich nicht darüber auf, wenn ein Malheur in Form von Übergeben, Hineinpinkeln oder Ähnlichem passiert. Ich war auch nicht sauer, als einmal neue Schuhe daran glauben mussten, weil dem Babyhund langweilig war (na gut, ein bisschen!). Die Couch ist auch für mein Tier da und ich genieße es, den warmen Körper an meinem zu spüren.

Mich darf das Tier abschlecken und ich bekomme auch nicht die Krise, wenn beim Spielen Spuren bleiben. Eine stürmische Begrüßung in Form von Hinaufspringen betrachte ich als echtes Kompliment. Es kann nur passieren, dass ich Halt suche, wenn es sich um eine Dogge handelt.

Angst vor Tieren ist meist auf ein schlimmes Erlebnis zurückzuführen oder auf ein entsprechendes Klima in der Familie. Vielleicht gelingt es Ihnen ja durch positive Erfahrungen diese Angst zu bewältigen. Es lohnt immer, Ängste aufzulösen, aber in diesem Fall besonders. Denn die Beziehung zu einem geliebten Tier hat heilende Kräfte. Wenn Sie diese Information benötigen: Das ist nun durch zahlreiche Studien wissenschaftlich bewiesen. Ich wünsche Ihnen jedenfalls von Herzen, dass Sie Ihr Glücksgefühl auch auf diesem Weg finden.

Eine glückliche Frau gibt Freunden, Freundinnen und Bekannten großen Wert. Dabei geht es nicht darum, wie viele es sind, sondern wie wohl sie sich mit ihnen fühlt. Sie nutzt jede Beziehung, um Qualitäten von Güte, Wärme, Verständnis und Toleranz zu entwickeln oder zu vertiefen. Wenn es Konflikte gibt, sieht sie auch ihren Anteil daran. Denn ihr ist klar, dass sie niemals zufällig in diese Situation gekommen ist, sondern wichtige „Lernschritte" anstehen. Sie wird sich allerdings auch von Menschen lösen, die zwar als „alte Freunde, Freundinnen" gelten, aber es nicht (mehr) sind.

Viel Erfolg beim Finden Ihrer Gefährt/-innen!

„ICH WILL SCHÖN SEIN UND DÜNN!"

Ich persönlich kenne keine einzige (!) Frau, die sich ohne jeden Vorbehalt als schön bezeichnet. Ich gebe zu, dass ich darüber noch nie mit Heidi Klum, Catherine Zeta Jones oder meinetwegen auch Sophia Loren gesprochen habe. Aber eine innere Stimme sagt mir, dass sogar diese Ikonen der Schönheit einen Makel an sich finden. Ich bekomme oft Folgendes zu hören: „Meine Oberschenkel (wahlweise: Bauch, Arme, Hüften etc.) sind zu dick, mein Busen ist zu klein (wahlweise: zu groß, zu birnenförmig, zu hängend etc.), meine Haare sind zu gelockt (wahlweise: zu glatt, zu dünn, zu krisselig ...), die Nase ist zu gerade (wahlweise: zu schief, zu lang, zu buckelig ...), ich habe zu viele Falten, zu splitterige Fingernägel, zu schmale Lippen, zu kurze Beine, eine unförmige Taille, abstehende Ohren, gekrümmte Zehen, ich bin zu dünn." (Ja, das gibt es auch!)

Diese Liste ist beliebig erweiterbar und betrifft alle körperlichen Gegebenheiten. Denken Sie bitte bloß nicht, dass ich frei von solchen Gedanken bin. Mein größtes Schönheitsproblem war, dass ich ab einem gewissen Jahrzehnt meines Lebens bei völlig gleichem Essverhalten (eher wenig – ehrlich!) zugenommen habe. Jahrelang hatte ich Größe 38 und fand mich dann bei Größe 42 oder 44 wieder. Plötzlich war ich nicht mehr schlank, sondern „üppig". Ich weiß, dass jetzt einige Leserinnen mit größeren Figursorgen vielleicht zornig sind, aber für mich war das wirklich eine große Umstellung. Ich stand vor dem Spiegel und betrachtete voll Verzweiflung die diversen Speckröllchen. Wobei es sich in meinen Augen natürlich nicht mehr um „Röllchen", sondern um unförmige „Rollen" handelte. Ich machte den Winktest für die Oberarme (= sie sollen bei dieser Tätigkeit *nicht* schwabbeln), verdrehte mich, um meinen Po zu verdammen und versuchte das – hm – etwas locker gewordene Gewebe an den Oberschenkeln ein wenig zu übersehen. Den größten Kummer verursachten die überflüssigen Kilos rund um den Bauch. Einen Körperteil gab es, der Gnade vor meinen Augen fand und das war der Busen. In seinen Proportionen hielt er mit der allgemeinen Üppigkeit durchaus passend mit. Aber das war es dann auch schon. Kurz: Meine Figur war *das* Instrument, um mich fix und fertig zu machen.

Ich weiß, dass es vielen Frauen – in unterschiedlichsten Variationen – genauso geht. Klar ist das kein idealer Ausgangszustand, um eine glückliche Frau zu sein. Jeder Blick in den Spiegel erzeugt erneut negative Energie und der kurze Aufenthalt in einer Umkleidekabine wird zum Besuch im Folterkeller. (Haben Sie schon bemerkt, dass das Licht dort einen immer besonders horribel aussehen lässt?) Es gibt natürlich diese extra gemeinen Geschäfte, die offensichtlich einen Vertrag mit dem „Wie mache ich eine mollige Frau gezielt fertig"-Zirkel haben. Da blickt eine Frau mit Größe 44 in den getürkten Ganzkörperspiegel und sieht zu ihrer großen Verwunderung, gefolgt von Freude ein Püppchen mit Größe, na sagen wir 38. Die Geschlechtsgenossin, die von diesem widerwärtigen Zirkel noch nichts gehört hat, denkt dann: „Mein Gott, ist doch nicht so schlimm." Und kauft ganz beglückt das jeweilige Kleidungsstück – ganz im Sinne des Erfinders.

Was kann eine Frau tun, die sich wegen Ihrer Figur ständig hasst? Ich möchte Ihnen mein ganz persönliches Programm für diesen Zweck sehr ans Herz legen:

1. Stellen Sie sich noch einmal vor den Spiegel und betrachten Sie sich mit den Augen der Liebe (Ich *weiß*, wie schier unmöglich das am Anfang ist, aber versuchen Sie es trotzdem).

Dies hier ist Ihr Körper, das Gefährt, das Sie durchs Leben trägt und er hat es verdient, dass Sie ihn gütig ansehen.

2. Dann übernehmen Sie Verantwortung dafür, was Sie ändern *können*. Okay aus 1,50 m wird beim besten Willen kein Gardemass und aus einem gröberen Knochenbau keine Elfe. Aber es liegt in Ihrer Macht, sich mehr zu bewegen (meine große Herausforderung …), die Ernährung umzustellen und sich auf Pilzerkrankungen untersuchen zu lassen. Ich hatte jahrlang candida albicans im Blut und das erschwert das Abnehmen sehr.

3. Beschäftigen Sie sich mit den Themen Groll, „Nein-Sagen", Schutzbedürfnis und Loslassen – die großen Vier im Zusammenhang mit dem Gewicht. Unterdrückte Wut äußert sich oft in Übergewicht, unbewusst grenzt frau sich durch Fülle ab und der Wunsch nach Sicherheit zeigt sich häufig durch Nahrungsaufnahme. Ich esse zum Beispiel manchmal, weil ich das Gefühl habe, dass ich dann irgendwie mehr geerdet bin. Das tue ich unter Umständen auch dann, wenn die letzte Mahlzeit noch gar nicht lange zurückliegt, weil Stress bei mir Unterzucker auslösen kann. Und Loslassen bedeutet diese Mechanismen zu akzeptieren, zu durchschauen und zu wissen, dass Sie sich in Ihrem Tempo davon lösen können.

4. Wenden Sie das Spiegelgesetz® auf Ihr Übergewicht an.

Auch überflüssige Kilos können eine Menge über tiefe Glaubenssätze erzählen, die endlich entsorgt gehören. Ich war sehr neugierig und buchte eine Sitzung bei Spiegelgesetzcoach Christa Saitz, die früher selbst übergewichtig war. Als sie mit Hilfe der „Weight Watchers" abnahm, wurde sie dort Gruppenleiterin. Später absolvierte sie eine Ausbildung in der Spiegelgesetzmethode bei Christa Kössner und beschloss, ihre Kenntnisse über das Abnehmen damit zu verbinden.

Ich war fasziniert von der Art, in der sie mich durch das Gewirr meiner Glaubenssätze führte. Wir begannen beim Gewicht und gelangten dann über einen glitschigen Fisch und ein geschütztes Nashorn irgendwie zu der Erkenntnis, dass ich auf einer unbewussten Ebene „Schutz" mit Unfreiheit, Abhängigkeit und Ausgeliefertsein gleichsetzte. Auf jeden Fall ging mir trotz meiner diversen Ausbildungen und Beschäftigung mit dem Thema ein richtiges Licht auf. Ich ersetzte diesen Glaubenssatz, der mir heute nicht mehr nützt, durch einen neuen und fühle mich sehr gut damit. Ich bin ohnedies eine überzeugte Befürworterin der Spiegelgesetzmethode und finde die Idee genial, sich auch das ungeliebte Gewicht unter diesem Aspekt anzusehen. Ausprobieren!

5. Lieben Sie sich selbst in genau dem Zustand, in dem Sie sich jetzt befinden. Ich weiß, ich weiß, Sie stöhnen jetzt vor lauter Abwehr, Verzweiflung oder Zorn. Aber Mädels, es nützt nichts! Versucht es einfach immer

und immer wieder – ohne Zwang, Druck und Perfektionismus. Alles, was Ihr weg haben wollt, müsst ihr zunächst akzeptieren und wenn das dann auch noch liebevoll geschieht und nicht zähneknirschend, habt Ihr die besten Karten für Veränderung. Aber gemeinerweise geht es wie immer natürlich auch darum, sich mit dem Ist-Zustand auszusöhnen. So konnte ich erst etwas unternehmen, als ich bereit war anzuerkennen, dass mein Leben nicht nur verschwendet ist, wenn ich vielleicht nie wieder 55 kg wiege. Möglichweise wird also auf meinem Grabstein einmal stehen: „Hier ruht Sabine, die Üppige ", aber was soll´s.

6. Stylen Sie Ihre Formen, wenn Sie das wollen, aber machen Sie das Thema Gewicht nicht zum Hauptanliegen Ihres Lebens. Je weniger Sie sich darauf konzentrieren, dass Sie zu dick, zu *dick*, zu *dick* sind, umso eher können Sie unter Berücksichtigung von Punkt 1 – 4 Gewicht verlieren.

Wenn Sie ausreichend essen und trotzdem zu dünn sind, gilt das mit dem Aussöhnen natürlich doppelt und dreifach. Wenn Sie dabei gesund sind, sonnen Sie sich zusätzlich in dem Gefühl, dass Sie von einem Riesenprozentsatz anderer Frauen beneidet werden. Aber ich weiß natürlich, dass Leidensdruck immer eine persönliche Sache ist und „zu dünn" auch ein Problem darstellen kann.

Ich werde immer wieder zum Thema Schönheitsoperationen gefragt. Ich gebe ehrlich zu, dass ich ganz gerne das eine oder andere machen lassen würde, wenn ich nicht diese innere Stimme hören würde, die mir davon abrät. Wahrscheinlich bleibt mir also nichts anderes übrig, als in Würde zu altern.

Ich kenne Frauen, die wirklich toll geliftet sind und andere, die danach im Gruselkabinett auftreten könnten. Ich habe eine Patientin, die zu ihrer größten Zufriedenheit die Brust vergrößern ließ und eine, bei der dieser Eingriff ganz schlimm schief ging. Ich kann Ihnen also nur den Rat geben, Ihrer inneren Stimme zu lauschen. Sammeln Sie auf jeden Fall so viele Informationen als möglich und hören Sie auf Empfehlungen.

Wichtig: Lassen Sie sich nicht operieren (niemals!!), wenn jemand anderer das von Ihnen verlangt. Ein Mann, für den Sie an sich herumschnipseln lassen müssen, wird Sie nachher nicht mehr lieben – dafür garantiere ich. Aber sonst nutzen Sie *alles*, was Kosmetik und Mode zu bieten haben.

Wenn Sie zu den Frauen gehören, die spontan sagen: „Das interessiert mich überhaupt nicht", atmen Sie einmal tief durch und überlegen Sie noch einmal. Nicht das Beste aus sich zu machen, ist ein Zeichen dafür, dass Sie sich nicht genug lieben, um Ihr Licht leuchten zu lassen. Wenn Sie alles, was mit Schönheit zu tun hat, als „oberflächlich" empfinden, ist es sehr wahrscheinlich, dass Ihre Weiblichkeit einmal verletzt wurde. Das kann auch schon in der Kindheit geschehen sein. Enttäuschungen, Verbitterung oder alter Schmerz können nun die Ursache dafür sein, dass Sie denken: „Ist doch ohnedies egal." Oder diese unverarbeiteten Erfahrungen führen dazu, dass Sie lieber „unauffällig" bleiben, um nicht Beachtung oder Kritik herauszufordern.

Eine Klientin von mir schützte sich dadurch auch vor männlicher Aufmerksamkeit, vor der sie nach einem Missbrauch in der Jugend Angst hatte.

Wenn Sie etwas davon betrifft, ist es wichtig, sich damit auseinanderzusetzen und irgendwann auch zu der inneren Einstellung zu kommen: „Ich verdiene nicht nur, dass es mir gut geht, sondern dass ich auch so schön als möglich bin."

In den Selbstliebekursen haben wir immer einen so genannten „Stylingabend". Eine Visagistin und eine Friseurin beraten die Teilnehmerinnen und zeigen ihnen gleich vor Ort, wie Sie Ihr Aussehen verbessern können. Es ist jedes Mal eine wunderschöne Erfahrung dieses verzückte Lächeln zu sehen.

Sie haben es geschafft, wenn Sie *trotz* einiger Dinge, die Ihnen an sich selbst nicht gefallen, Spaß haben und genießen können. Das bedeutet nicht unbedingt, dass Sie Ihre Veränderungswünsche aufgeben müssen, sondern dass Sie die ganze Angelegenheit gelassener sehen. Es heißt dann nicht mehr: „Zuerst muss ich 10 Kilo abnehmen, dann erst kann ich glücklich sein." Sondern: „Ich bin glücklich und so werde ich leichter abnehmen."

Tipps für „Einsteiger":

- Cremen Sie sich von Kopf bis Fuß ganz langsam ein.
- Nehmen Sie ein Schaumbad und fahren Sie mit einem Schwamm Ihren Körper entlang.
- Sagen Sie sich immer wieder, dass es für den Moment gut ist, so wie es ist und Sie sich um alles kümmern werden.
- Trösten Sie den Körperteil, der von Ihnen immer abgelehnt wurde.
- Buchen Sie eine Typ- und Farbberatung.
- Straffen Sie Ihre Formen mit den bösen Maschinen im Fitnessstudio oder mit sonst einer Methode Ihrer Wahl.

Kann sogar Spaß machen – ehrlich!

Eine glückliche Frau macht ihr Gewicht nicht zum Folterinstrument, ist sich aber wohl bewusst, dass auch die Kilos eine Botschaft an sie haben. Ohne Druck und Terror geht sie daran, diese Botschaft zu entschlüsseln. In der Zwischenzeit macht ihr das Leben *trotzdem* Spaß.

Sie ist nicht abhängig von Schminke und Mode, aber sie freut sich über die Möglichkeiten, die Make-up und Kleidung bieten. Sie wählt Farben und Formen nach ihrer Stimmung, ihrem Temperament oder einfach aus Lebenslust. Sie passt Ihr Outfit der Gelegenheit an oder tut es nicht, weil ihr nicht danach ist. Aber sie genießt die Freiheit sich für das eine oder andere zu entscheiden.

„GEBOTE" FÜR GLÜCKLICHE FRAUEN

Es existiert kein Patentrezept für ewige Glückseligkeit. Aber es gibt Hinweise darauf, wie diese unter Umständen leichter zu erreichen ist, als auf anderen Wegen.

Wenn Sie diese für sich nutzen, werden Sie sich auf jeden Fall besser fühlen:

Liebe dich!

Selbstliebe ist mehr als Selbstvertrauen und Selbstbewusstsein. Sie enthält auch Gefühle von Wärme, Güte, tiefem Verständnis, liebevoller Akzeptanz und Mitgefühl für den unter Umständen schweren Weg.

Sie ist *die* Basis für jede Heilung, weil sich in ihrem sanften Licht alles auflöst, was Sie daran hindert glücklich zu sein. Wie ein milder Sommerregen spült sie alten „Schmutz" weg. Und sorgt so dafür, dass der glitzernde Diamant, der Sie in Wahrheit sind, zum Vorschein kommt.

Entspanne dich!

Gehen Sie die Dinge ruhiger an. Es bringt absolut nichts durch das Leben zu hetzen wie die wilde Jagd. Teilen Sie Ihre Zeit vernünftig ein, aber bleiben Sie auch flexibel für aktuelle Erfordernisse, wie Unvorhergesehenes, Ruhebedürftigkeit oder eine andere Priorität. Nichts auf der Welt rechtfertigt es, dass Sie unter Druck vollkommen Ihre psychische Balance verlieren und/oder aus Ihrem Körper ein Schlachtfeld machen. Geben Sie Ihrer inneren Ruhe also großen Wert und mildern Sie Spannung, wo immer Ihnen das zum jetzigen Augenblick möglich ist.

Mach aus jedem Augenblick das Beste!

Das Leben findet *jetzt* statt. Die Vergangenheit ist vorbei und die Zukunft ist immer einen Schritt voraus.

Niemand weiß, was morgen sein wird. Oder heute Abend. Oder in einer Stunde. Aber der jetzige Moment ist *da*. Und dann kommt der nächste. Und der nächste und der nächste. Immer nur ein Augenblick. Das ist alles, wofür Sie Sorge tragen müssen.

Genieße!

Erobern Sie sich jeden kleinen Genuss von Ihrem Leid zurück. Und sammeln Sie eifrig Informationen, was Sie heute genießen könnten. Den Schatten an einem heißen Tag? Ihr kuscheliges Bett? Das „verbotene" Stück Schokolade? Die Tatsache, dass Sie hübsch sind? Wenn Sie Ehrgeiz entwickeln, tun Sie es auf diesem Gebiet.

Verwandle ein Problem in eine Herausforderung!

Ersetzen Sie einmal das Wort „Problem" durch „Herausforderung" und achten Sie auf die Wirkung. Das eine schwächt, das andere macht Mut. Probleme beschweren, Herausforderungen können auch neugierig machen. Worte transportieren Energie, die stärkt oder schwächt. Eine glückliche Frau macht sich das zunutze.

Benutze „spirituelles Werkzeug"!

Akzeptieren

Sie bekommen vom Leben immer das, was Sie brauchen um sich besser zu erinnern, wer Sie wirklich sind. Und zwar *genau* das. Anerkennen Sie also die Realität, wie sie im Augenblick ist. Sie *können* natürlich Umstände oder Einstellungen ändern, aber erst, nachdem Sie akzeptiert haben, dass sie existieren.

Loslassen

Sie können andere Menschen und das Leben nicht kontrollieren. Tun Sie also das, was in Ihrer Macht steht und lassen Sie den Dingen dann ihren Lauf. Loslassen als Haltung dem Leben gegenüber mindert Drama, Druck und Enge.

Vertrauen

Das ist die innere Gewissheit, dass im Universum eine Ordnung existiert, von der auch Sie ein Teil sind. Diese Ordnung sorgt dafür, dass Sie an dem Platz sind, an dem Sie in dem Augenblick sein sollen. Ihre Seele ist direkt mit dem Universum verbunden und sendet Ihnen weise Impulse, was eventuell zu tun ist. Und auch wenn Sie diese Impulse nicht hören, so wissen Sie doch, dass Sie sie hören werden. Darauf können Sie sich verlassen. Im Vertrauen sein bedeutet in diesem Bewusstsein zu leben.

Dankbarkeit

Auch wenn Ihnen in einer bestimmten Lebenssituation so gar nichts einfällt – es gibt auch in Ihrem Leben etwas, wofür Sie dankbar sein können. Das warme Zimmer im Winter, ein Dach über dem Kopf, Trinkwasser, keine Bomben in der Nacht, Ihr Tier, das sich an Sie kuschelt. Nichts davon ist wirklich selbstverständlich! Selbst wenn Sie in einer tiefen Krise sind oder Ihr Leben eine Ansammlung von Krisen ist – finden Sie die Dinge, die gut sind. Dankbarkeit macht mehr daraus und ändert in Sekundenschnelle Ihre Stimmung.

Tu das Offensichtliche

Wenn Sie keine Ahnung haben, was Sie in einer bestimmten Situation machen sollen oder wie es weitergeht – tun Sie das, was unmittelbar ansteht. Das kann der Abwasch sein, Blumen gießen oder zur Arbeit gehen. Vertrauen Sie darauf, dass der Hinweis zur richtigen Entscheidung zu seiner Zeit kommt oder die Verhältnisse sich entwirren werden.

Entrümpeln

Ballast abwerfen im weitesten Sinne ist ein sehr wirksames Mittel Platz für Veränderung zu schaffen. Neues kann erst dann in Ihr Leben treten, wenn das Alte weg ist. Beginnen Sie also bei Ihrem Wohnbereich und Sie werden feststellen, dass auch Seele und Körper aufatmen.

Weisheiten nutzen

Lesen Sie Bücher, die Sie ermutigen, hören Sie Musik, die Ihr Herz berührt und kleben Sie „Ihre" Sprüche überall hin. Sie können auch die Karten von Barbara Vödisch („Einfach sein") oder Brandon Bays („The journey") benutzen, um Ihr Tagesmotto zu finden. Alte Weisheiten sind zwar naturgemäß nicht neu, können Sie aber immer wieder „auf Spur" bringen.

Schmerz zulassen

Ich möchte Ihnen dieses „Werkzeug" ganz besonders ans Herz legen. Die meisten von uns wurden in Ihrem Leben (oder mehreren) ignoriert, abgewertet, gedemütigt, verlassen, betrogen, hintergangen oder in irgendeiner Form seelisch oder körperlich misshandelt. Meist empfinden wir aber nur Bruchteile des Schmerzes, der damit verbunden ist, weil es unserer Psyche in dem Augenblick zu bedrohlich erscheint sich mit der ganzen Wucht davon auseinanderzusetzen. So werden große Brocken dieses Leidenszustands verdrängt oder abgespalten. Ein wichtiger Teil jedes „Heilungsweges" ist es nun den alten Schmerz zu befreien.

Das macht Angst. Und so entwickeln wir viele Strategien, um diesen Schmerz nicht fühlen zu müssen. Das kann jede Art von Sucht sein (auch Arbeitssucht!), ein Leben ohne tiefe Gefühle, Vermeidung von jeder Art von engerer Bindung, seelische oder körperliche Brutalität gegen sich oder andere, Essstörungen, Sarkasmus und jede Form von Krankheit. Aber die Natur von Schmerz verlangt, ihn zu heilen und nicht zu verdrängen. So wird das Leben immer wieder dafür sorgen, dass alte Wunden durch aktuelle Ereignisse berührt werden. Das tut sehr weh, ist aber *die* Chance diesmal anders mit dem Schmerz umzugehen als bisher.

Lassen Sie ihn also zu, so gut Ihnen das möglich ist. Bei mir läuft das so ab: Auch wenn kein nachvollziehbarer Auslöser stattgefunden hat, merke ich schon eine Weile vorher, dass sich „etwas" in mir aufbaut. Ich spüre aber keinen echten Kontakt dazu. Dann kommen entsprechende Ereignisse von außen: Ich fühle mich durch die Aussage oder Handlung eines anderen verletzt, meine Mutter drückt auf den „Knopf" und/oder mein Hund Bonni erkrankt unfreundlicherweise an Darmgrippe. Außerdem zwingt mich gerade am nächsten Tag das Licht einer Umkleidekabine wieder einmal dazu, unliebsame Übergewichtsstellen zu betrachten. Und dann bricht es über mich herein. All die Hilflosigkeit, Ohnmacht und Trauer, die so tief in mir vergraben sind, kommen gleichzeitig an die Oberfläche. Damit verbunden ist das Gefühl der absoluten Unfähigkeit, jemals auch nur einen Teil meines Lebens unter Kontrolle zu bekommen. Das ist eine meiner Urwunden! Aber offensichtlich befindet die Seele, dass ich genau jetzt eine gute Chance habe, dieses innere Bild von mir zu korrigieren. Und dafür muss zunächst der Schmerz hinaus! Das weiß ich inzwischen und kämpfe in keiner Weise dagegen an. Was dann passiert, kann nicht mehr als Weinen bezeichnet werden, sondern ähnelt eher einem richtigen Zusammenbruch – und einer völligen Bankrotterklärung an mich und meine Möglichkeit der Lebensbewältigung. Ich lasse dieses Gefühl in vollem Umfang zu, auch wenn ich in dem Moment sicher bin, dass es in Kürze aus ist mit mir. Aber plötzlich ändert sich mein Zustand: Der Gefühlssturm von Hoffnungslosigkeit lässt nach, der Atem wird ruhiger und ohne eine Ahnung davon zu haben wieso, habe ich wieder eine Perspektive. Es ist noch immer schwierig, aber die tiefe Hoffnungslosigkeit ist weg und ich fühle neue Kraft die Dinge anzugehen. Es ist, als ob „etwas" hinausgespült worden wäre und dazu offenbar ein schmerzhafter Vorgang nötig war. Und genau das ist der Sinn der Sache! Manchmal muss etwas zusammenstürzen, bevor Neues aufgebaut werden kann. Haben Sie also keine Angst. Sie können darauf vertrauen, dass immer nur „so viel" hochkommt, wie Sie im Moment bewältigen können.

Vorsicht ist meiner Auffassung nach bei therapeutischen Methoden empfohlen, die Techniken anwenden, bei denen ein anderer diesen „Zusammenbruch" forciert. Denn jede Frau hat ihr Tempo, in dem sie Schmerz loslassen kann oder eben nicht. Das muss respektiert werden. Spüren Sie also genau hin, ob Sie sich mit einer bestimmten therapeutischen Methode wohl fühlen. Das Seminar „In drei Tagen das Ego loswerden" oder so ähnlich kann Ihrer Freundin geholfen haben und dennoch nichts für Sie sein.

Eine glückliche Frau sperrt ihren Schmerz nicht mehr bewusst weg, sondern nutzt jede Gelegenheit, wieder ein Stück davon loszulassen. Sie unterdrückt also niemals ihre Tränen, sondern lässt ihnen freien Lauf – wenn gar nicht anders möglich eben zeitversetzt. Sie vertraut auf ihre innere Weisheit, die dafür sorgt, dass nur die Teile hochkommen, die verarbeitet werden können. Und sie scheut auch nicht davor zurück sich eventuell therapeutisch unterstützen zu lassen.

Eine Frau auf ihrem Weg ins Glück entlastet ihren Körper, in dem sie auf die Botschaft der Seele hört. Aber sie weiß auch damit umzugehen, wenn sie diese Botschaft noch nicht versteht oder Beschwerden noch bestehen bleiben. Sie behandelt sich dann besonders verständnisvoll und gütig in der Gewissheit, dass genau das dann eben Teil des Prozesses ist.

Lassen Sie Ihren Tränen freien Lauf!

Aufgebrochen zu neuen Ufern ...

„SO WURDE ICH EINE GLÜCKLICHE FRAU" – ERFAHRUNGSBERICHTE

Die folgenden Geschichten haben Frauen niedergeschrieben, die sich selbst als glücklich bezeichnen. – Ich danke ihnen für ihr Vertrauen.

Mag. DDr. Beate Schaffer, 54, Ärztin und Psychotherapeutin, Wien

Ich bin eine glückliche Frau!

Bin ich eine glückliche Frau? Ich horche in mich hinein und höre eine feine, aber ganz sichere Stimme, die zu mir spricht: „Das Leben meint es wirklich sehr, sehr gut mit dir."

Während ich dies niederschreibe, liege ich in einer wunderschönen Wiese und fühle mich unendlich verbunden mit den sich wiegenden Blättern und der Schönheit der Natur. Morgen feiere ich meinen 54. Geburtstag und es tut gut, mein Leben in der Rückschau zu betrachten. Es war sicher nicht immer einfach. Betrachte ich es aber im Nachhinein, so hat mich jeder Lebensabschnitt immer mehr dazu gebracht, dem Fluss des Lebens zu vertrauen und der Kraft der Liebe.

Meine Kindheit kann ich durchaus als schwere Kindheit betrachten. Meine Mutter, zerstört von einer frustrierenden Ehe und vielen, vielen unerfüllten Lebensträumen, starb, als ich 15 Jahre alt war.

Mein Vater, introvertiert und vom Krieg gebrochen, hatte das, was man „frozen emotions" nennt. Nach dem Tod meiner Mutter flüchtete er sehr rasch in eine neue Ehe, was für mich zu einer totalen emotionalen Entfremdung führte.

Schon vorher lebte ich in einer sehr naiven, aber auch sehr kreativen, bunten eigenen Traumwelt. Aus heutiger Sicht verließ ich mich aber auch damals schon auf eine starke innere Führung und verwendete Verhaltens- und Trancetechniken, die für mich im wahrsten Sinne lebensrettend waren.

Symbolisch dafür scheint mir ein Erlebnis zu sein, das ich mit etwa 5 Jahren hatte und das mir noch so in Erinnerung ist, als ob es gestern geschehen wäre. Meine Familie lag mit der Nachbarsfamilie im Streit. Diese hatten einen wunderschönen riesigen Schäferhund, der sehr gut abgerichtet war. Als ich eines Tages irrtümlich die Wiese der Nachbarn betrat, hetzten diese tatsächlich ihren Hund auf mich. Fassungslos vor Freude, dass dieses wunderschöne Tier wirklich zu mir gelaufen kam, öffnete ich ganz weit meine Arme, um ihn freudestrahlend zu empfangen. Der Hund stockte seinen Lauf und nichts geschah. Mir blieben ein paar Kratzer und das große Glück, den wolligen prachtvollen Hund streicheln zu können.

Mit etwas über 16 Jahren lebte ich bereits alleine und die raue Welt rüttelte an meiner Vertrauensseligkeit, konnte sie aber glücklicherweise nie zerstören. Ich erlebte wilde, leidenschaftliche, aber auch von schweren Krisen geschüttelte Zeiten. Ich bin überzeugt davon, dass die Jahre des Erwachsenwerdens von besonderen Schutzengeln begleitet werden und man in dieser Zeit auch am intensivsten seine Berufung in dieser Welt spürt.

In der wilden Suche nach mir und meiner universellen Führung habe ich wohl fast nichts ausgelassen an Höhen und Tiefen, die das Leben für einen Menschen bereithält. Ich widmete mich verschiedenen Studien, die ich durch unterschiedlichste Jobs, mit oft sehr zweifelhaften Erfahrungen finanzierte. Ich hatte wechselnde Beziehungen, mit kraftvollen, interessanten und schwierigen Männern, die mir wunderbare Liebeserlebnisse, aber auch schwersten Liebesschmerz bereiteten. Ich engagierte mich politisch und religiös in intensivster Weise. So war ich in basischristlichen Vereinigungen ebenso wie in extrem sozialkritischen kommunistischen Gruppierungen.

Viele Erlebnisse dieser Zeit bereicherten mich enorm: So zum Beispiel 5 wunderschöne Jahre, die ich im Großglocknergebiet, im Rahmen meiner Dissertation über hochalpine Tiere, verbrachte. Meine religiösen Erfahrungen ließen in mir ein Feuer mystischer Begeisterung in durchbeteten Nächten entstehen, das ich auch heute noch in mir trage. Diesen sehr prägenden positiven Erfahrungen standen schwerste Sinn- und Lebenskrisen gegenüber. Angetrieben zu dem allem wurde ich von einer mir nicht wirklich bewussten Suche nach innerem Wissen, meiner inneren Mitte und der Verbindung zum Universum.

Mit 30 Jahren hatte ich das dringende Bedürfnis nach mehr Stabilität. Es folgten Ehe, Kinder, ein Medizinstudium und eine Psychotherapieausbildung.

Mein Leben war nun nicht mehr nur von wilden Äußerlichkeiten geprägt, ich begann mich bewusster mit mir selbst und meiner Umwelt auseinanderzusetzen – was geradewegs in eine äußerst schwere Depression führte. Alles Verdrängte und Unverarbeitete brach plötzlich mit voller Wucht über mich herein.

Ab diesem Zeitpunkt begann die Kehrtwende schlechthin in meinem Leben. Ich wurde von meiner Krankheit gezwungen, meine innere Stimme immer wahrzunehmen und vor allem soweit irgend möglich, ihr bedingungslos zu folgen. Je mehr ich auf sie vertraute, umso mehr befreite ich mich aus meiner Depression. Irgendwie scheint mir, als ob sich in dieser Zeit ein Nebel vor meinen Augen zu lichten begann.

Ich konnte immer mehr das Wesentliche der Dinge und Geschehnisse erkennen und entwickelte in irgendeiner Weise dabei auch das Gefühl, Dinge vorauszuahnen oder zumindest auf eine bestimmte Entwicklung der Geschehnisse mit großer Gewissheit vertrauen zu können.

Mit Erstaunen erlebte ich, dass meine Gefühle, meine feine innere Stimme – nicht meine Gedanken – meine Umwelt und zukünftige Ereignisse unter gegebenen Umständen mitbestimmen konnten.

Keineswegs blieben mir dadurch Krisen erspart, eher im Gegenteil. Sie wurden existentieller. Aus den Stunden der Verzweiflung gelang es mir aber rascher durch erlernte immer bessere Möglichkeiten in das Gefühl des Urvertrauens zurückzukehren. Ich wurde immer gewisser: Das Leben will heilen – das Universum meint es wirklich gut mit uns und mit mir.

In den folgenden Jahren, erlebte ich sehr schmerzhaft eine Trennung meiner Ehe. Zwei Jahre später wurde mir eine liebes- und kraftspendende Beziehung geschenkt. Auf Grund der Abfolge der dazu führenden Ereignisse bin ich mir absolut sicher, dass damit das Universum eine Bestellung von mir erfüllte.

Eine schwere Prüfung meines Urvertrauens erlebte ich Jahre später, als eines meiner Kinder in eine lebensbedrohliche Krise schlitterte. Über mehrere Jahre war nicht sicher, ob und wie diese überlebt werden könnte. Zu dieser Zeit hatte ich als Mutter natürlich Stunden größter Verzweiflung. Aber ich hatte auch tief im Innersten eine fast nicht nachvollziehbare Gewissheit: Wie es auch immer wird – es wird gut und in Liebe heilen.

Als ganz besonderes Geschenk betrachte ich meine Arbeit als Ärztin und Psychotherapeutin, die mich täglich daran erinnert, wie sehr wir darauf vertrauen können geführt, getragen und geliebt zu werden.

Ich spüre es, wenn ein Patient den Raum betritt, welche Energie er mit sich bringt und es ist nicht die Schwere oder Art der Erkrankung entscheidend, ob Heilung passieren kann. Ein Blick, ein Satz, eine Berührung kann den Liebesfluss in Gang bringen und eine Verbindung zum höheren Sein herstellen. Als Therapeutin spüre ich dann plötzlich eine große, durch nichts verrückbare Klarheit. Bei Patient und Therapeut entsteht dadurch oft ein unbeschreibliches Glücksgefühl. Für mich ist in diesem Augenblick die Heilkraft-, ja die Heilsehnsucht des Universums spürbar geworden.

Ich weiß, dass in meinem Leben noch Stunden kommen werden, wo ich zumindest für kurze Zeit keinen Zugang zu diesem Urvertrauen haben werde, aber ich weiß auch und dessen bin ich mir sicher, dass ich es immer wieder finden werde. Was kann ein Leben stärker und glücklicher machen?

So kann ich heute an meinem 54. Geburtstag sagen: Das Leben hat es und wird es sehr gut mit mir meinen. Ich bin eine glückliche Frau.

Brigitte Schauer, 46, Raumausstatterin, Wien

Zehn Jahre war ich mit Leo zusammen und eigentlich hätten wir das perfekte Leben haben können. Wir teilten unsere Leidenschaft für schnelle Autos, Designer-Kleidung und tolle Urlaube. Trotz alldem war ich nie zufrieden. Ich fand an allem etwas auszusetzen und konnte mich tagelang über Kleinigkeiten aufregen.

Dann wurde bei Leo Krebs diagnostiziert und unser Leben veränderte sich. Nichts war mehr so wie vorher und vieles wurde unwichtig. Ich habe ihn über ein Jahr in seinem bewundernswerten Kampf gegen diese Krankheit unterstützt, aber genauso überzeugt, wie er gekämpft hatte, akzeptierte er letztendlich auch, diesen Kampf verloren zu haben. Ich konnte ihm nur noch seinen Wunsch zu Hause zu sterben erfüllen.

Seine Lieblingstante, mehr Mutter als Tante, und sein bester Freund Max, der seit Leos Krankheit jeden Tag vorbeikam, standen mir dann in der schwersten Stunde meines Lebens bei. Ich hielt Leo solange im Arm, bis er ruhig und friedlich starb.

Nach seinem Tod fiel ich in ein Gefühlschaos, Trauer, Wut und Verzweiflung blockierten meine Gedanken. Doch dann begann ich nachzudenken. Leo selber war nie wütend oder verzweifelt gewesen, er hat mit innerer Stärke sein Schicksal akzeptiert und es nie beklagt. Ich spürte eine starke Verbindung zu ihm und so als hätte sich seine Stärke auf mich übertragen, meisterte ich Schritt für Schritt den Übergang von unendlicher Traurigkeit in ein normales Leben.

Als der Alltagsstress sehr schnell wieder über mich hereinbrach und ich mich den größeren und kleinen Problemen in meinem Unternehmen stellen musste, merkte ich, wie sehr ich mich verändert hatte. Anstatt wie früher zu nörgeln oder zu toben, suchte ich ruhig und gelassen eine Lösung. Zum Beispiel die Parkplatzsuche, die mich früher in den Wahnsinn getrieben hatte, war auf einmal kein Problem mehr.

Schon bevor ich mein Ziel erreichte, dachte ich, dass ich ganz sicher einen guten Platz finden würde. Wenn es nicht gleich beim ersten Mal klappte, fuhr ich noch eine Runde und da ich nun ruhig und konzentriert suchte, fand ich auch immer einen Parkplatz. Ich war nun der Meinung, mir könnte ja nichts Schlimmeres mehr in meinem Leben passieren, und so wurden viele Situationen gleich entschärft.

Oft dachte ich auch an einen Satz von Frau Mag. Standenat: „Das Leben ist so, wie man es sich denkt" und ich bemühte mich, mir mein Leben positiv zu denken. Bei vielen Dingen funktionierte das hervorragend und es kam so, wie ich es mir erdacht hatte. Manchmal war ich aber auch enttäuscht, dass es mit dem positiven Denken nicht geklappt hatte. Aber rückblickend gesehen ergaben sich aus momentanen negativen Situationen später viel bessere Lösungen.

Während dieser Zeit traf ich mich auch oft mit Max. Mit ihm konnte ich immer wieder über Leos Tod reden, er war dabei gewesen und er verstand mich. Früher hab ich ihn nicht wirklich gemocht, er war immer mehr Leos Freund gewesen als meiner. Max legte keinen besonderen Wert auf materielle Dinge und es war ihm auch egal, welches Auto er fuhr. Er wanderte gerne und zog ein Zeltlager jedem 5-Sterne-Hotel vor. Damals als Leo noch lebte, konnte ich damit nichts anfangen und jedes Mal, wenn Max seinen Geburtstag auf einer Berghütte feierte, musste sich Leo eine Entschuldigung für mein Fernbleiben ausdenken. Denn wenn ich nicht bis vor die Hütte mit dem Auto fahren konnte, weigerte ich mich mitzugehen.

Bei unseren langen Gesprächen lernte ich Max aber von einer ganz anderen Seite kennen. Er war sehr einfühlsam, ruhig und geduldig. Plötzlich störte es mich nicht mehr, dass er eine andere Lebenseinstellung hatte und ich verliebte mich in ihn. Das aber stürzte mich wieder in ein Gefühlschaos. Durfte ich mich wieder verlieben, konnte ich es Max zeigen und vor allem wäre Leo damit einverstanden? Ich zog mich einige Zeit von Max zurück und versuchte Klarheit zu bekommen.

Als ich mich nach längerer Zeit wieder mit ihm in einem Lokal traf, hörte ich plötzlich eine Melodie. Diesen Song habe ich nach Leos Tod immer dann gehört, wenn ich eine Entscheidung zu treffen hatte. Dieser Song verband mich mit Leo, und ich wusste plötzlich, dass er wahrscheinlich von seiner Wolke Sieben im Himmel meine Liebe zu Max ermöglicht hatte. Es war nicht einfach, auch Max davon zu überzeugen, aber ich spürte seine starken Gefühle für mich und wartete geduldig, bis er bereit für eine Beziehung mit mir war.

Am Anfang war ich fast jedes Wochenende alleine, da er immer auf irgendeinem Berg herumwanderte. Ich freute mich aber auf seine Rückkehr und seine Erzählungen. Seine Augen leuchteten, wenn er von wundervollen Ausblicken, Blumen und Tieren berichtete. Das alles hörte sich so faszinierend an, dass ich ihn bat mich einmal mitzunehmen. So kam es, dass ich ausgerüstet mit Wanderschuhen und Windjacke mit Max zu meiner ersten Hütte aufstieg. Er zeigte mir so viele Dinge, wie besondere Steine, Blumen, die ich noch nie in meinem Leben gesehen hatte, echte lebende Gämsen (die kannte ich nur von Fotos) und vor allem die unbeschreibliche Schönheit der Natur. Ich hatte gar keine Zeit zu murren oder zu fragen, ob wir bald da sind. Ab diesem Zeitpunkt wurde auch ich zur begeisterten Wanderin. Mittlerweile habe ich schon etliche Fotos, die beweisen, dass ich es bis zum Gipfelkreuz einiger Berge geschafft habe. Meine Freundinnen sind zwar immer noch der Meinung, dass das alles Fotomontagen sind, aber ich weiß jetzt, wie frei und glücklich man sich auf der Spitze eines Berges fühlt. Durch Max habe ich gelernt, mich an so vielen Dingen zu erfreuen, wie einen Sonnenaufgang, einen schönen Wolkenhimmel oder einen kleinen Vogel, der im Baum singt. Außerdem weiß ich jetzt, Geld macht nicht glücklich, der richtige Blick für das Wesentliche und eine positive Einstellung im Leben aber schon.

Sollte jetzt der Eindruck entstehen, ich hätte mich komplett verändert und sogar das Interesse an Autos und Designerklamotten verloren, so muss ich das korrigieren. Natürlich fahre ich noch ein schönes Auto und trage schicke Sachen. Ich freue mich jetzt aber darüber und bin damit zufrieden. Man kann ja auch beim Wandern gut angezogen sein. Das hat übrigens auch Max erkannt, er ist schon bald besser angezogen als ich. Wenn er sich jetzt noch ein schnelleres Auto kauft als meines, muss ich ein ernstes Wort mit ihm reden. Heute kann ich ehrlichen Herzens behaupten: Ich bin glücklich! Ich hoffe, dass ich dieses Gefühl für den Rest meines Lebens behalten kann.

Christina Dungler, 25, Wien

„Sei doch mit den kleinen Dingen zufrieden und glücklich", wie oft hört man das und wahrscheinlich hat jede/r von uns das auch schon mal gesagt. Ich konnte nur leider nicht mehr so ganz etwas damit anfangen, nachdem ich drei meiner besten Freunde verloren hatte und vier Männer, an denen ich interessiert war, nichts von mir wissen wollten und das alles innerhalb eines Jahres. Trotzdem kann ich sagen, dass ich glücklich bin. Warum? Ich bin voll und ganz der Überzeugung, dass auch diese schwere Zeit in meinem Leben Sinn machte. Anscheinend musste ich dadurch etwas lernen. Vielleicht musste ich Geduld beweisen – zugegeben, das war bislang nicht gerade meine Stärke. Klar dachte ich das nicht immer. Es gab selbstverständlich auch Tage, wo ich nur noch Fragen im Kopf hatte und keine Antworten darauf fand. Was ich damit sagen will ist, dass man doch meistens gerade durch schwerere Lebensabschnitte am meisten lernt und somit hat man doch auch Glück. Mit zwei meiner besten Freunde habe ich jetzt wieder Kontakt und erkannt, dass man oft einfach nur die Zeit für sich arbeiten lassen muss.

Was mir auch so viel geholfen hat, das Leben aus einem anderen Blickwinkel zu betrachten, ist die Reinkarnation. Ich habe mich besonders in letzter Zeit sehr viel damit beschäftigt und es beruhigt mich sehr zu wissen (oder zumindest daran zu glauben, weil es ja niemand beweisen kann), dass es mehrere Leben gibt und dass jedes Leben einen gewissen Sinn macht. Laut der Bestsellerautorin Elisabeth Kübler-Ross hat man sich jedes Leben und die dazugehörigen Schwierigkeiten selbst ausgesucht.

Wenn ich heute in einer schweren Lebenslage bin oder in einer Situation, an der ich früher angefangen hätte zu verzweifeln, denke ich mir jetzt: „Das ist doch einfach nur ein Teil meines Lebens, den ich mir ‚auf der anderen Seite' ausgesucht habe, um meine Lektion zu lernen." Wenn man sich dessen bewusst wird, macht das meiner Meinung nach sehr viel Sinn und man nimmt nicht alles im Leben so tragisch bzw. lernt mit weniger guten Erfahrungen umzugehen.

Ich wünsche allen, die dieses Buch gelesen haben, dass sie ihren Weg finden. Viel Glück und nicht vergessen: Das Glas ist halb voll!

Komm.-Rat Daniela Schwarz, 50, Unternehmerin, Wien

Zum Glück gehören für mich schöne Momente, die ich abspeichern und jederzeit abrufen kann. Ich habe meine Kopfkino-Filme und meine Phantasiefotos, die mir Freude bereiten: ein Sonnenuntergang am Meer, ein strahlender Sonnentag im Schnee, ein lachendes Kind, ein leuchtendes Sonnenblumenfeld ... – das sind die allgemein nachvollziehbaren Glücksbilder. Meine eigene Galerie ist erweitert um Dinge, die mir persönlich viel bedeuten: die Blumen auf meinem Balkon, die heuer besonders üppig blühen, die Augen meiner Tochter, wenn sie von etwas begeistert ist und mich teilhaben lässt an ihrer Freude, der Blick auf mein Auto, wenn ich in die Garage komme, weil ich doch immer schon ein Cabrio haben wollte und mir diesen Wunsch selbst erfüllen konnte, meine Wohnung, in der ich mich wohl und sicher fühle und die meine zweite Haut wurde ... – Profanes und Bedeutungsvolles spiegelt sich in einem bunten Mix in meinen Bildern und jedes Bild hat eine Geschichte und erzählt vom Erreichen eines Zieles. Immer mehr Bilder in meinem Lebensalbum machen mich zufrieden. Auch Gefühle und Empfindungen habe ich gespeichert: der Lavendelgeruch, der mich an den Schrank meiner Großeltern erinnert und sofort wieder vier Jahre alt werden lässt, frisch gebügelte Bettwäsche auf meiner Haut nach einem Sonnentag, die Begrüßungsrituale meines Hundes und sein warmes Fell zwischen meinen Fingern, die Hände meines Mannes, die mich nach Bedarf streicheln, stützen und halten .... – Eine endlose Liste an persönlichen Glücksmomenten habe ich abrufbar. Es ist wohl die bewusste Wahrnehmung dieses Mosaiks, die für mich Glück bedeutet. Ich denke also, wenn ich als Glück meine Zufriedenheit definiere, kommt das der Wunschlosigkeit des Nirwana sehr nahe. Allerdings weiß ich ganz genau, dass eben dieses Erreichen aller Ziele das Schlimmste wäre, was mir passieren könnte, denn es würde Stillstand bedeuten. Die Unzufriedenheit ist die Antriebsfeder des Lebens, spornt an weiterzugehen, neugierig zu sein, sich weiter zu entwickeln. Unzufriedenheit veranlasst mich Dinge zu ändern, neue Wege zu suchen und das Leben spannend zu halten.

Vierzig Jahre hat es bei mir gedauert, bis ich nicht mehr auf der Suche nach dem Glück war. Ich hatte rosarote Mädchenträume und offensichtlich zu viele Doris-Day-Filme gesehen – dadurch war das Scheitern meiner

Suche nach dem Glück förmlich vorprogrammiert und es dauerte lange bis zur Einsicht, dass „Leben" nicht nach Hollywood-Drehbüchern stattfindet. Enttäuschungen und die ganze Skala zwischen Frustration und Verzweiflung bestimmten die ersten vier Dekaden meines Lebens und ich paarte falsche Erwartungen mit falschen Entscheidungen, um letztendlich doch nicht zu sehen, dass vieles an Unglück „hausgemacht" war.

Mit der Überzeugung, dass mein schlechtes Karma, ein Unstern oder eben alle anderen Schuld wären, empfand ich mich als Opfer meines Lebens.

Heute bin ich angekommen und mein Leben ist rund und glücklich. Ich fühle mich schöner als vor 20 Jahren, was nichts Objektives ist, denn Falten und Flecken, Übergewicht und schlechte Augen sind nichts Schönes. Aber mein Selbstbewusstsein ist gewachsen, vieles wurde mir einfach egal und ich habe es als völlig irrelevant erkannt. Meine Ausstrahlung spiegelt das wider und es geht mir mit mir selbst viel besser als in meiner Jugend.

Heute habe ich Sicherheit und Komfort. Ich habe berufliche Erfolge und Anerkennung von meinen Kunden, Kollegen und Partnern. Ein finanzielles Pölsterchen und gute Versicherungen, keine unerfüllbaren Wohnträume und keinen akuten Bedarf an Ausstattung. Mein Job funktioniert und meine Erfahrung hat mich gelehrt, dass Existenzängste nicht zum Erfolg führen, sondern nur Aktivität und Dynamik, kluge Entscheidungen und auch der Verzicht auf Aufträge, die sich nicht gut anfühlen. Ich kann mich auf meine Intuition verlassen und arbeite an Projekten und mit Menschen, die mir Freude machen.

Ich habe gute Freunde und freue mich, dass diese mich mögen, schätzen und den Kontakt mit mir suchen. Sie sind zwanzig Jahre jünger oder zwanzig Jahre älter, was mir bestätigt, dass ich „generationskompatibel" bin. Sie sind Freunde seit der Schulzeit oder seit wenigen Monaten, was besagt, dass ich Kontakte halten kann und auch offen bin für neue Menschen. Sie fragen mich um Rat und erzählen mir offen und ehrlich aus ihrem Leben, also schenken sie mir ihr Vertrauen und vertrauen auf meinen Rat. Diese Beweise machen mich sehr stolz und sehr glücklich.

Ich könnte die Liste meiner persönlichen Erfolge endlos weiterführen. Ich bin dankbar für so viel Glück, ich nehme es wahr und pflege dieses Bewusstsein. Ich bin zufrieden und hadere auch nicht, dass erst nach vielen Jahrzehnten der Unzufriedenheit und der Selbstzweifel mir dieser Glückszustand beschert war. Die Zeit davor war lehrreich und hat mich geformt und geprägt, erst bewältigtes Unglück öffnet die Möglichkeit, auch Glück zu erleben.

Ich empfinde heute Dankbarkeit für Gelebtes und Freude über Gewesenes und hadere nicht mit der Vergangenheit, denn nichts war ganz schlecht und alles hat mich weiter gebracht in meiner Persönlichkeitsentwicklung und meinem Verständnis für Leben im Allgemeinen.

Da ich noch lange nicht „angekommen" bin, geht mein weiteres Streben in Richtung Weisheit. Heute nehme ich für mich in Anspruch, schon ein gewisses Maß an Lebenserfahrung und Klugheit zu besitzen.

Ich suche dieses Quäntchen mehr an Milde und Verständnis, an Problemlösungskompetenz und sensibler Einfühlung in andere Menschen. Ich möchte helfen und jene, die mich fragen, auch gut beraten können: nicht besser wissen, sondern wissen, nicht aufdrängen, sondern anbieten, nicht selbst in die Irre rennen, sondern beobachten und abklären. Wissen und Weisheit suche ich als Glück des Älterwerdens und mein Glück und meine Zufriedenheit möchte ich verschenken.

Daniela Soykan, 26, Moderatorin bei „Radio Arabella", Wien

Wenn ich an Glücklich-sein denke, dann fällt mir immer zuerst ein Schild in der Wohnung meiner Oma in meiner Kindheit ein, auf dem der weise Spruch stand: „Geld macht nicht glücklich, aber es beruhigt." Das ist natürlich richtig. Ich bin zwar alles andere als reich, aber es geht mir gut und ich kann mir auch einmal einen zweiten oder dritten Cocktail leisten oder ein Wellness-Wochenende machen, wenn ich ausgebrannt bin, ohne ein schlechtes Gewissen zu haben. Natürlich ist das auch ein beruhigendes Gefühl, sich einmal etwas leisten zu können, ohne dass es an anderer Stelle fehlt. Aber Geld alleine ist nicht der Weg zum Glück.

Ich bin glücklich, weil es mein Naturell ist und weil ich glücklich sein will. Natürlich habe auch ich Tage, an denen es mir schlecht geht, wo ich mich nicht gut, schön oder toll fühle. Aber es überwiegen Tage, an denen es mir gut geht und ich bemühe mich, jeden Tag prinzipiell mit einem Lächeln zu beginnen.

Allerdings denke ich schon, dass Glücklich-sein von vielen verschiedenen Aspekten abhängt, die wir nicht alle beeinflussen können. Zuerst einmal kommt es auf die Erziehung an. Meine Mutter war immer ein sonniges Gemüt und meine Eltern haben mich mit viel Liebe, Lob, Aufmerksamkeit und Vertrauen erzogen und ich kann sagen, dass ich eine glückliche Kindheit hatte. Außerdem habe ich das unheimliche Glück eine grenzenlose Optimistin zu sein, denn ich weigere mich bis zum Schluss eine Niederlage einzugestehen und versuche immer aus jeder Situation das Beste zu machen, immer gute Seiten zu sehen oder Dinge zu entschärfen.

Der wohl beste Grund aber, dass ich eine glückliche Frau bin, ist sicherlich, dass ich immer meine Ziele verfolgt habe und sich so viel in meinem Leben erfüllt hat, von dem ich früher nur geträumt hätte. Ich habe mit 15 Jahren meinen Mann kennen gelernt und wir hatten fast 5 Jahre lang eine Fernbeziehung. Es waren harte Jahre, die ein extremes Auf und Ab für mich bedeutet haben – Zeiten der intensiven Liebe und des Glücks, die sich abgewechselt haben mit Zeiten, in denen ich alleine und traurig auf das nächste Zusammensein gewartet habe.

Allerdings habe ich nie den Glauben an unsere Liebe und unsere gemeinsame Zukunft verloren und habe bis zum Schluss für unsere Liebe gekämpft – und am Ende haben wir es geschafft. Mittlerweile sind wir seit über 10 Jahren ein Paar, verheiratet und noch immer glücklich wie am Anfang. Diese Liebe zu meinem Mann, der der Mann in meinem Leben ist und bei dem ich so sein darf, wie ich bin, der mich mit allen Ecken und Kanten liebt, ist sicherlich eine große Quelle des Glücks für mich.

Andererseits bin ich aber auch sehr glücklich, weil ich meinen Traumberuf leben kann. Schon in der Schule wollte ich zum Radio und war immer diejenige, die nie ihren Mund halten konnte und so exzessiv getratscht hat, dass ich sogar ermahnt wurde still zu sein, als ich gar nicht in der Schule war, sondern krank zuhause lag. Allerdings hat sich die „Übungszeit" ausgezahlt, denn schon bald nach der Schule bin ich durch einen glücklichen Zufall zum Radio gekommen, wo ich auch heute noch gerne arbeite. Im alltäglichen Arbeitsstress ärgere ich mich natürlich auch oft über die Arbeit, bin erschöpft und ausgelaugt, aber dann denke ich immer wieder daran, was für ein Glück ich habe, diesen Job machen zu dürfen, der für mich früher nur ein unerreichbarer Traum war, und dann geht's wieder mit vollem Elan weiter.

Außerdem unterscheide ich auch zwischen Glück haben und glücklich sein. Der kleine, aber feine Unterschied liegt darin, dass wir Glück haben nicht beeinflussen können, allerdings können wir uns aber bewusst dafür entscheiden glücklich zu sein. Das ist so, wie es in einem alten Sprichwort immer heißt: „Jeder ist seines eigenen Glückes Schmied." Jeder hat es selbst in der Hand glücklich zu sein und jeder sollte sich und seine Bedürfnisse auch ernst und wichtig nehmen. Wir können in einer Situation immer das Schlechte sehen, allerdings gibt's immer auch eine gute Seite und es ist die Herausforderung diese Seite zu finden und nur die zu sehen. Und danach versuche ich zu leben.

Musik ist auch eine riesige Quelle des Glücks für mich, denn das richtige Lied in einer schlechten Stimmung, bei dem ich aus voller Kehle und leidenschaftlich mitsinge, kann auch Wunder wirken an einem Tag, an dem es mir nicht so gut geht.

Eine sehr große Quelle des Glücks für mich ist aber auch die Natur. Seit einiger Zeit fotografiere ich immer wieder hobbymäßig und ein Spaziergang in der Natur mit einer Kamera in der Hand kann auch Wunder bewirken. Denn auf der Suche nach einem schönen Motiv nehme ich die Umwelt und die Kleinigkeiten rund um mich wieder viel intensiver wahr und erfreue mich an tollen Farben und besonderen Formen. Seitdem ich fotografiere, sehe ich viele Dinge um mich herum wieder viel bewusster und genieße meine Zeit in der Natur viel mehr.

Glücklich können wir auch nur sein, wenn wir mit uns halbwegs im Reinen sind. Zugegeben, gerade bei uns Frauen gibt es wohl keine Einzige, die mit sich und ihrem Körper hundertprozentig zufrieden ist – auch ich nicht. Aber es macht mich glücklich, wenn ich meine schönen Seiten sehe und diese betone, wenn ich mir selbst versuche eine Freundin zu sein, mich verwöhne und mir Gutes tue und mich auch so nehme, wie ich bin. Gönnen wir uns alle zusammen wieder mehr Auszeiten und schaffen wir uns kleine Inseln, erfreuen wir uns wieder mehr an Kleinigkeiten und genießen wir die Zeit mit uns alleine, aber auch mit anderen lieben Menschen, denn dann stellt sich das Glücklichsein ganz von selbst ein. Und eines nicht vergessen – Lächeln! Denn mit einem Lächeln auf den Lippen hab ich mich noch nie unglücklich gefühlt.

Dr. Susanna Sklenar, 38,
Chefredakteurin Magazin „Gesundheit", Wien

„Du verdienst nur das Allerbeste", sagte meine Großmutter stets zu mir – um dann meinen absoluten Lieblingssatz hintanzufügen: „Weil du so bist wie du bist." Ach wie gut das getan hat. Bei anderen Gelegenheiten hörte ich wiederum Sprüche wie: „Du wirst immer deinen Weg finden im Leben", wofür es im Tschechischen – denn da bin ich her – die sinngemäße Redewendung „Du wirst in der Welt nie verloren gehen" gibt. Und auch dieser Satz klang wunderbar beruhigend. Klar, was soll mir auch passieren?, sagte ich mir. Die Oma ist alt, lebt und lacht immer noch, also muss sie es wissen. Meine Eltern schließlich schenkten mir den wohl mächtigsten Sesam-öffne-dich-Schlüssel – jenen zu meiner inneren Schatzkammer, meiner größten Stärke: „Wenn du es wirklich willst, schaffst du alles, was du willst."

Und ohne, dass es mir damals als Kind bewusst war, prägten diese Sprüche mein Wesen, meine Einstellung zum Leben und nicht zuletzt auch meinen Weg zum Glück. Heute frage ich mich manchmal, ob es denn den Menschen um mich, die mich großgezogen haben und liebevoll umsorgten, tatsächlich klar war, welchen Einfluss ihre so oft wiederholten Bemerkungen auf mich und meine Entwicklung hatten. Ich jedenfalls kann förmlich spüren, wie sie mich gestärkt haben und mir immer wieder ein unermessliches Vertrauen in mich und meine Fähigkeiten gaben – so, als ob diese Sätze unantastbare Wahrheiten gewesen wären, vielleicht gar unsichtbare Stützen, die ich mir jedes Mal zu Hilfe nahm, wenn ich bei einer Hürde im Leben zu stürzen drohte. Sie und all die damit verbundenen Gefühle waren und sind bis heute eine Art Sicherheitsnetz, das mich immer dann auffängt, wenn andere Menschen meine Qualitäten nicht erkennen, mich verletzen oder ich sonst wie mit einer Situation schlecht zurechtkomme.

„Ja, ich verdiene was Besseres – und ich schaffe es auch, wenn ich nur richtig will!" – und schon geht es wieder aufwärts.

Was aber wäre aus mir geworden, denke ich zuweilen, hätte ich stattdessen Sätze wie „Lass das bleiben, das schaffst du ohnehin nie" oder „Stell dich nicht so dumm an" oder „Was weißt du schon – du bist doch zu nichts zu gebrauchen" oder – was eigentlich recht harmlos klingt, weil es vielen so vertraut ist: „Man kann nicht alles haben im Leben" und Ähnliches zu hören bekommen, wie täglich tausende andere Kinder und Jugendliche? Wo wäre mein Selbstvertrauen, wo mein Urvertrauen in dieses Universum, wo meine Lust am Leben, meine Experimentierfreude, mein Mut und mein Wohlwollen anderen gegenüber?

Warum ich mich heute die meiste Zeit über tatsächlich glücklich fühle, hat gewiss noch viele andere Gründe. Um sie aufzuzählen, müsste ich wohl selbst ein Buch schreiben, statt dieser paar Zeilen. Am Anfang steht sicherlich eine Kindheit, in der ich viel Liebe und Geborgenheit erfahren habe. Danach kam, ich war gerade mal 12 Jahre alt, die Emigration meiner Eltern aus ihrer Heimat – ich ahnungslos und unbedarft quasi im Schlepptau. Politische Verfolgung, somit kein Zurück mehr, ein Abschied von liebsten Freunden, engster Familie, von Großeltern – und all das damals vermeintlich für immer. Was folgte, war ein fremdes Land als neues Zuhause, ohne Geld, ohne eigene vier Wände, ohne die Sprache zu verstehen und ohne die Menschen zu kennen, die einen aufgenommen haben, oder deren Bräuche und Sitten. Und: Ohne zu wissen, wie es morgen weiter geht.

So etwas schafft viel Traurigkeit und Tränen, viele Sorgen, Ängste und Unsicherheit – für Erwachsene ebenso wie für Kinder. So eine Erfahrung macht aber auch stark und zäh, zeigt einem, dass es immer einen Weg gibt, auch dort, wo man vorerst keinen sieht, und führt einem nicht zuletzt das eigene unerschöpfliche Potenzial vor Augen.

Heute sehe ich meine Kinder unbeschwert spielen, gesund, aufgeweckt, weltoffen und so unendlich liebenswert und empfinde dabei Dankbarkeit und oft auch Demut, da ich weiß, dass ein solches Glück nicht allen zuteil wird. Wieso aber gerade mir? Früher dachte ich, dass irgendwann ein schlimmer Schicksalsschlag eintreten müsste, damit eine Art Ausgleich für all mein Glück im Leben geschaffen wird. Heute bin ich überzeugt, dass die Welt so nicht funktioniert. Unter solchen Umständen könnte man nämlich sein Glück kaum genießen, ohne sich vor einer bösen Wende fürchten zu müssen. Und so glaube ich fest daran, dass das Prinzip viel eher so lautet: Wenn man Gutes in die Welt trägt, erntet man Gutes. Und je mehr man andere Menschen (und sich selbst!) so behandelt, wie man gerne behandelt werden möchte, desto besser und schöner wird das eigene Leben. Damit meine ich aber nicht sich aufzuopfern, sondern – mit Rücksicht auf andere – auf die eigenen Bedürfnisse zu achten. Anderen zu helfen ist essentiell, sich selbst wichtig zu nehmen aber ebenso. Lassen Sie sich von niemandem einreden, das sei Egoismus (im negativen Sinn)! Das ist Selbstliebe. Und wer sich selbst liebt, den mögen auch andere. Was schließlich zu den besten Voraussetzungen für ein glückliches Leben gehört.

Christa Saitz, 54, Spiegelgesetzcoach® und Buchautorin, Wien

Schon in meiner Kindheit stand für mich fest, dass ich heiraten, Kinder haben und mit meiner Familie immer glücklich sein wollte. Bald nach der Matura verliebte ich mich in einen blonden Helden und wir heirateten kurz danach. Als sich 2 Söhne einstellten, war mein Glück perfekt. Ich bemühte mich, die „beste Ehefrau und Mutter" von allen zu sein, bei unterschiedlichen Meinungen gab ich bereitwillig nach. 10 Jahre lang gab es kein böses Wort und keinen Streit, wohl manchmal dicke Luft und Spannungen.

In der Pubertät meiner Kinder kam es jedoch immer öfter zu Meinungsverschiedenheiten, meine Bereitschaft nachzugeben schwand. Außerdem wollte ich gerne wieder arbeiten. Doch Familie und Beruf ließen sich für meinen Mann und mich nicht vereinbaren und so verzichtete ich, war mir doch das Wohlergehen meiner Familie das Allerwichtigste.

Zu dieser Zeit war ich oft unglücklich, unter anderem deshalb, weil ich im Laufe meiner Ehe beträchtliches Übergewicht angesammelt hatte und so richtig „aus dem Leim" gegangen war.

Nach erfolglosen Alleinversuchen abzuspecken, landete ich bei den Weight Watchers. In den wöchentlichen Treffen mit Gleichgesinnten fühlte ich mich wohl, ich lernte eine Menge über Ernährung, Bewegung und Essverhalten und bekam viele Tipps für die Praxis. Als ich nach einigen Monaten mein „Idealgewicht" erreicht hatte, gefiel ich mir zum ersten Mal in meinem Leben. Gerne ergriff ich die Chance, bei Weight Watchers mitzuarbeiten. 25 Jahre lang leitete ich viele Kurse. Diese Tätigkeit machte mir Freude, konnte ich doch meine brachliegende Kreativität einsetzen. Außerdem ließ sich diese Arbeit mit meinen Pflichten als Mutter und Ehefrau gut verbinden. In den Kursen fiel mir jedoch auf, dass nur wenige es schafften wirklich schlank zu werden und noch weniger es zu bleiben. Mir selber gelang es jahrelang recht gut.

Doch als mein Mann für meine Begriffe viel zu früh in Pension ging, stieg mein Gewicht langsam, aber sicher und wie sehr ich mich auch bemühte und manchmal sogar kasteite, ich nahm nicht ab, sondern zu.

Wer weiß, wie es geendet hätte, wenn ich mich nicht im Sommer 2000 spät, aber doch entschlossen hätte, den Führerschein zu machen. Obwohl ich wenig Ahnung vom Autofahren hatte, schaffte ich die Prüfung wie durch ein Wunder auf Anhieb. Die fehlenden Kenntnisse würden sich mit meinem Mann als Fahrlehrer verbessern, dachte ich. So begann für uns beide die Hölle. Jede gemeinsame Fahrt endete mit einem genervten, wutschnaubenden Ehemann – diese Seite kannte ich bisher an meinem Mann nicht – und einer heulenden, am Boden zerstörten Ehefrau. Das war ich. Wir sprachen danach stundenlang kein Wort miteinander und waren bitterböse. Wie ein Kartenhaus stürzte mein Gebäude einer harmonischen glücklichen Ehe zusammen. Wir dachten sogar an Scheidung.

Irgendwie ging diese Zeit jedoch vorbei, ich biss die Zähne zusammen und lernte ganz passabel Auto zu fahren. Die dunklen Wolken am Ehe-Himmel verzogen sich. Trotzdem beschäftigten mich die zurückliegenden Vorfälle sehr. „Zufällig" hörte ich von einer Freundin vom „Spiegelgesetz" und dass alles, was wir erleben, Spiegelbild unseres Bewusstseins ist. Ich erfuhr von einer gewissen Christa Kössner, die in einem Buch und in Seminaren eine Methode vermittelt, wie man seine Spiegelbilder entschlüsseln kann. Als ich gleich ihr nächstes Seminar besuchte, war das für mich das AHA-Erlebnis. Ich erfuhr, dass „den Führerschein machen" so viel bedeutet, wie „das Lenkrad des Lebens selbst in die Hand zu nehmen." Ich bekam Aufschlüsse für leidvolle Situationen und begriff, warum ich mit manchen Menschen ganz besondere Probleme hatte.

Wie Schuppen fiel es mir von den Augen, warum ich seit der Pensionierung meines Mannes ständig zunahm. Mein Gewicht als Spiegelbild machte mich aufmerksam, was ich überhaupt nicht lebte, obwohl es unbedingt zu mir gehört. Die Botschaft meines Gewichtes lautete: „Nimm dich wichtig! Gönn dir mehr Raum in deiner Beziehung! Geh mutig deinen Weg!"

Ich war vom Spiegelgesetz so fasziniert, dass ich mich entschloss, selbst Vermittlerin der Spiegelgesetz-Methode® zu werden. Seit 5 Jahren übe ich diesen Beruf als Berufung aus. Es macht mich glücklich, anderen zu helfen, durch die Entschlüsselung ihrer Spiegelbilder glücklicher zu werden.

Seit ich meine eigene und berufliche Erfahrung mit dem Übergewicht und das Spiegelgesetz als wichtigsten Schlüssel zum Schlankwerden und Schlankbleiben in meinen beiden Büchern „Leicht und Frei" und „Leicht und Frei II, das Praxisbuch" niedergeschrieben habe, habe ich mein Talent zum Schreiben entdeckt. Ich finde es so beglückend und erfüllend.

Meine Einstellung zum Leben und zu mir hat sich sehr verändert. Mein Gewicht ist seither kein Thema mehr für mich. Ohne Anstrengung bleibe ich schlank. Mein Verhältnis zu meinem Mann und meinen Söhnen ist besser als je zuvor, obwohl ich oft eigene Wege gehe. Ich fühle mich nicht mehr für alle und alles (Familie) verantwortlich. Ich mag mich so, wie ich bin. Ja, ich finde, ich bin eine tolle Frau und bin richtig stolz auf mich und meine Leistungen. Ich bin glücklich und zufrieden.

Brigitte Singer, 46, Floristin, Wien

Wenn ich auf meine Leben zurückblicke, sehe ich, dass mich Sorgen seit meiner Kindheit begleiten.

Meiner Mutter wurde das Sorgerecht für mich und meine Geschwister aberkannt. Die Gründe wissen wir bis heute nicht. Ich kam dann zu Pflegeeltern ins Burgenland und verbrachte dort trotz allem eine schöne Kindheit. Aber leider dauerte dieses Glück nur bis zum 15. Lebensjahr. Dann kam ich ins Internat nach Wien und vermisste die Geborgenheit einer Familie.

Durch meine Naturverbundenheit wählte ich den Beruf der Floristin. Im letzten Ausbildungsjahr verliebte ich mich und wurde ungewollt schwanger. Ich heiratete überstürzt – ein Schritt, den ich bis heute bereue. Mein Leben geriet total aus den Fugen – Drogen, Geldmangel, Arbeitslosigkeit. Der negative Einfluss meines Mannes wirkte sich auch schlecht auf die Entwicklung meines Sohnes aus und nach dreizehn entbehrungsreichen Jahren ließ ich mich scheiden.

Aber seither hat sich mein Leben geändert. Ich habe erkannt:

Um glücklich zu sein, brauche ich etwas zu arbeiten, zu lieben und etwas, auf das ich hoffen kann. Und trotz schwerer Zeiten habe ich nie aufgegeben.

So habe ich jetzt eine wunderschöne Wohnung im Grünen und freue mich jeden Tag aufs Nachhausekommen. Vor einiger Zeit ist auch das persönliche Glück wieder bei mir eingezogen. Ich lernte einen Mann kennen, der sehr liebevoll und aufmerksam ist. Das Glück strahlt mir aus den Augen und auch die Menschen in meiner Umgebung bemerken es.

Glück ist nicht selbstverständlich. Ich muss jeden Tag daran arbeiten. Aber das ist auch eine schöne Aufgabe.

Angela Mese, 45, Lehrerin und Astrologin, Wien

Nachdem ich meiner Freundin Sabine zugesagt hatte, einen Beitrag für ihr Buch zu schreiben, geriet ich ganz schön in Turbulenzen. Ich bin glücklich, aber es fiel mir sehr schwer, das in Worte zu fassen. Wenn ich darüber nachdenke, sind folgende Einstellungen daran mitbeteiligt, dass ich mich als glücklich empfinde: Zunächst unterscheide ich zwischen „kleinem Pech" und „großem Pech". So bin ich immer wieder erstaunt, welche Vorfälle für andere Leute eine Katastrophe darstellen.

Viel Kraft schöpfe ich aus der Beschäftigung mit der Esoterik, besonders mit der Astrologie. Ich setze mich seit über 25 Jahren damit auseinander und bin immer wieder davon fasziniert, wie viel Lebenshilfe ich darin finde. Auch ich erlebe „negative" Situationen, aber im Horoskop finden sich immer nicht nur Erklärungen dafür, sondern auch Perspektiven. So war ich zum Beispiel drei Mal verheiratet, wobei ich bei jedem meiner Ehemänner vorher auch die problematischen Aspekte sehen konnte. Aber ich wusste, dass diese Beziehungen gelebt werden mussten, weil ich auch aus ihrem eventuellen Scheitern wichtige Erkenntnisse ziehen würde.

Ein wichtiger Teil meines „Glücklichseins" ist auch die Grundeinstellung, dass Leben nicht Leiden bedeuten muss, sondern Freude. So gebe ich Vergnügen einen großen Stellenwert und bin der Meinung, dass ich es verdiene, neben all meinen Pflichten und Aufgaben Spaß zu haben.

Ich möchte hier auf keinen Fall den Eindruck erwecken, dass ich vor keinen Herausforderungen stehe. So leide ich seit der Beendigung meiner 2. Ehe an Diabetes und muss öfter am Tag Insulin spritzen. Ich ignoriere diese Erkrankung nicht, aber ich dramatisiere sie auch nicht. Und damit wäre ich beim Humor. Diese Eigenschaft betrachte ich als sehr wichtig. Außerdem bin ich grundsätzlich Optimistin und der Auffassung, dass sich für jedes Problem auch eine Lösung finden lässt.

Heute lebe ich mit meinem Lebensgefährten Helmut und drei Kindern. Die „Großen" sind in der Pubertät und vor allem mein 15-jähriger Sohn stellt mich vor viele Herausforderungen. Es ist keinesfalls immer alles stressfrei, aber ich genieße trotzdem jeden Tag. Ich bin glücklich!

Prof. Dr. Katalin Zanin, Wien

Jetzt, gerade wenn es mir nicht so gut geht, sollte ich auf eine Frage antworten: Warum bin ich eine glückliche Frau?

Morgen werde ich operiert – Schilddrüsenkrebs. Nicht das erste Mal in meinem Leben gibt es Momente, wo ich mir wirklich wünsche – 24 Stunden älter zu werden, um umso schneller die Antworten zu erhalten. Ich sollte aber diesen Artikel vor der Operation abgeben, deshalb „Sej – Haj" wie die Ungarn sagen – warte nur ab! Ein paar Mal ist mir dieses Abwarten schon gelungen – und reichlich wurde ich dafür belohnt.

Ich nenne es Glück ... in einer Großfamilie glücklich aufgewachsen zu sein, großartige Eltern zu haben, die Spaß am Leben haben und für Bildung und Kunst eine große Portion Hingabe besitzen.

... einen Partner zu finden, innerhalb von drei Monaten zu heiraten und seit 36 Jahren angenehm verheiratet zu sein und selber eine interessante Familie zu gründen und alles weitergeben zu können, was ich als Kind bekommen habe.

... Menschen zu begegnen. Es sind nämlich für mich die Begegnungen mit Menschen, die das Leben lebenswert machen.

... dass im Jahr 1997 bei einem Workshop Herr Zanella, der Direktor des Wiener Staatsopernballetts (1994 – 2004), mich still von der Ferne beobachtet hat und nachher zu mir sagte: „Ich möchte mit Ihnen zusammenarbeiten und mit Ihrer Gruppe ‚off ballet special' gründen. Mit professionellen Tänzern, mit professionellen Mitteln, mit passender Musik und Kostümen, um beim Zuschauer das Aha-Erlebnis zu erreichen, ohne Mitleid."

Und mein Wahlspruch: „Aus den Steinen, die dir in den Weg gelegt werden, kann man etwas Schönes bauen." (Goethe)

Dr. Margit Steinzer, 45, Psychologin und Mediatorin, Wien

„Ja", antworte ich Sabine nach kurzer Rücksprache mit mir selbst und einem zufriedenen Lächeln auf den Lippen auf ihre Frage, ob ich eine glückliche Frau bin. Nun, das war nicht immer so. Eigentlich zählte ich einmal zu den depressiven Menschen, die sich in ihrem Dasein überhaupt nicht wohl fühlten, aber auch keine Möglichkeit sehen, da irgendwie „rauszukommen". Ich drehe die Uhr 13 Jahre zurück und beginne die Erzählung, als meine Lebensumstände den aktuellen sehr ähnlich waren. Ich lebte mit einem Mann zusammen – nämlich mit dem Vater meines Kindes – arbeitete als Psychologin und hatte viele Freunde. Wo ist der Unterschied zwischen damals und heute?

Nun, ich habe mich vom Vater meines Kindes getrennt, weil wir beide nicht die „Beziehungsweltmeister" waren und Flucht schien mir der einzig geeignete Weg, um die Konflikte zwischen uns zu bewältigen. Meine Freunde zu treffen, die ich sehr schätzte, empfand ich nicht mehr als Freude, sondern nur noch als Belastung der sozialen Verpflichtung. Der Job, den ich nach der Trennung vom Vater meines Kindes angenommen habe, machte mich körperlich schwer krank. Die Tätigkeit an sich erfüllte mich mit Freude und ich hatte das Gefühl, das Richtige zu tun – jedoch konnte ich mich nicht gegen die Inkompetenz und Intrigen der Kolleginnen schützen.

Heute bin ich stolze Mutter eins schwer pubertierenden Sohnes, für alle Familienmitglieder offen, freue mich mit meinen Freunden über ihre Erfolge, arbeite als Psychologin und Mediatorin in eigener Praxis und halte Seminare zum Thema „Sich selbst finden und Grenzen sprengen". Seit 5 Jahren lebe ich mit einem wunderbaren Mann zusammen. Das Vertrauen zwischen uns und die Stabilität dieser Beziehung resultieren wohl auch aus unserer Fähigkeit, Konflikte konstruktiv zu lösen.

Der Unterschied zwischen einem glücklichen und einem beschwerlichen Dasein liegt für mich im Erleben und dem langen Weg, wesentliche Dinge für sich zu erkennen.

Meine Veränderung begann, als mir der Arzt eröffnete, dass ich, wenn ich so weiter mache, spätestens in einem Jahr im Rollstuhl sitze. Die Erkenntnis, dass ich schwerkrank meinem Kind keine Existenzgrundlage bieten kann, und der Gedanke, welcher nebenher in mir reifte, nämlich dass ich in meiner Familie kein Glück vermitteln kann, wenn ich selbst es nicht empfinde, brachten mich dazu, den Sprung ins kalte Wasser zu wagen und mein Dienstverhältnis zu lösen. Das war mit Sicherheit nur der Mut der Verzweifelten, aber die erste Kette der Gefangenschaft im eigenen Ich war gesprengt und alles begann sich zu verändern. Die lähmende Müdigkeit, die mich bislang verfolgte, verschwand und die ständigen Schmerzen vergingen. Überwältigt von meiner Courage, ließ ich nach und nach meine Ängste los, beschritt neue Wege und war fasziniert von den Perspektiven, die sich mir plötzlich eröffneten. Die neu gewonnene Freiheit ließ mich sehr schnell gesund werden und ich verlor zunehmend an Gewicht, welches ich in den Jahren davor „als persönlichen Schutz" angereichert habe. Dem half ich nun bewusst nach, indem ich meine Ernährung komplett umstellte. Anfangs sah ich nur die Selbstdisziplin, doch bald fühlte ich mich so wohl und energiegeladen. Jeden Morgen beim Erwachen freute ich mich über alles, was der Tag bringen würde.

Ich begann mein Leben nicht mehr aus der Sicht des Opfers zu betrachten, sondern wurde gewahr, dass ich alleine die Qualität meines Daseins bestimme.

Diese letzten 13 Jahre reflektierend, wird mir klar, was es für mich bedeutet, eine glückliche Frau zu sein: zu sich selbst zu finden und zu dem, was frau wirklich will. Zu sich und seinen Bedürfnissen zu stehen und das auch anderen gegenüber deutlich auszudrücken. Die kleinen Ängste zu überwinden, täglich eine mehr – und somit eine innere Unabhängigkeit und das Vertrauen in die eigene Kraft zu gewinnen. In sich selbst verliebt zu sein und sich zu verwöhnen. Die Liebe und Wärme, welche die Mitmenschen entgegenbringen, aus vollen Kräften zurückzuschenken. Jeden Tag als spannendes Abenteuer zu sehen und sich zu freuen, was alles möglich ist und vor allem: viel Spaß dabei zu haben.

„WOHIN IM FALL DER FÄLLE" – PERSÖNLICHE TIPPS

Ich gebe hier Kontaktmöglichkeiten zu Menschen an, die das, was sie tun, aus innerer Berufung oder mit großem Enthusiasmus machen.

Wichtig: Vorlieben und Sympathie sind immer eine sehr persönliche Sache. Verlassen Sie sich also trotzdem auf Ihr Gefühl, wenn Sie die „Dienste" einer Person in Anspruch nehmen.

Außerdem nenne ich Plätze, die mir entweder sehr gut gefallen oder für mich Orte der Kraft sind.

Viel Freude bei den Anregungen und richten Sie bitte immer einen schönen Gruß von mir aus – auch den Orten!

Mag. DDr. Beate Schaffer,
Ärztin für Allgemeinmedizin, Psychotherapeutin, Humanbiologin

Beate ist ein Schatz und ich freue mich sehr, dass sie mein Leben als Gefährtin begleitet. Sie hat ein ganz spezielles Gefühl für Menschen und so sammeln sich in ihrer Ordination viele Patient/-innen, die anderswo keine Hilfe finden. Außerdem ist sie ist Spezialistin für Dunkelfeldmikroskopie!

Kontakt: A-1130 Wien, Jagdschlossgasse 40
(01) 8 79 76 11

Dr. Barbara Stekl, Trennungscoach und Ergosom-Therapeutin, Wien

Babsi weiß alles über schwierige Trennungen und berät jede Frau ganz individuell. Sie ist sehr sensitiv und macht auch Energiebehandlungen.

Kontakt: (06 76) 9 19 32 99
Barbara.stekl1@chello.at · www.stekl.at

Dr. Margit Steinzer, Psychologin, Wien

Sie „fragt" mit Psychokinesiologie und der Körper „antwortet". Diese Methode ist sehr gut dazu geeignet ungesunde Glaubenssätze aufzuspüren und durch „bessere" zu ersetzen. Kann frau auf jeden Fall gebrauchen ...

Kontakt: A-1190 Wien, Gallmeyergasse 16/1/2
(06 99) 10 94 51 33

Dr. Sonja Karasegh,
Fachärztin für Gynäkologie und Geburtshilfe, Wien

Ich will nicht sagen, dass der Aufenthalt auf „diesem" Stuhl wirklich ein Vergnügen ist. Aber bei ihr kann ich mich so weit entspannen, wie das eben in so einer Situation möglich ist. Sie ist sehr einfühlsam und hat mir noch nie wehgetan. Sie untersucht auch bei jeder Konsultation mit Ultraschall, was beileibe nicht selbstverständlich ist. Schul- und Komplementärmedizin!!

Kontakt: A-1120 Wien, Rauchgasse 20
(01) 8 10 45 45

Christa Saitz, Buchautorin und Spiegelgesetzcoach®

Sie ist nicht nur eine glückliche Frau, sondern auch eine sehr nette Dame, die mir persönlich und in ihren Büchern wertvolle Einblicke in die „Hintergründe für Übergewicht" geboten hat. Gruppen und Einzelsitzungen!

Kontakt: A-1130 Wien, Ghelengasse 34/6/21
 (06 99) 12 16 35 89
 Christa.saitz@gmx.at

Andrea Barwinek, Kosmetikerin, Wien

Andrea studierte ursprünglich Pharmazie, wechselte dann aber zu ihrer Leidenschaft Kosmetik. In ihrer Schönheitsküche stellt sie diverse Cremen und Tinkturen selbst her. Sie verwendet nur pflanzliche Inhaltsstoffe und verzichtet auf Konservierung. Außerdem macht sie auch sehr angenehme Figur- und Körperbehandlungen. Ich fühle mich in anonymen Studios nicht wohl und genieße daher die „Wohnzimmeratmosphäre" bei ihr.

Kontakt: A-1160 Wien, Sandleitengasse 9 – 13/11/12
 (06 99) 10 75 90 20

Esther Pfann, „Hundeflüsterin", Wien

Esther ist eine ganz besondere Frau und hat mein Herz im Sturm erobert. Erschüttert von den rauen, militanten Ausbildungsmethoden für Hunde suchte sie nach anderen Wegen. So bietet sie nicht nur sanfte Erziehung an, sondern auch Spezialbetreuung bei Tieren, die durch schlimme Erlebnisse oder falsche Behandlung Verhaltensstörungen entwickelt haben. Familienhund Amigo, der nach Misshandlungen und schrecklichen Zwingerjahren verstört bei uns gelandet ist, hat sie sofort akzeptiert.

Kontakt: (06 50) 8 70 68 88
 esther.pfann@gmx.at

Mag. Alexander Wallner, Maler, Wien

Alexander ist ein begnadeter Künstler, dessen Anliegen das „Heilen mit Bildern" ist. Als erster Maler hat er auch Stationen in Spitälern (!) so gestaltet, dass die entsetzlichen „weißen Wände" endgültig der Vergangenheit angehören. Da grünt und blüht es, dass nicht nur den Patienten das Gesundwerden leichter fällt, sondern auch das Personal über so einen Arbeitsplatz begeistert ist. Aber er verschönt auch persönliche Räume mit viel Können und Einfühlungsvermögen.

Kontakt: (06 76) 6 17 60 07

Thomas Jelencsits,
Microsoft Certified Professional (zu deutsch: Computerprofi), Wien

Thomas ist nicht nur ein Kundiger in Sachen Computer (wovor ich ja die größte Hochachtung habe), sondern auch ein ganz Lieber und bereit, in höchster Not zu helfen. Ich hoffe ganz stark für ihn, dass nicht alle seine „Kunden" solche Computerdummies sind wie ich. Aber er ist immer geduldig und hat bei meinen Fragen noch nie die Augen verdreht.

Kontakt: (06 64) 3 57 06 22
thomas.jelencsits@chello.at

Angela Mese, Astrologin, Wien

Angie macht Superhoroskope und Tarotberatungen!

Kontakt: (06 99) 1 20 73 21

Dipl.-Ing. Claudia Fahrnik,

„Geschenkecoach", Architektin, Feng-Shui-Beraterin, Wien

Wenn Sie ein ganz besonderes Geschenk suchen, sind Sie bei Claudia bestens aufgehoben. Sie fabriziert wahre Wunderwerke aus Keramik, Holz und diversen anderen Materialien. So entstehen zum Beispiel Fotoalben in der Form von Katzen, Hunden, Schiffen oder was auch immer, Becher mit persönlichen Sprüchen oder Fliesen mit bestimmten Motiven. Sie macht auch gute Feng-Shui-Beratungen!

Kontakt: (06 99) 12 93 00 70

Josef Miligui

hat auf seiner Internetseite wirklich nahezu jede Information zusammengetragen, die Krebspatienten interessieren könnten. Unbedingt hineinschauen!

Kontakt: www.krebsinfo.at

BIODANZA

Diesen „Tanz des Lebens" kann ich Ihnen nur empfehlen. Es geht um Ausdruck von Lebendigkeit, in Kontakt kommen mit verborgenen Gefühlen und sanfte Berührungen. BIODANZA ist wild, ruhig, sanft, erotisch und immer wieder ein Erlebnis. Und es ist sehr schwer zu beschreiben. Gehen Sie also einfach einmal hin und lassen Sie sich überraschen. Keine Vorkenntnisse notwendig!

Kontakt: AHORA
A-1060 Wien, Mollardgasse 83
(06 99) 19 45 05 70
Info: www.ahora.at
Aber auch weltweit!

Gut Aiderbichl

Ich besuchte das Gut, weil ich immer schon einen Artikel über Michael Aufhauser und seine Aktivitäten schreiben wollte. Ich kann mit Worten nicht schildern, wie berührt ich von den einzelnen Tierschicksalen und der ganzen Atmosphäre war. Michael gibt den schwer misshandelten Geschöpfen in Licht durchfluteten Stallungen und auf riesigen Weiden ein neues Zuhause und es ist ergreifend zu sehen, wie die Tiere „aufleben". – Hinfahren!!

Kontakt: Gut Aiderbichl
A-5302 Henndorf, Berg 20
Tel: (06 62) 62 53 95
info@gut-aiderbichl.com

Hotel Restaurant Schloss Wilhelminenberg, Wien

Ich liebe diesen Platz! Sehr oft sitze ich auf einer Decke unter den alten Bäumen und blicke verträumt auf meine Heimatstadt, die sich verschwenderisch unter mir ausbreitet. Das Ambiente des Schlosses ist total romantisch und sehr gut geeignet für die idyllische Einnahme von Speise und Trank. Auch Feste und Seminare!

Kontakt: (01) 4 85 85 03
A-1160 Wien, Savoyenstraße 2

BUCHTIPPS

Hier finden Sie eine kleine Auswahl an Büchern, die mir geholfen haben, meinen „Blickwinkel" zu erweitern und Einstellungen zu verändern. Oder die einfach „nur" mein Herz erfreut haben.

Werner Ablass: „Leide nicht – liebe!", Omega, 2004
„Liebe ist die Lösung", Omega, 2005
„Gar nichts tun und alles erreichen", Omega, 2006

Christa Saitz: „Leicht und frei – Schlank werden mit der Spiegelgesetzmethode®", Ennsthalverlag, 2003
„Leicht und frei II – das Praxisbuch", Ennsthalverlag, 2005

Julia Cameron: „Der Weg des Künstlers", Knaur, 1996
„Den Weg des Künstlers weitergehen", Knaur, 2003

Brandon Bays: „The journey", Ullstein, 2004
"In Freiheit leben", Allegria, 2006

Carl Simonton: "Auf dem Weg der Besserung", rororo, 1993

Ulrich Schaffer: „Ulrich Schaffer Lesebuch", Kreuzverlag, 1989

Jennifer Louden: „Tu dir gut – das Wohlfühlbuch für Frauen", Herman Bauerverlag, 1995

Dr. Bernie Siegel: „Prognose Hoffnung" – Liebe, Medizin und Wunder", Econ, 1998

Sanaya Roman: „Sich dem Leben öffnen", Scherzverlag, 1989

Iyanla Vanzant; „Zwischenzeit", Econ, 2000

Bärbel Mohr: „Neue Dimensionen der Heilung", Koha Verlag, 2004

Sherry Argov: „Warum die nettesten Männer die schrecklichsten Frauen haben… und die netten Frauen leer ausgehen", Mosaik, 2004

Dorothy Harbour: „Achtung Energievampire", Econ, 2000

Ellen Fein, Sherrie Schneider: „flirtmail", Kabel, 2003

Greg Anderson. „Der Krebsüberwinder", Herder, 1998

Dr. Herbert Benson: „Heilung durch Glaube", Heyne, 1996

Shirley MacLaine: „Der Jakobsweg", Goldmann, 2001

Dan Millmann: „Die Lebenszahl als Lebensweg",

Barbara Vödisch: „Erwachen ist einfach", Smaragd, 2000

Alle Bücher von Melody Beatty

Alle Bücher von Luise Hay

Alle Bücher von Christa Kössner

Alle Bücher von Debbie Ford

Alle Bücher von Daphne Rose Kingma

NACHWORT

Ich wünsche mir von ganzem Herzen, dass Sie in diesem Buch Anregungen finden konnten, die Sie ermutigen, sich auf Ihren ganz persönlichen „Glücksweg" zu machen.

Es geht dabei nie um Perfektion. Oder darum, wieder irgendwelche Regeln zu befolgen. Ganz im Gegenteil: Gehen Sie spielerisch mit den Möglichkeiten um, die Ihnen das Leben bietet. Sie können nichts „falsch" machen. Denn wenn Ihnen etwas doch nicht behagt, dann haben Sie die Freiheit sich neu zu entscheiden. Und dann noch einmal und noch einmal.

Entspannen Sie sich. Sie können an Ihren Herausforderungen arbeiten – egal an welchen – und trotzdem glücklich sein. Da ist nichts, was Sie vorher noch unbedingt erledigen müssen.

Machen Sie sich selbst glücklich – mit Neugier, Begeisterung und Leidenschaft. Denn es gibt keinen Weg zum Glück.

Glück ist der Weg.

Ihre Sabine Standenat

Ich freue mich, wenn Sie mit mir Kontakt aufnehmen:
info@standenat.at, www.standenat.at
1160 Wien, Rolandweg 12/1